算数 1

分数のかけ算とわり算 ①

なまえ　6年　組

答え→209ページ　月　日

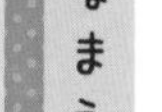

時間 20分　合格 80点　得点　点

1 次の計算のしかたを考えて，□にあてはまる数を書き

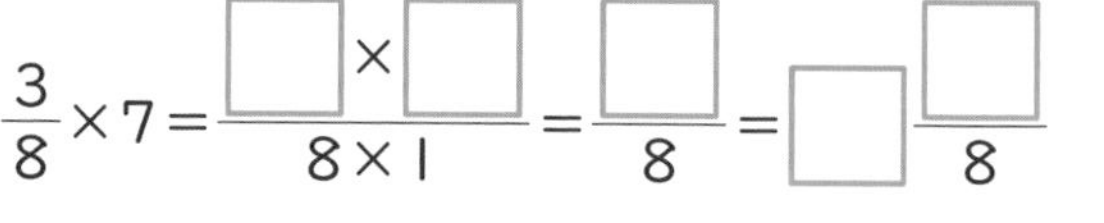
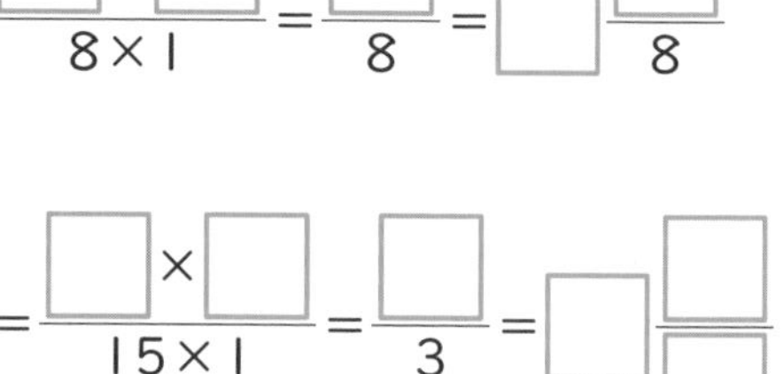

(1) $\frac{3}{8}\times7=\frac{\square\times\square}{8\times1}=\frac{\square}{8}=\square\frac{\square}{8}$

(2) $\frac{2}{15}\times10=\frac{\square\times\square}{15\times1}=\frac{\square}{3}=\square\frac{\square}{\square}$

(3) $\frac{4}{7}\times\frac{2}{3}=\frac{\square\times2}{7\times\square}=\frac{\square}{\square}$

(4) $\frac{20}{21}\times\frac{3}{5}=\frac{20\times\square}{\square\times5}=\frac{\square}{\square}$

(5) $\frac{3}{5}\times8\times\frac{1}{9}=\frac{3\times\square\times\square}{5\times\square\times\square}=\frac{\square}{\square}$

(6) $6\frac{1}{4}\times4\frac{2}{5}=\frac{\square}{4}\times\frac{\square}{5}=\frac{\square}{\square}=\square\frac{\square}{\square}$

2 次の式で，かけられる数を□とする。積が□より小さくなるのはどれですか。(8点)

ア $\square\times\frac{2}{5}$　イ $\square\times1\frac{1}{2}$　ウ $\square\times\frac{6}{5}$　エ $\square\times\frac{3}{4}$

[　　　　]

3 次の計算のしかたを考えて，□にあてはまる数を書きなさい。

(56点) 1つ7

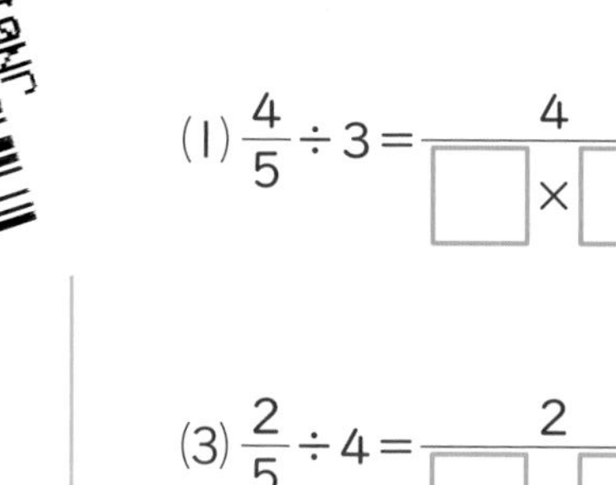

(1) $\frac{4}{5}\div3=\frac{4}{\square\times\square}=\frac{4}{\square}$

(2) $\frac{9}{11}\div3=\frac{9}{\square\times\square}=\frac{\square}{\square}$

(3) $\frac{2}{5}\div4=\frac{2}{\square\times\square}=\frac{\square}{\square}$

(4) $\frac{14}{15}\div7=\frac{14}{\square\times\square}=\frac{\square}{\square}$

(5) $\frac{3}{5}\div\frac{2}{3}=\frac{\square\times\square}{\square\times\square}=\frac{\square}{\square}$

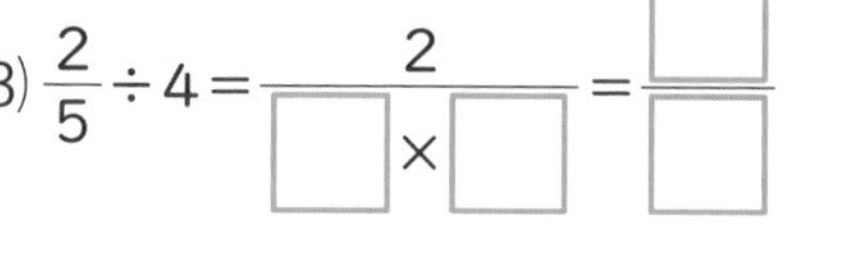
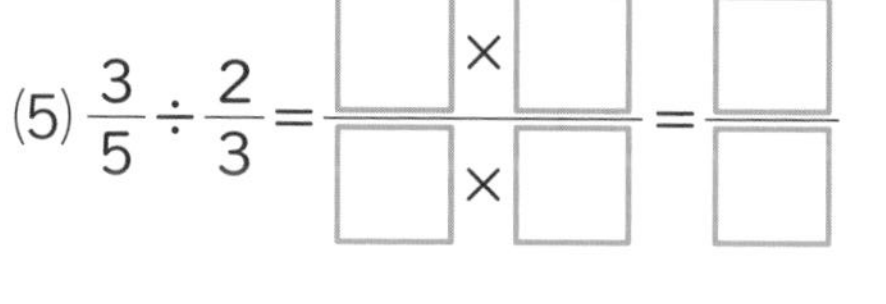

(6) $7\div\frac{3}{4}=\frac{\square\times\square}{\square}=\frac{\square}{\square}=\square\frac{\square}{\square}$

(7) $\frac{5}{4}\div\frac{5}{2}=\frac{\square\times\square}{\square\times\square}=\frac{\square}{\square}$

(8) $1\frac{1}{10}\div4\frac{2}{5}=\frac{\square}{10}\div\frac{\square}{5}=\frac{\square\times5}{10\times\square}=\frac{\square}{\square}$

算数　理科　社会　英語　国語　答え

穴あき計算①

答え→209ページ　月　日

問題　次の(1)〜(3)の式では，1〜9の数字が順に，(4)〜(6)の式では，1〜9の数字が逆の順に並んでいます。□に＋・－を入れて，式を完成させなさい。

目標時間　7分

(1) 123 □ 45 □ 67 □ 89＝100

(2) 1 □ 23 □ 4 □ 5 □ 6 □ 78 □ 9＝100

(3) 1 □ 2 □ 3 □ 4 □ 5 □ 6 □ 78 □ 9＝100

(4) 98 □ 76 □ 54 □ 3 □ 21＝100

(5) 9 □ 8 □ 76 □ 54 □ 32 □ 1＝100

(6) 9 □ 8 □ 7 □ 65 □ 4 □ 32 □ 1＝100

算数 2

分数のかけ算とわり算 ②

なまえ　6年　組

答え→209ページ　月　日

時間 25分　合格 80点　得点　点

1 次の計算をしなさい。ただし，答えが1より大きな分数になるときは，帯分数になおします。(42点) 1つ3

(1) $\frac{9}{8}\times3$　(2) $\frac{3}{4}\times3\times4$

(3) $\frac{5}{8}\times\frac{1}{13}$　(4) $6\times\frac{2}{3}$

(5) $\frac{10}{9}\times\frac{1}{3}$　(6) $\frac{3}{10}\times\frac{10}{3}$

(7) $7\times\frac{2}{3}\times6$　(8) $5\frac{5}{12}\times\frac{4}{13}$

(9) $3\frac{3}{5}\times2\frac{2}{9}$　(10) $4\frac{1}{6}\times3\frac{3}{5}$

(11) $\frac{5}{6}\times\frac{7}{12}\times\frac{18}{25}$　(12) $\left(\frac{5}{6}+\frac{1}{4}\right)\times\frac{12}{13}$

(13) $\left(\frac{5}{6}-\frac{5}{7}\right)\times\frac{3}{5}$　(14) $\frac{4}{7}\times9+\frac{4}{7}\times5$

チャレンジ

2 かな子さんは，2000円のおこづかいのうち $\frac{1}{5}$ を貯金するつもりでしたが，お金がたくさん残ったので $\frac{3}{8}$ を貯金しました。予定よりどれだけ多く貯金しましたか。(10点)

[　　　]

3 次の計算をしなさい。ただし，答えが1より大きな分数になるときは，帯分数になおします。(36点) 1つ3

(1) $\frac{13}{10}\div6$　(2) $\frac{3}{4}\div\frac{1}{4}$

(3) $\frac{3}{8}\div\frac{1}{5}$　(4) $5\div\frac{1}{5}$

(5) $\frac{7}{5}\div\frac{1}{8}$　(6) $\frac{3}{4}\div3\div2$

(7) $1\frac{1}{9}\div1\frac{1}{6}$　(8) $\frac{18}{7}\div5\frac{1}{3}$

(9) $\frac{3}{5}\div2\div9$　(10) $\left(\frac{2}{3}+\frac{1}{2}\right)\div21$

(11) $\frac{3}{8}\div\frac{1}{6}\div\frac{1}{4}$　(12) $\frac{37}{90}\div\left(\frac{9}{15}-\frac{4}{9}\right)$

チャレンジ

4 ある数に $\frac{5}{4}$ をかけるのをまちがえて $\frac{4}{5}$ をかけたので，答えが1136になりました。(12点) 1つ6〔共立女子第二中—改〕

(1) ある数を求めなさい。

[　　　]

(2) 正しい答えを求めなさい。

[　　　]

思考力トレーニング　算数②

回　転

答え→209ページ　月　日

問題　真ん中の黒点のところに針(はり)をさして，①には右に90度，②には180度回転させた図を，それぞれかき入れなさい。

目標時間　5分

(1)

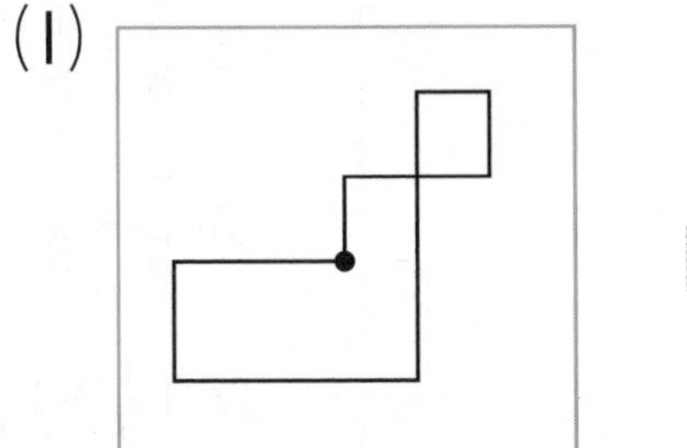

①

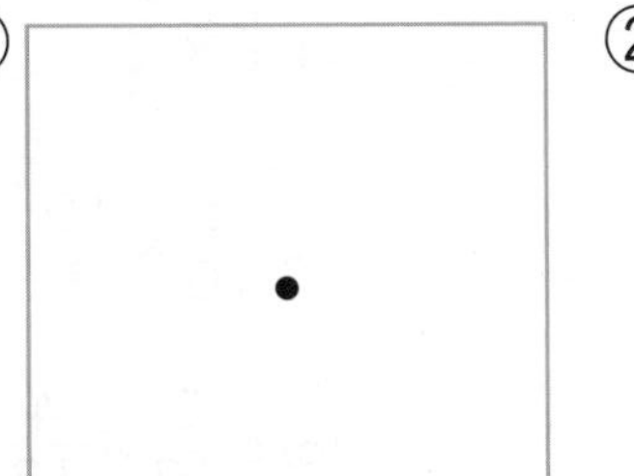

②

(2)

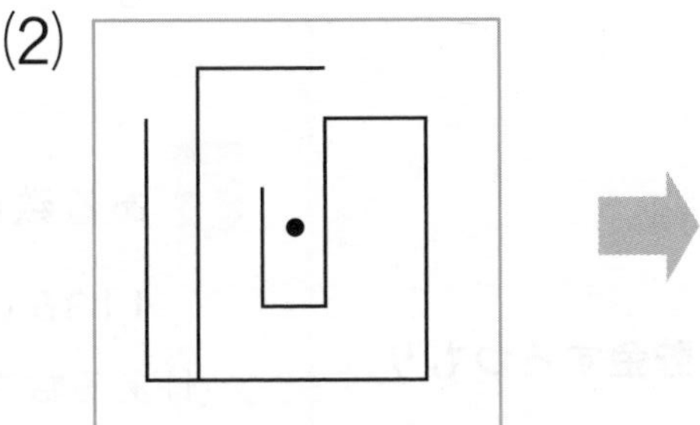

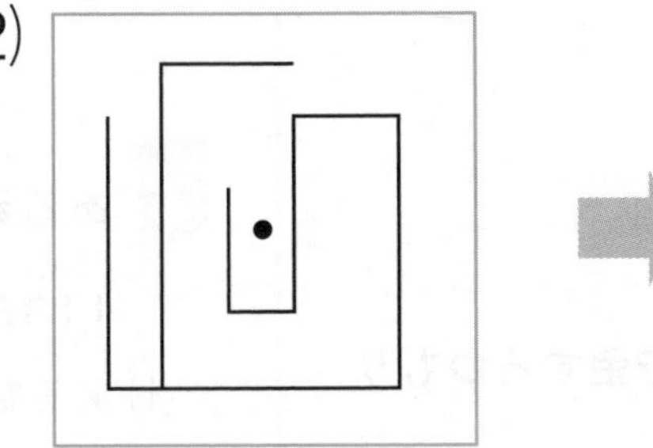

①

②

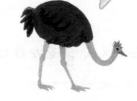

どこかひとつ基準になる角や直線を決めて考えます。

算数 3

いろいろな計算 ①

なまえ　6年　組

答え→209ページ　月　日

時間 25分　合格 80点　得点　点

1 次の計算のしかたを考えて，□にあてはまる数を書きなさい。（10点）1つ5

(1) $\frac{4}{9}\times0.7\div\frac{2}{3}=\frac{4}{9}\times\frac{\square}{\square}\div\frac{2}{3}=\frac{4\times\square\times\square}{9\times\square\times\square}=\frac{\square}{\square}$

(2) $\frac{5}{9}\div0.6\div\frac{5}{6}=\frac{5}{9}\div\frac{\square}{\square}\div\frac{5}{6}=\frac{5\times\square\times\square}{9\times\square\times\square}=\frac{\square}{\square}=\square\frac{\square}{\square}$

2 次の計算をしなさい。ただし，答えが1より大きな分数になるときは，帯分数になおします。（30点）1つ5

(1) $\frac{7}{9}\div\frac{5}{18}\times\frac{3}{4}$

(2) $2\frac{6}{7}\times1\frac{24}{25}\times3\frac{3}{4}$

(3) $3\frac{5}{7}\div5\frac{7}{9}\div\frac{9}{14}$

(4) $\frac{2}{5}+1\frac{2}{5}\div2\frac{1}{3}-\frac{1}{3}$

(5) $\left(1\frac{1}{4}-\frac{2}{3}\right)\div1\frac{3}{4}$

(6) $\frac{3}{4}+2.25\times\frac{1}{3}$

3 次の計算をしなさい。ただし，答えが1より大きな分数になるときは，帯分数になおします。（60点）1つ6

(1) $0.14\times\frac{2}{3}\div0.3$

(2) $0.35\div\frac{7}{8}\times2\frac{1}{2}$

(3) $0.75\div\frac{5}{4}+\frac{6}{5}\times0.75$

(4) $7.2+2\frac{1}{3}\times\left(1\frac{3}{4}+1\frac{1}{5}\right)$

(5) $\frac{11}{12}\div\frac{5}{9}\times1.25-0.4$

(6) $2\frac{1}{4}\div0.25\times\frac{1}{2}$

(7) $2\frac{1}{3}\times1.5+\left(\frac{3}{5}+1\frac{1}{2}\right)\div0.2$

(8) $\frac{1}{7}+\left(0.5-\frac{1}{3}\right)\div\frac{5}{6}$

(9) $0.4\times8\frac{1}{4}-1.25$

(10) $2-\left(2\frac{1}{8}-\frac{3}{4}\right)\div1.125$

思考力トレーニング 算数 ③

数の分解

答え→209ページ 月 日

問題 □にあてはまる数を書きなさい。（1は入りません。）

目標時間 7分

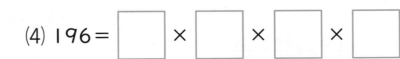

もとの数をわっていき，小さな数のかけ算の形にしていこう。

(1) 54＝□×□×□×□

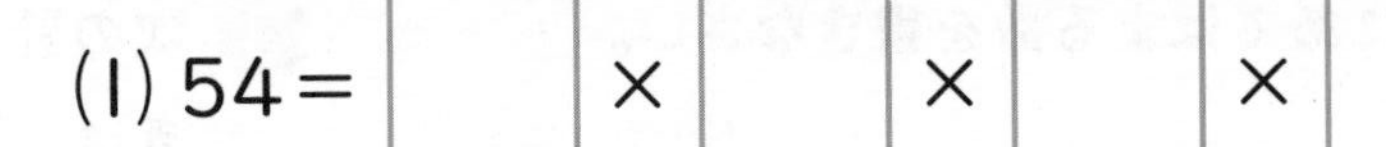

(2) 84＝□×□×□×□

(3) 162＝□×□×□×□×□

(4) 196＝□×□×□×□

(5) 240＝□×□×□×□×□×□

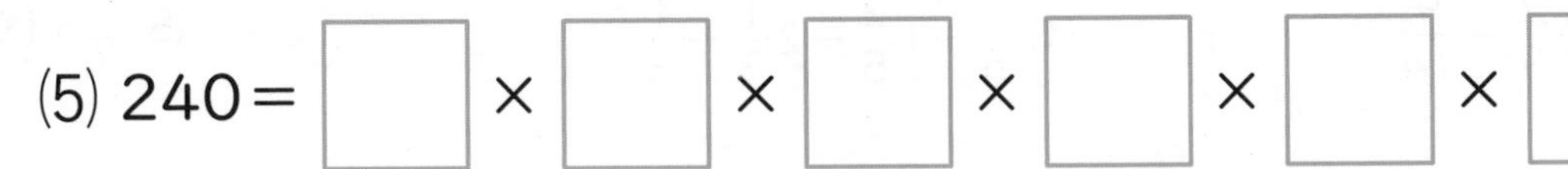

いろいろな計算 ②

なまえ　6年　　組

答え→209ページ　　月　　日

時間 25分　合格 80点　得点　　点

1 次の□にあてはまる数を書きなさい。（20点）1つ5

(1)
```
  □.1 7 8
+ 8.6 □ 8
---------
 1 4.□ 2 □
```

(2)
```
   6 □.5 5
+  □ 0.9 □
----------
 1 0 5.□ 0
```

(3)

```
  5.0 □ 3
- □.1 3 □
---------
  0.□ 3 4
```

(4)
```
  □ 0 0
-   1 □.1
---------
  7 □ 8.9
```

2 次の計算をしなさい。ただし，{　}の中の計算は，(　)の次にします。（20点）1つ10

(1) $\left(1-\frac{1}{3}-\frac{1}{4}-\frac{5}{12}\right)\times\left(\frac{1}{5}+0.75\right)$

(2) $\left\{\left(3.4-1\frac{3}{8}\right)\times2\frac{2}{3}-2\frac{2}{3}+1\right\}\div2.6$

チャレンジ

3 次の□にあてはまる数を書きなさい。（40点）1つ10

(1) $2.6-\frac{1}{3}\div$□$=1\frac{1}{5}$〔帝塚山学院中〕

(2) $\frac{3}{5}$，0.645，$\frac{4}{9}$，$\frac{3}{8}$の中で，いちばん大きい数といちばん小さい数の差は□です。〔西南女学院中〕

(3) $\frac{5}{6}-\frac{3}{5}$と$1.75-\frac{2}{3}$で，大きいほうは小さいほうの□倍です。〔同志社中〕

(4) ある数に$\frac{3}{4}$を加えて$\frac{2}{5}$をかけると□になりますが，まちがえて$\frac{3}{4}$をひいて$\frac{2}{5}$でわったので，15になりました。〔香蘭女学校中〕

4 あるひもの長さの$\frac{5}{8}$を使ったら，まだ2.7m残っていました。初めのひもの長さは何mですか。（10点）

[　　　　]

5 右の□の中に，0，1，3，5，6，7，9の7個の数字を1つずつ入れて，計算が成り立つようにしなさい。（10点）〔東京学芸大附属小金井中〕

```
   2 ㋐ 8 ㋑
+      ㋒ 4
-----------
   ㋓ ㋔ ㋕ ㋖
```

[㋐　，㋑　，㋒　，㋓　，㋔　，㋕　，㋖　]

てんかいず展開図 ①

答え→210ページ

月　日

問題　太い線の残りの部分を，(1)〜(4)の４つの展開図(てんかいず)に，それぞれかき入れなさい。

目標時間　５分

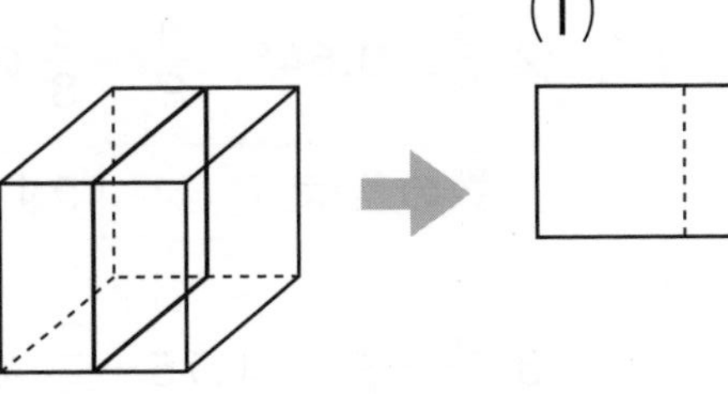

(1)

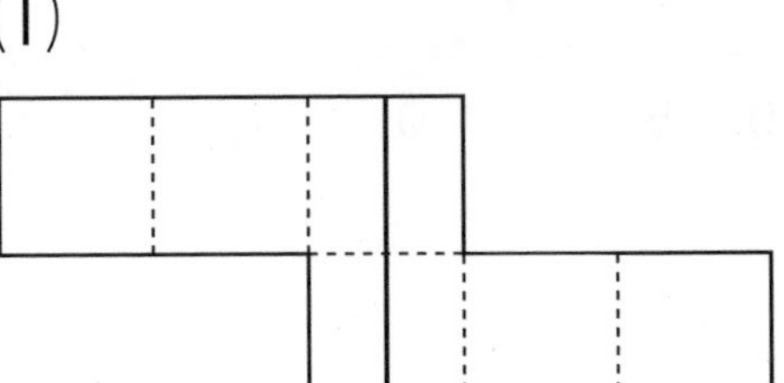

(2)

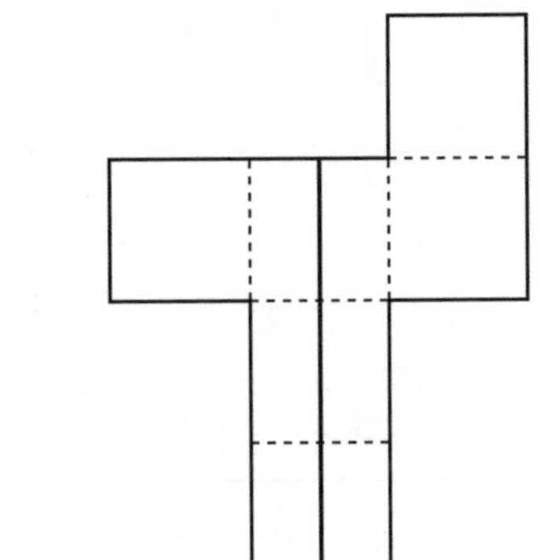

(3)

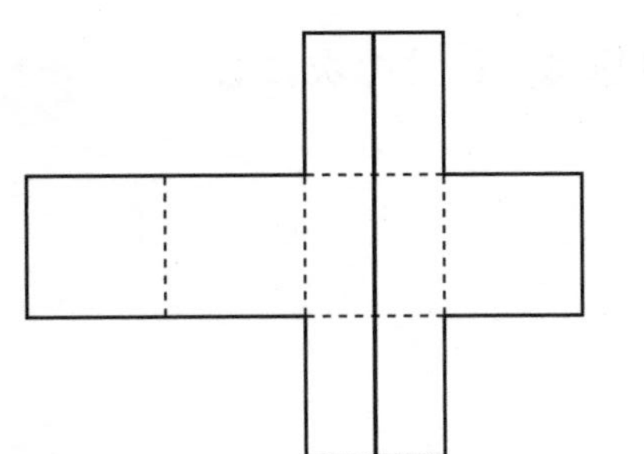

(4)

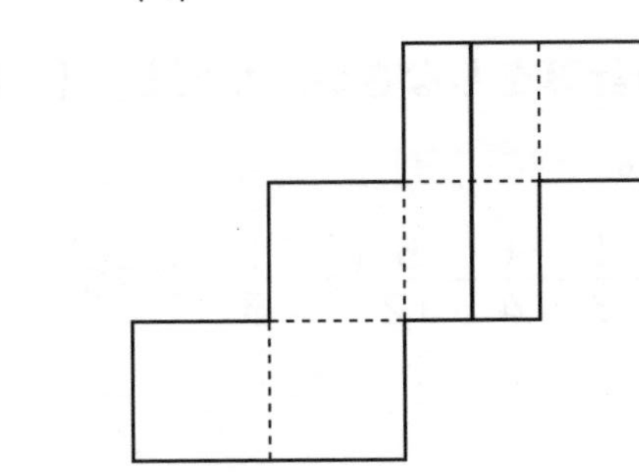

文字と式

なまえ　6 年　　組

答え→210 ページ　　月　　日

時間 25 分　合格 80 点　得点　　点

1 文字を使った式に表しなさい。(24点) 1つ8

(1) 600 円の果物を x 円のかごに入れたときの全体の代金

[　　　　]

(2) 縦(たて) a cm，横 b cm の長方形の面積

[　　　　]

(3) 1 個 x 円のケーキを 6 個買ったときの代金は 720 円

[　　　　]

2 次の式で，x にあてはまる数を求めなさい。(32点) 1つ8

(1) $x\times6+2=20$　　(2) $x\div4-7=1$

(3) $x\times7\times3=105$　　(4) $3\times7-x\div4=19$

3 $x=(a-b)\times b$ の式があります。次のようなとき，これに対応する x の値(あたい)を求めなさい。(16点) 1つ8

(1) $a=5$，$b=2$ のとき

[　　　　]

(2) $a=3.4$，$b=0.8$ のとき

[　　　　]

4 縦 8cm，横 x cm，高さ 6.5 cm，体積が 208 cm^3 の直方体があります。このことを x を使った式に表し，横の長さを求めなさい。(9点)

[式　　　　，横の長さ　　　　]

5 ある数から 5 をひいた答えを 0.25 倍したら，12 になりました。ある数を x として，このことを式に表し，x にあてはまる数を求めなさい。(9点)〔静岡大附属静岡中一改〕

[式　　　　，ある数　　　　]

チャレンジ

6 1 辺が 15 m の正方形の畑があります。この畑を面積が同じで，1 つの辺が 5 m短い長方形につくりかえると，もう 1 つの辺は何mのばせばよいですか。のばす長さを x mとして式をつくり，答えを求めなさい。(10点)

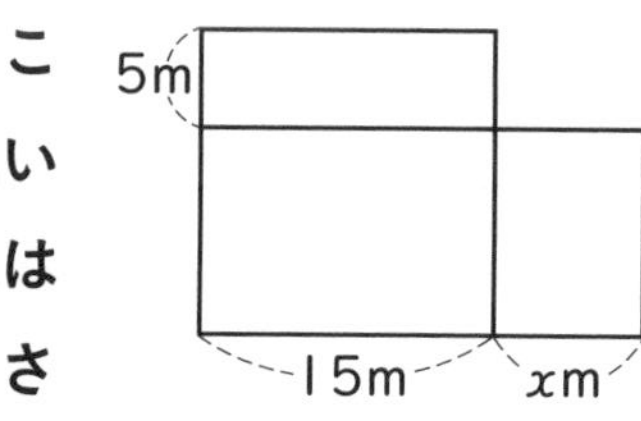

[式　　　　，のばす長さ　　　　]

思考力トレーニング

算数⑤　穴(あな)あき計算②

答え→210ページ　月　日

問題　右の(1)〜(5)の式の□には1けたの数を，(6)〜(7)の式の左側の□には2けたの数，右側の□には1けたの数を書いて，式を完成させなさい。

目標時間　7分

1× 8 + 1 =9

(1) 12×□+□=98

(2) 123×□+□=987

(3) 1234×□+□=9876

(4) 12345×□+□=98765

1× 9 +1× 2 =11

(5) 12× 18 +2×□=222

(6) 123×□+3×□=3333

(7) 1234×□+4×□=44444

1×8+1=9，1×9+1×2=11をもとにして考えよう。

算数 6

対称な図形 ①

なまえ　6年　組

答え→210ページ　月　日

時間 25分　合格 80点　得点　点

1 **下の図形から，線対称な図形や点対称な図形を選び，表に○を書きなさい。また，線対称な図形には対称の軸の数も書きなさい。** (32点) 1つ4

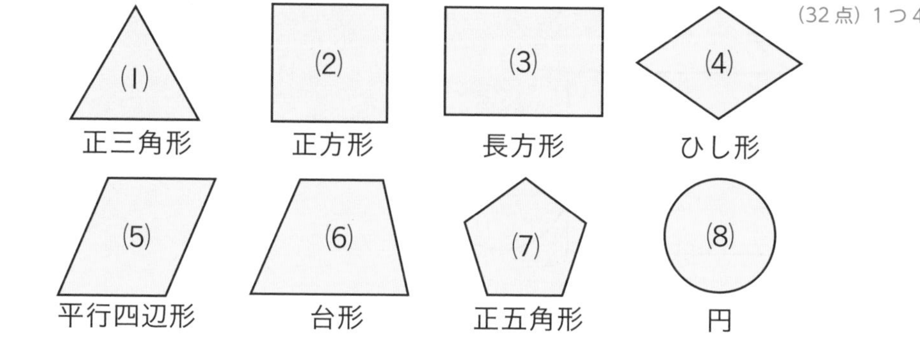

図形の番号	(1)	(2)	(3)	(4)	(5)	(6)	(7)	(8)
線対称								
点対称								
対称の軸								

2 **右の正六角形について答えなさい。** (16点) 1つ4

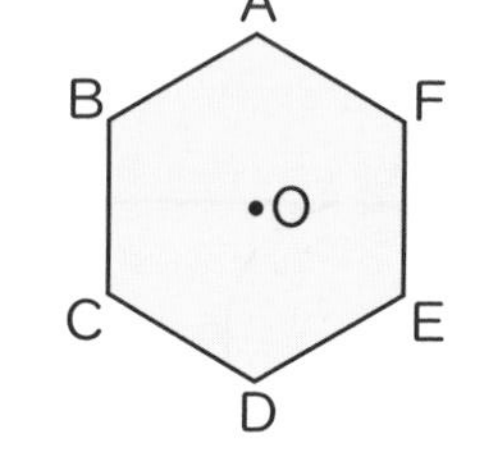

(1) 直線 AD を対称の軸としたとき，

① 点Eと対応する点はどれですか。 [　　]

② 辺 AB と対応する辺はどれですか。 [　　]

(2) 点Oを対称の中心としたとき，

① 点Eと対応する点はどれですか。 [　　]

② 辺 AB と対応する辺はどれですか。 [　　]

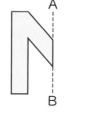

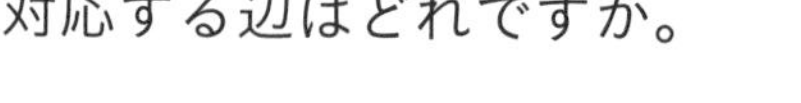

3 **次の図形と対称な図形をかきなさい。** (16点) 1つ8

(1) AB を対称の軸としてかく。　(2) 点Oを対称の中心としてかく。

4 **方眼紙上の点を使って，右の図のような線対称な図形をつくりました。** (12点) 1つ4

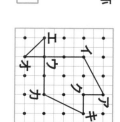

(1) 点**ア**，点**イ**に対応する点はどの点ですか。

点**ア** [　　]　点**イ** [　　]

(2) 直線**ウエ**に対応する直線は，どの直線ですか。 [　　]

5 **右の図で，ABCDEF は点対称な図形です。** (24点) 1つ4

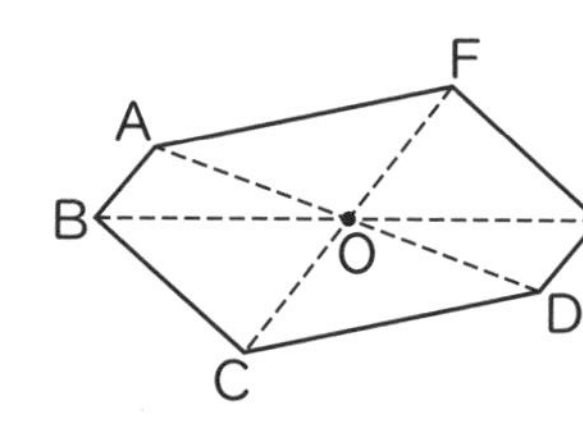

(1) 次の点に対応する点はどれですか。

点A [　　]　点B [　　]　点C [　　]

(2) 次の辺に対応する辺はどれですか。

辺 AB [　　]　辺 BC [　　]　辺 CD [　　]

点のえがく曲線 ①

答え→210ページ　月　日

問題　長方形や直角三角形のまわりを，円がすべらないようにころがります。
このとき，円の中心のえがく線をかきなさい。

目標時間　5分

(1)

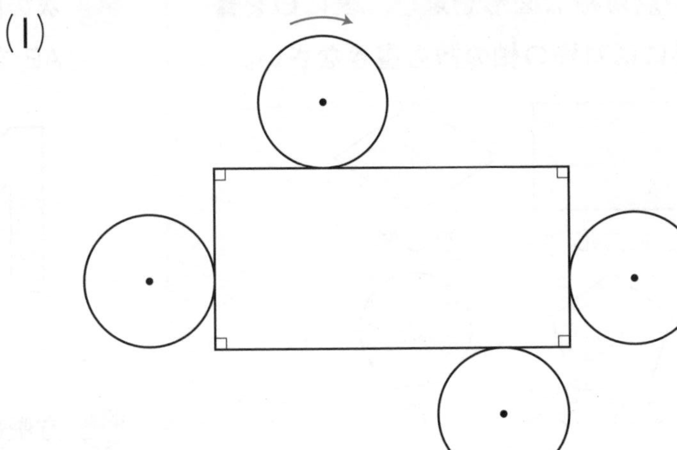

(2)

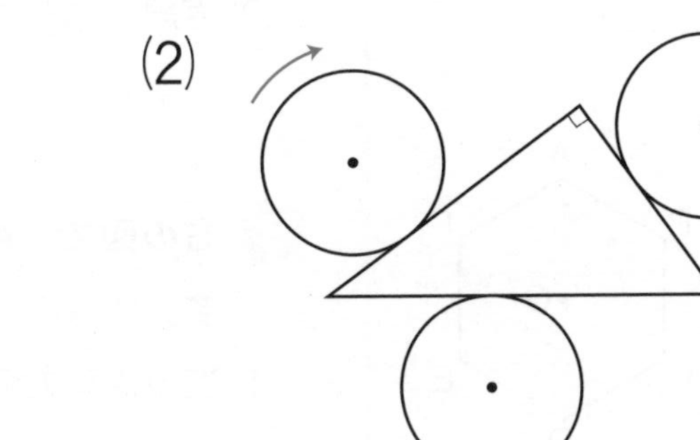

算数 7

対称(たいしょう)な図形 ②

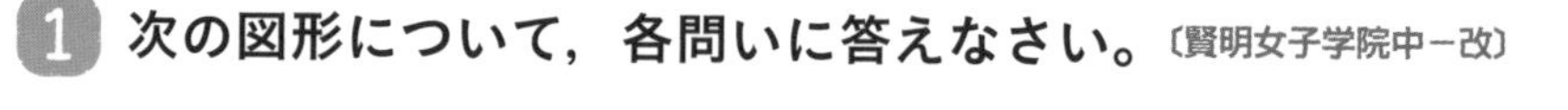

なまえ　6年　組

答え→210ページ　月　日

時間 25分　合格 80点　得点　点

1 **次の図形について，各問いに答えなさい。**〔賢明女子学院中一改〕

(1) 点対称(てんたいしょう)な図形は，いくつありますか。(10点)

[　　　]

(2) 点対称な図形の対称の中心はどこにありますか。上の図形にかき入れなさい。(20点)

(3) 線対称な図形で，対称の軸(じく)が２本の図形はどれですか。図形の文字で答えなさい。(10点)

[　　　]

2 **右の図のように，長方形の紙を２つ折りにして AB の線で切り，それを開きます。**

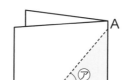

(16点) 1つ8

(1) 開いてできる三角形は，どんな三角形ですか。

[　　　]

(2) ㋐の角を何度にすると，正三角形ができますか。

[　　　]

3 **次のア～カは，６つの正方形からできている図形です。線対称な図形になるものをすべて選び，記号で答えなさい。**(10点)

〔東京学芸大附属世田谷中〕

[　　　]

チャレンジ

4 **右の図で，点線 AB は，正方形の形をした折り紙の対称の軸です。折り紙の左上の頂点(ちょうてん)が，図のように対称の軸 AB の上にくるように折り紙を折ったところ，右の図のようになりました。（図は正確にかいてあるとは限りません。）**(16点) 1つ8〔筑波大附中〕

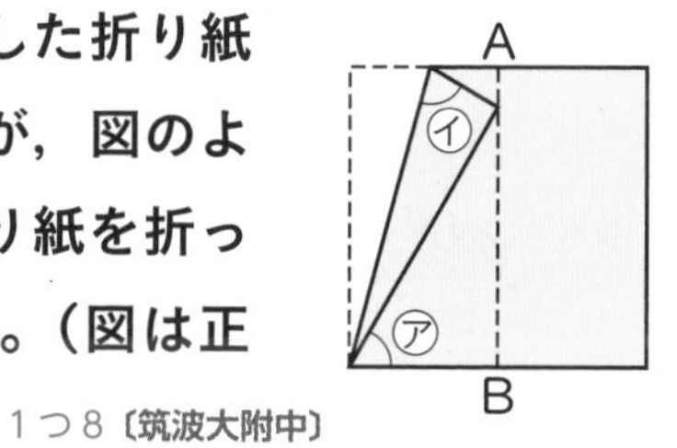

(1) 角㋐の大きさは何度ですか。

[　　　]

(2) 角㋑の大きさは何度ですか。

[　　　]

5 **右の図は平行四辺形です。㋐や㋖の三角形と点対称になるのは，どの三角形ですか。また，㋖と㋗を組み合わせた三角形と点対称になるのは，どれとどれを組み合わせた三角形ですか。**

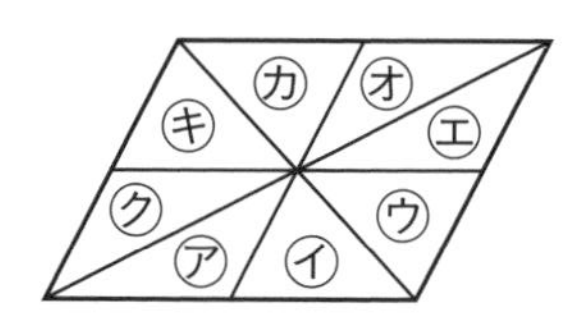

(18点) 1つ6

㋐[　　　]　㋖[　　　]　㋖と㋗[　　　]

算数 ⑦ 分数の分解

答え→210ページ　月　日

問題 □にあてはまる数を書きなさい。（0は入りません。）

目標時間 7分

3つの分数に分解するときも，まず，通分して分子の和を求めて，分母からいくつで約分しているかを考えて求めていくよ。

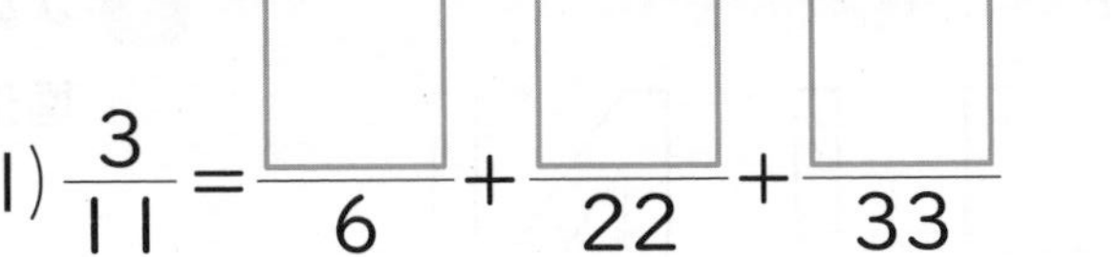

(1) $\frac{3}{11}=\frac{\square}{6}+\frac{\square}{22}+\frac{\square}{33}$

(2) $\frac{2}{13}=\frac{\square}{8}+\frac{\square}{52}+\frac{\square}{104}$

(3) $\frac{2}{17}=\frac{\square}{12}+\frac{\square}{51}+\frac{\square}{68}$

(4) $\frac{2}{19}=\frac{\square}{12}+\frac{\square}{76}+\frac{\square}{114}$

(5) $\frac{3}{23}=\frac{\square}{10}+\frac{\square}{46}+\frac{\square}{115}$

算数 8

円の面積 ①

なまえ　6年　組

答え→211ページ　月　日

時間 25分　合格 80点　得点　点

（ここでは，円周率は 3.14 とします。）

1 次のような円の面積を求めなさい。 (20点) 1つ5

(1) 半径 12 cm　[　　　]

(2) 半径 7.5 cm　[　　　]

(3) 直径 10 cm　[　　　]

(4) 直径 5 cm　[　　　]

2 次の図のまわりの長さを求めなさい。 (20点) 1つ10

(1)

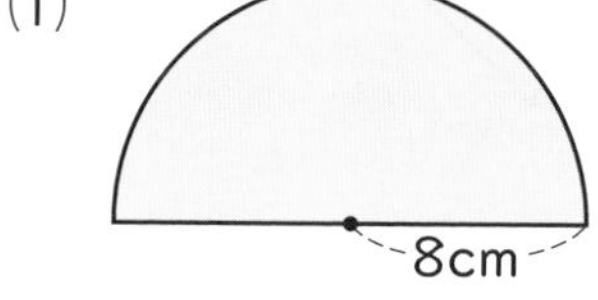

[　　　]

(2)

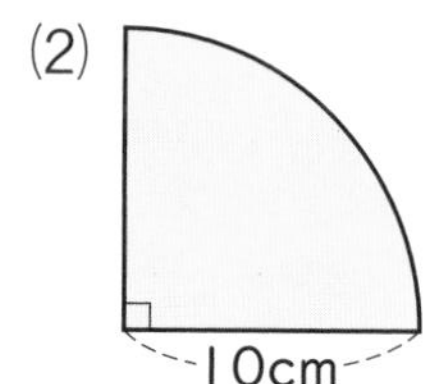

[　　　]

3 右の図のようなおうぎ形があります。 (20点) 1つ10

45°
10cm

(1) このおうぎ形のまわりの長さを求めなさい。　[　　　]

(2) このおうぎ形の面積を求めなさい。　[　　　]

4 次の図の色のついた部分の面積を求めなさい。 (40点) 1つ10

(1)

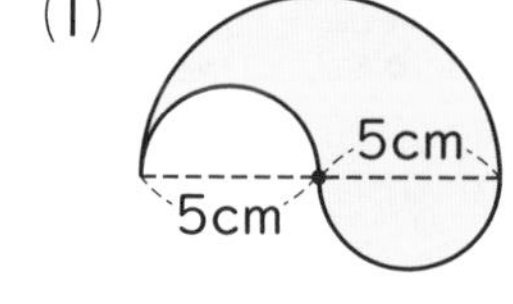

[　　　]

(2)

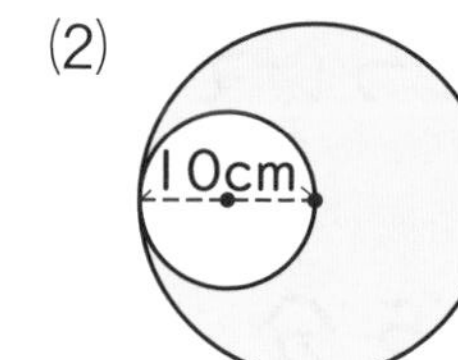

[　　　]

(3)

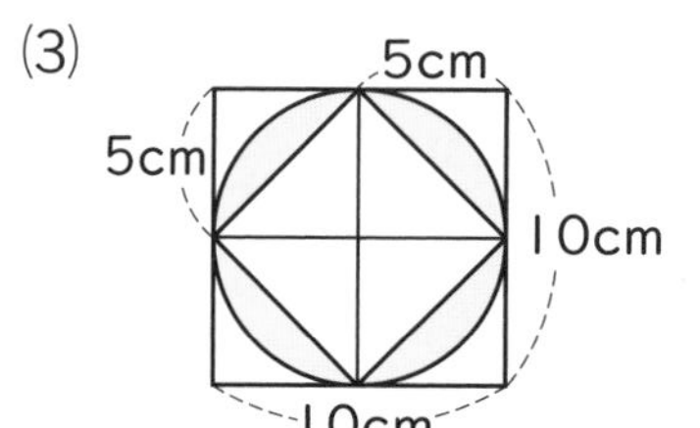

[　　　]

(4)

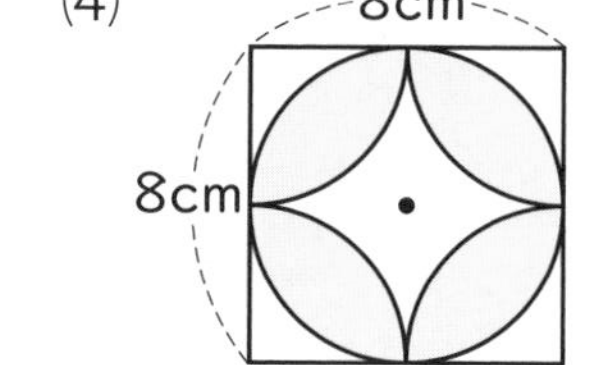

[　　　]

思考力トレーニング

算数⑧

答え→211ページ

月　日

立方体の切断

問題　立方体を，・印のついた点を通る平面で切断すると，どんな切り口になりますか。
図をかき入れなさい。
また，切り口の図形の名前も答えなさい。
ただし，点は，立方体の頂点(ちょうてん)，または，それぞれの辺の真ん中についているものとします。

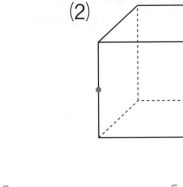

目標時間　5分

(1)

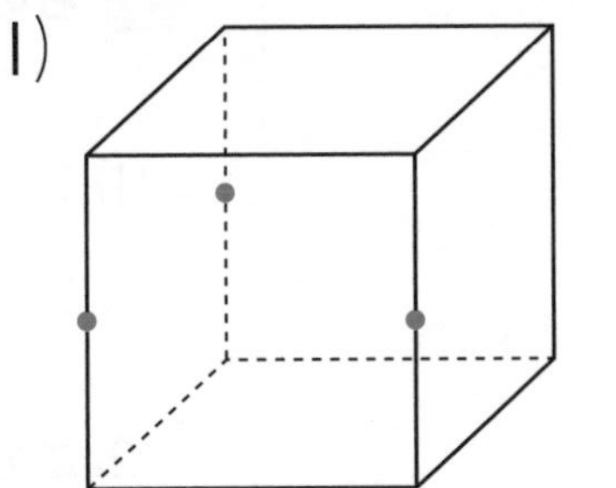

[　　　　]

(2)

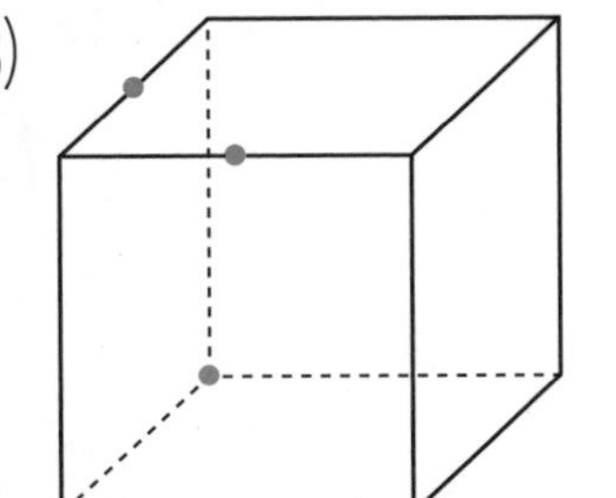

[　　　　]

(3)

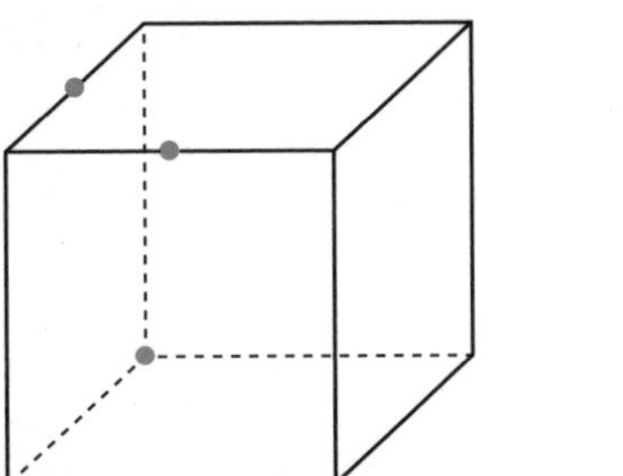

[　　　　]

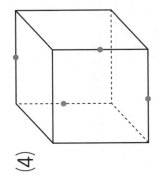

(4)

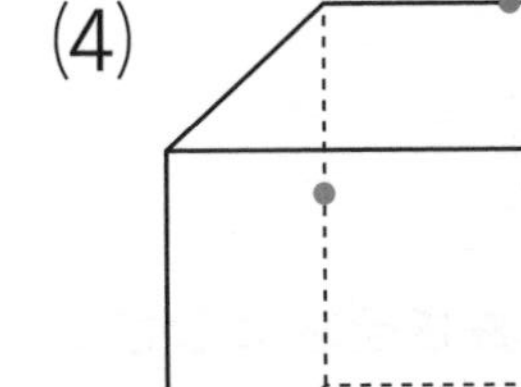

[　　　　]

円の面積 ②

なまえ　6年　組

答え→211ページ　月　日

時間 25分　合格 80点　得点　点

(ここでは，円周率は 3.14 とします。)

1 次の図は，1辺 10 cm の正方形の内部に，半径 5 cm，10 cm の円やおうぎ形をかいたものです。色のついた部分の面積を求めなさい。ただし，1辺が 10 cm の正三角形の面積は 43 cm²，5 cm の正三角形の面積は 10.75 cm² とします。(42点) 1つ7

(1)

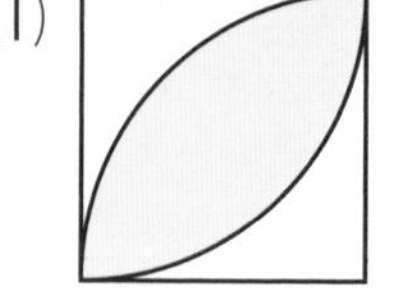

[　　　]

(2)

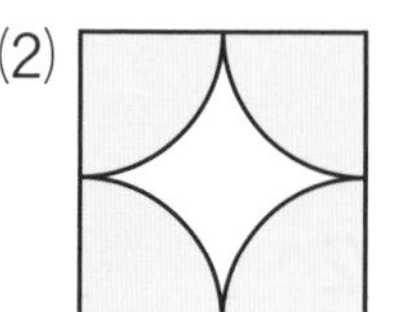

[　　　]

(3)

[　　　]

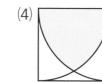

(4)

[　　　]

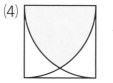

(5)

[　　　]

(6)

[　　　]

2 右の図について，次の問いに答えなさい。

(1) 色のついた部分のまわりの長さを求めなさい。(10点)

[　　　]

(2) 色のついた部分の面積を求めなさい。(13点)

[　　　]

チャレンジ

3 右の図で，色をつけた図形の外側のまわりの長さと内側のまわりの長さとの差は何 cm ですか。(15点) 〔東京学芸大附属竹早中〕

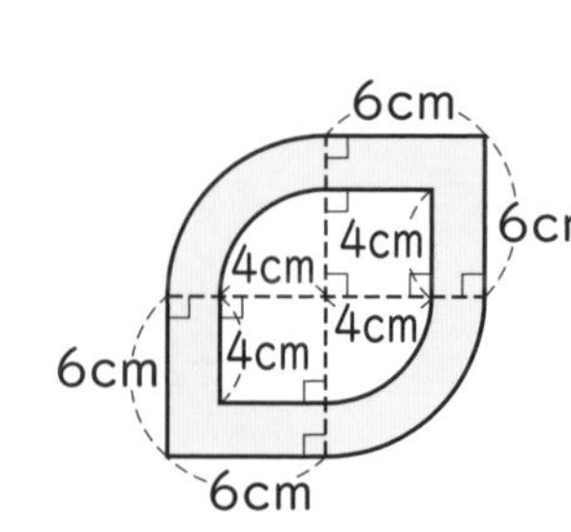

[　　　]

チャレンジ

4 右の図のような底辺 12 cm，高さ 10 cm の三角形から，3つの頂点(ちょうてん)を中心とした半径 4 cm のおうぎ形を切り取りました。色のついた部分の面積を求めなさい。(20点)

〔大西学園中一改〕

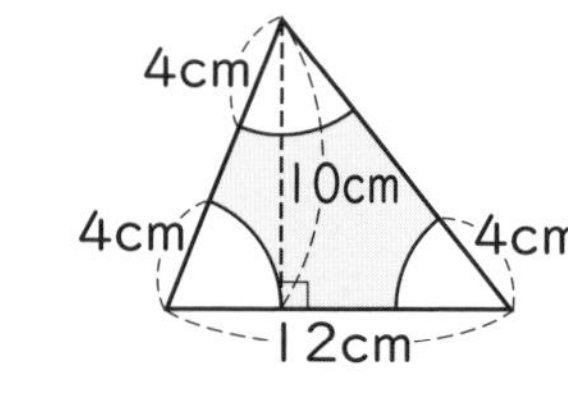

[　　　]

算数⑨ 計算パズル（×と÷）

答え→211ページ　月　日

問題 □にあてはまる×・÷を入れなさい。

目標時間 7分

(1) 36 □ 6 □ 2 = 108

(2) 36 □ 6 □ 2 = 432

(3) 36 □ 6 □ 2 = 12

(4) 36 □ 6 □ 2 = 3

(5) 24 □ 8 □ 3 = 9

(6) 24 □ 8 □ 3 = 576

(7) 24 □ 8 □ 3 = 1

(8) 24 □ 8 □ 3 = 64

×と÷の組み合わせをかえて計算してみよう。

チャレンジテスト 1

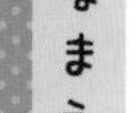

なまえ　6 年　組

答え→211 ページ　月　日

時間 25 分　合格 80 点

得点　点

1 次の計算をしなさい。ただし，答えが 1 より大きな分数になるときは，帯分数になおします。(40 点) 1 つ 4

(1) $\frac{2}{5}\div18$

(2) $5\div2\times\frac{16}{25}$

(3) $\frac{3}{5}\div2\div9$

(4) $\frac{9}{10}\div\frac{3}{5}$

(5) $\frac{1}{3}\times\frac{4}{7}\div\frac{2}{21}$

(6) $\frac{3}{7}\times28\div\frac{3}{4}$

(7) $\frac{9}{14}\div\frac{2}{7}\div18$

(8) $\frac{2}{3}\times6\div12\div3$

(9) $\left(1\frac{2}{3}-\frac{1}{3}\right)\div\left\{\frac{5}{7}\times\left(7\frac{1}{2}-1\right)\right\}$

(10) $(1-0.2\times0.125)\times\frac{4}{3}\div(0.26\div0.2)$

2 次の㋐～㋒を，答えが小さい順になるように並べかえ，記号で答えなさい。(8 点)〔筑波大附中〕

㋐ $5\times\frac{2}{3}$　㋑ $5\div\frac{7}{3}$　㋒ $5-\frac{2}{3}$

[　　→　　→　　]

3 次の x を求めなさい。(20 点) 1 つ 5

(1) $(5+x)\times6=48$

(2) $x\times4+8=24$

(3) $12\times x-30=66$

(4) $(80-x)\div6=8$

4 次の色のついた部分の面積を求めなさい。ただし，円周率は3.14とします。(20 点) 1 つ 10

(1)

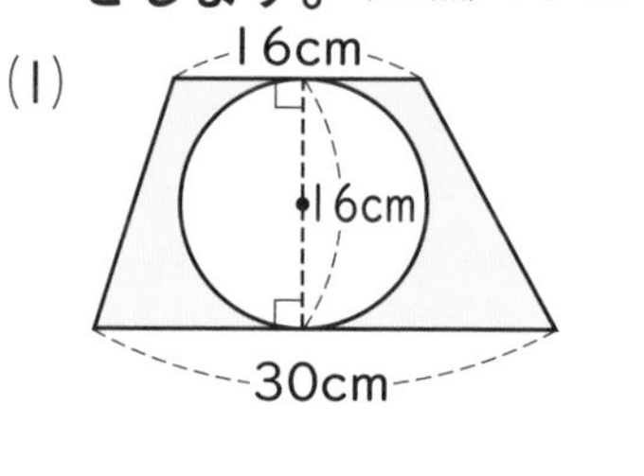

[　　]

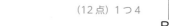

(2)

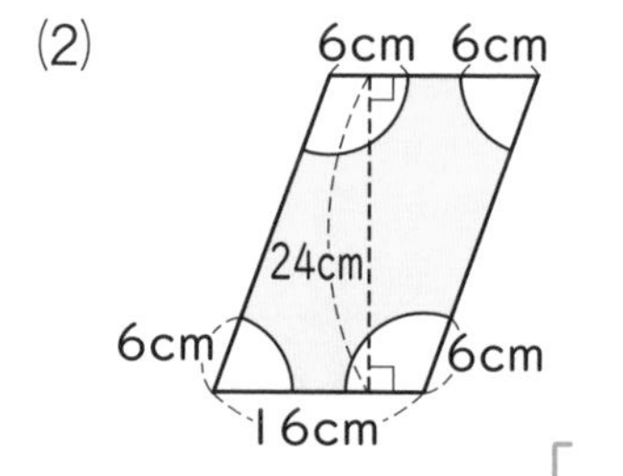

[　　]

5 右の図の四角形ABCDは正方形です。MはADの，NはBCの真ん中の点です。次のようなとき，辺ABに対応する辺はどれですか。

(12 点) 1 つ 4

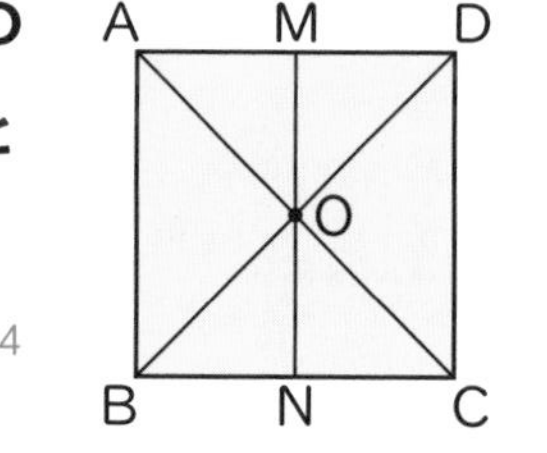

(1) MN を対称の軸としたとき。

[　　]

(2) AC を対称の軸としたとき。

[　　]

(3) 対角線の交わった点 O を対称の中心と考えたとき。

[　　]

思考力トレーニング

算数 ⑩ タイル

答え→211ページ

月　日

問題　しゃ線部分の広さは，タイル（小さい正方形）何枚(なんまい)分ですか。

目標時間　5分

(1)

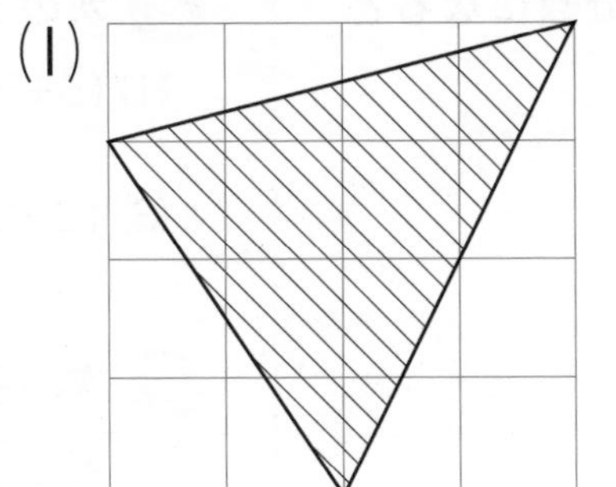

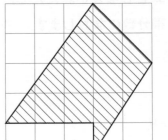

［　　　］枚分

(2)

［　　　］枚分

(3)

［　　　］枚分

(4)

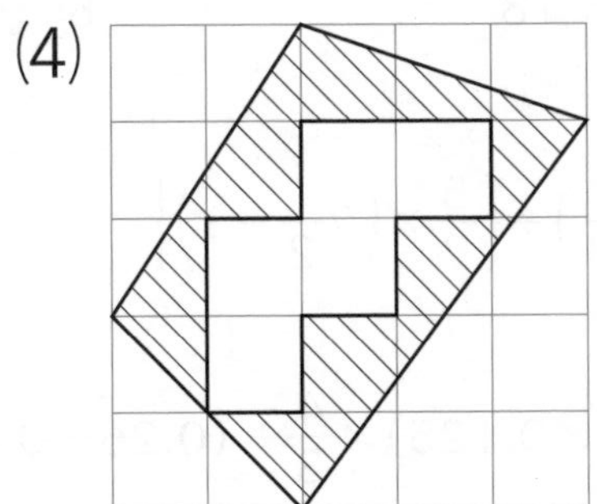

［　　　］枚分

(1)は全体からしゃ線部分以外の広さをひくと求められるよ。

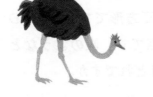

(1)〜(3)『パズル道場（トレーニングIII）』（受験研究社）

算数 11

割合の問題

なまえ　6年　組

答え→211ページ　月　日

時間 25分　合格 80点　得点　点

1 次の□にあてはまる数を書きなさい。（64点）1つ8

(1) 20 の 25 %は □ です。

(2) 275 人の 12 %は □ 人です。〔プール学院中〕

(3) 400 円の 2 割 7 分 5 厘は □ 円です。

(4) □ 人の 12 %は 90 人です。〔広島城北中〕

(5) 1500 円の $\frac{2}{5}$ は □ 円です。〔大阪産業大附中〕

(6) 全体の $\frac{4}{7}$ が 56 ページのとき，全体は □ ページです。〔柳学園中〕

(7) 8 %の食塩水 120 g に含まれる食塩の量は，□ g です。

(8) 原価 8500円 の品物に 2 割 4 分の利益を見込んでつけた定価は □ 円です。

2 ある中学校の今年度の受検者数は 216 人で，これは昨年度の受検者数より $\frac{1}{5}$ 多かったそうです。昨年度の受検者数を求めなさい。（12点）〔愛知教育大附属名古屋中－改〕

［　　　］

3 ある学校の 6 年生の児童に，画用紙を配ります。きょうは欠席した児童がいたので，全体の $\frac{8}{9}$ を配り，39 枚残りました。画用紙は，はじめ何枚用意していましたか。（12点）

［　　　］

チャレンジ

4 45 分読んでは 5 分休みながら，130 ページの本を読むことにしました。15 分で 9 ページ読む速さで午前 10 時から読み始めると，何時何分何秒に読み終わりますか。（12点）〔甲南中〕

［　　　］

思考力トレーニング

算数⑪　虫食い算（かけ算）①

答え→212ページ　月　日

問題　□にあてはまる数を書きなさい。

目標時間　5分

(1)
```
     □ 3
  ×  5 9
  ------
   7 4 7
 4 □ 5
 -------
 4 □ □ 7
```

(2)
```
     6 □
  ×  □ 2
  ------
   1 □ 4
 4 6 9
 -------
 4 □ □ 4
```

(3)
```
     □ □
  ×  6 5
  ------
   1 □ 0
 2 □ 8
 -------
 □ 4 7 0
```

(4)
```
     □ 2
  ×  4 □
  ------
   □ 7 6
 2 8 □
 -------
 □ 4 5 □
```

算数 12

速さの問題

なまえ　6年　組

答え→212ページ　月　日

時間 25分　合格 80点　得点　点

1 次の問いに答えなさい。（48点）1つ6

(1) 1320 m を5分30秒で走る自転車の速さは分速何 m ですか。

[　　　　]

(2) 100 m を10秒で走ると速さは時速何 km ですか。

[　　　　]

(3) 1080 m の道のりを15分かかって歩いたときの速さは時速何 km ですか。

[　　　　]

(4) 時速63 km で走っている自動車の分速は何 m ですか。

[　　　　]

(5) 家から学校までの2.2 km を24分で走りました。このときの速さは時速何 km ですか。〔柳学園中〕

[　　　　]

(6) 分速64 m で歩く児童が，1.152 km はなれた学校に行くのに何分かかりますか。

[　　　　]

(7) 時速72 km の車で1分20秒進んだ道のりは何 m ですか。

[　　　　]

(8) 時速50 km で走る車は，13 km 進むのに何分何秒かかりますか。〔追手門学院大手前中〕

[　　　　]

2 次の問いに答えなさい。（40点）1つ10

(1) 2 km を8分で走る人が75 m 進むには何秒かかりますか。

[　　　　]

(2) 自転車で45分で6 km 進む人は，2時間で何 km 進みますか。〔比治山女子中〕

[　　　　]

(3) 10 km を15分で進む速さでは，28 km を進むのに何分かかりますか。

[　　　　]

(4) 時速285 km で走る「ひかりレールスター」は，100 m 走るのに何秒かかりますか。小数第3位を四捨五入(ししゃごにゅう)し，小数第2位まで求めなさい。〔白陵中〕

[　　　　]

3 行きは時速10 km，帰りは時速15 km で，2地点A，B間を往復すると，平均の速さは時速何 km ですか。（12点）〔白陵中〕

[　　　　]

思考力トレーニング　算数⑫

展開図(てんかいず) ②

答え→212ページ

月　日

問題　右の図は，直方体の見取図(みとりず)とその展開図(てんかいず)です。
３本の対角線アウ，アク，ウクをそれぞれの展開図の中にかき入れなさい。

目標時間　５分

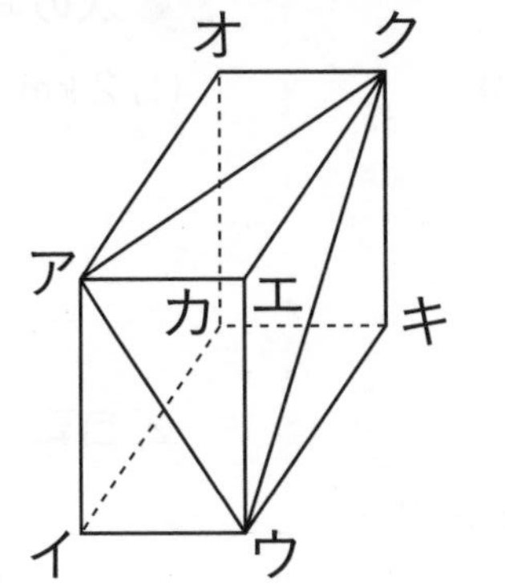

(1)

(2)

まず，展開図に対応する頂点(ちょうてん)の記号を入れよう。

算数 13

比 ①

なまえ　6年　組

答え→212ページ　月　日

時間 25分　合格 80点　得点　点

1 次の比を簡単にしなさい。 (30点) 1つ2

(1) 3：6　(2) 8：12　(3) 9：15

(4) 36：48　(5) 63：56　(6) 72：135

(7) 0.6：0.3　(8) 1.5：0.6　(9) 3.5：42

(10) $\frac{1}{5}:\frac{1}{6}$　(11) $\frac{4}{5}:\frac{8}{5}$　(12) $\frac{3}{5}:2$

(13) 5分：15分　(14) 30秒：45秒　(15) 28dL：3.6L

2 比が等しくなるように，□にあてはまる数を書きなさい。 (12点) 1つ4

(1) 2：5＝6：□＝□：25＝□：40

(2) 10：7＝□：14＝□：35＝□：70

(3) $\frac{1}{3}:\frac{1}{4}$＝□：3＝□：9＝20：□

3 次の比をA：Bの形で求めなさい。(簡単な比にします。) (20点) 1つ5

(1) AはBの3倍です。　[　　]

(2) Aの80%がBです。　[　　]

(3) Aの3倍がBの$\frac{1}{2}$に等しい。　[　　]

(4) AはBの$\frac{7}{5}$($1\frac{2}{5}$)です。　[　　]

4 姉は100個，妹は55個おはじきを持っています。姉が妹に何個おはじきをあげると，姉のおはじきの個数と妹のおはじきの個数の比が3：2になりますか。 (10点)〔帝塚山中〕

[　　]

チャレンジ

5 右の図のような形の立体AとBがあります。立体AとBは体積が等しく，また底面はともに正方形でその辺の比は4：5です。 (28点) 1つ14

〔大阪教育大附属池田中〕

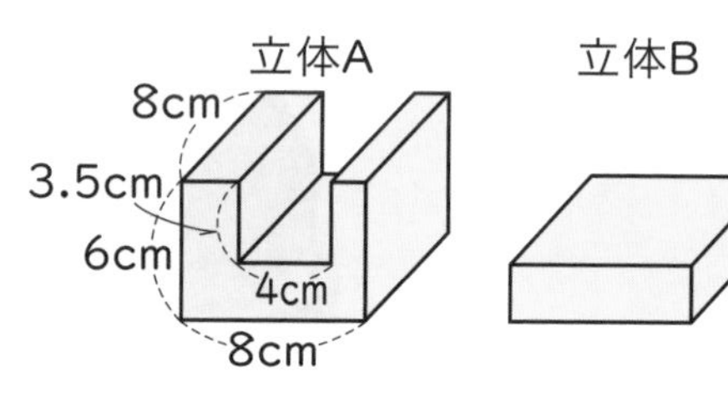

(1) 立体Bの底面は何cm^2ですか。　[　　]

(2) 立体Bの高さは何cmですか。　[　　]

数の列 ①

答え→212ページ 月 日

問題 あるきまりにしたがって，数が並(なら)んでいます。
□の中に数を書きなさい。

目標時間 10分

(1) $\frac{2}{5}$, $\frac{6}{8}$, $\frac{10}{11}$, $\frac{14}{14}$, □, $\frac{22}{20}$

(2) $\frac{3}{2}$, $\frac{5}{4}$, $\frac{9}{8}$, □, $\frac{33}{32}$

(3) $\frac{1}{2}$, 1, $\frac{11}{18}$, $\frac{16}{54}$, □, $\frac{26}{486}$

(4) $\frac{1}{1}$, $\frac{1}{2}$, $\frac{2}{3}$, $\frac{3}{5}$, □, $\frac{8}{13}$, $\frac{13}{21}$

(5) $\frac{1}{3}$, $\frac{1}{4}$, $\frac{2}{9}$, $\frac{5}{24}$, $\frac{1}{5}$, $\frac{7}{36}$, $\frac{4}{21}$, $\frac{3}{16}$, $\frac{5}{27}$, □

分母と分子，それぞれにきまりのあるものもきまりに関係しているものもあるよ。
約分に気をつけて考えていこう。

算数 14

比 ②

なまえ　6年　組

答え→212ページ　月　日

時間 25分　合格 80点　得点　点

1 次の比を「：」の記号を使って書きなさい。 (6点) 1つ3

(1) 3m の 4m に対する比　[　　]

(2) 21g と 27g の比　[　　]

2 次のことがらを，$a:b$ の形で表しなさい。 (16点) 1つ4

(1) a は b の5倍です。　[　　]

(2) b の a に対する割合(わりあい)は50%です。　[　　]

(3) a の 0.3 が b です。　[　　]

(4) b は a の 0.8 にあたります。　[　　]

3 次の比を簡単(かんたん)にしなさい。 (24点) 1つ4

(1) 9：12

(2) 4：0.8

(3) $\frac{1}{5}:\frac{1}{8}$

(4) 36分：54分

(5) 35kg：49kg

(6) $0.5m^3:\frac{3}{10}m^3$

4 次の□にあてはまる数を書きなさい。 (12点) 1つ6

(1) $\frac{3}{5}:\frac{2}{3}$ を最も簡単な整数の比に直すと，□：□

〔英数学館中〕

(2) $1\frac{1}{3}$時間：45分を最も簡単な整数の比に直すと，□：□

〔賢明女子学院中〕

5 次の□にあてはまる数を書きなさい。 (21点) 1つ7

(1) 360 度を 4：5 の比に分けると，大きいほうの角は□度。

(2) AがBの2倍で，CがBの8割のとき，

A：B：C＝□：□：□

(3) 三角形の3つの角の比が，9：13：14 であるとき，いちばん大きい角の大きさは□度です。〔昭和女子大附属昭和中〕

チャレンジ

6 Aさん，Bさん，Cさんの3人が，合わせて 10000 円のおこづかいをもらいました。Aさんがもらった金額と，他の2人がもらった金額の合計の比は2：3 で，Bさんがもらった金額と，他の2人がもらった金額の合計の比は1：3 でした。3人はそれぞれいくらもらいましたか。 (11点)〔親和中〕

[A　　，B　　，C　　]

7 右の円AとBの面積の比を求めなさい。 (10点)

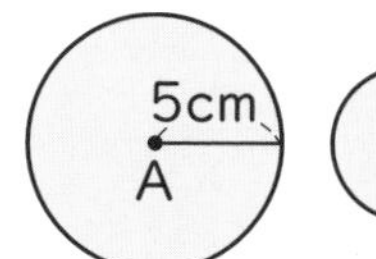

[　　]

算数　理科　社会　英語　国語　答え

図形のころがり

答え→213ページ

月　日

問題　正三角形や正方形を，直線上をすべることなくころがしました。
次の図の位置にきたときの頂点(ちょうてん)の記号を書きなさい。

目標時間　5分

(1)

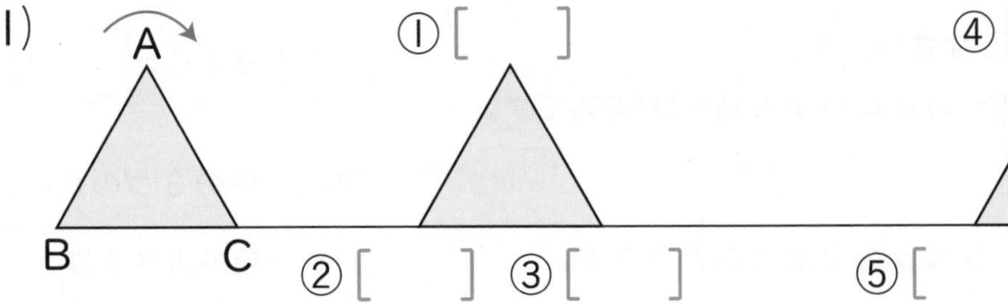

(2)

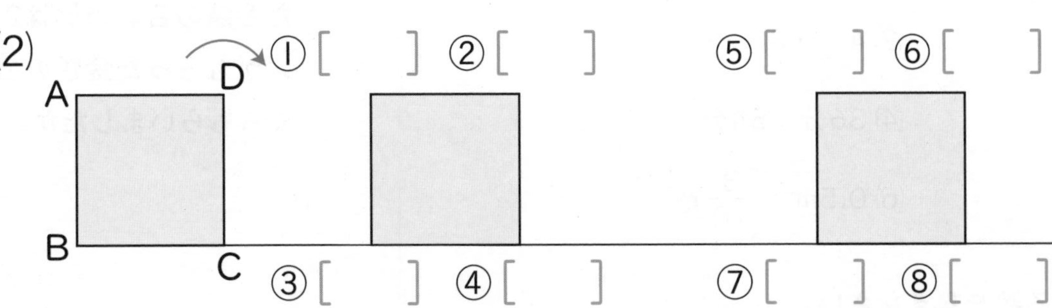

拡大図と縮図 ①

なまえ 6年　組

答え→213ページ　月　日

時間 25分　合格 80点　得点　点

1 下の図を見て，次の問いに答えなさい。（20点）1つ5

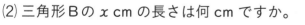

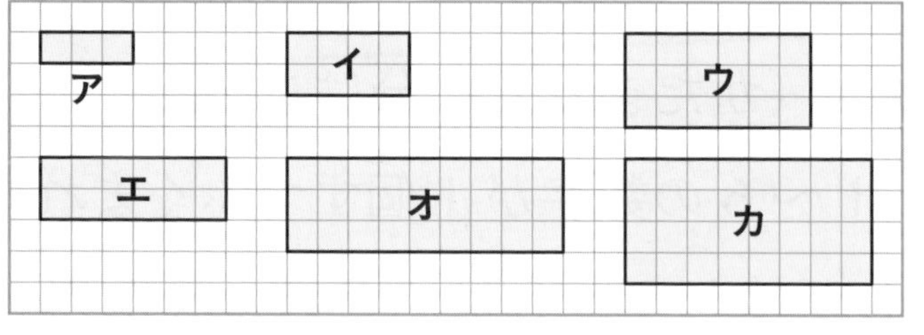

(1) **ア**の長方形の拡大図は，どれとどれですか。また，それぞれ何倍の拡大図ですか。

[　　,　　] [　　,　　]

(2) **カ**の長方形の縮図は，どれとどれですか。また，それは何分のいくつの縮図ですか。

[　　,　　] [　　,　　]

2 右の図で，三角形Bは三角形Aを拡大したものです。（30点）1つ10

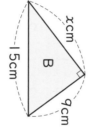

4cm　3cm　A　5cm　xcm　9cm　B　15cm

(1) 三角形Bは，三角形Aを何倍に拡大していますか。

[　　]

(2) 三角形Bの x cm の長さは何 cm ですか。

[　　]

(3) 三角形Bの面積は，三角形Aの面積の何倍になっていますか。

[　　]

3 右のような四角形 ABCD の拡大図をかきます。（20点）1つ10

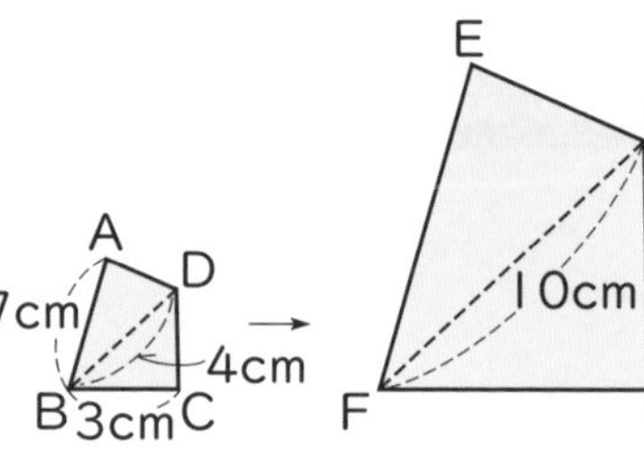

(1) 対角線 BD に対応する対角線 FH の長さを 10 cm にすると，何倍の拡大図になりますか。

[　　]

(2) 辺 EF の長さは何 cm ですか。

[　　]

4 三角形 ABC は，三角形 DEF を $\frac{3}{4}$ に縮小した三角形です。（30点）1つ10

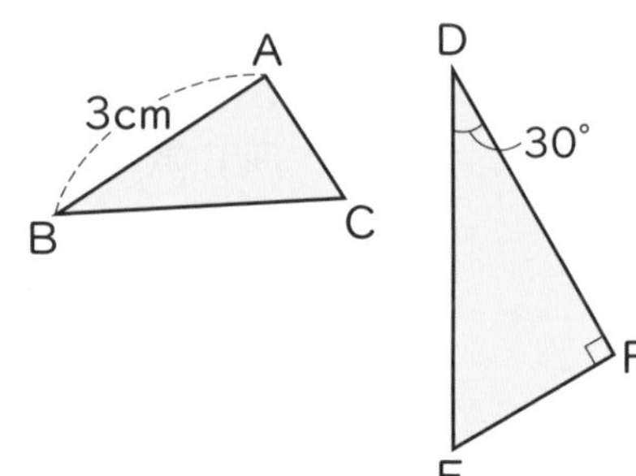

(1) 点D，E，Fにそれぞれ対応する点を書きなさい。

[点D→　　，点E→　　，点F→　　]

(2) 辺 DF は何 cm ですか。

[　　]

(3) 角Cは何度ですか。

[　　]

算数 ⑮ ブロック分け

答え→213ページ　月　日

問題　右のルールにしたがって，図をブロックに分けなさい。

目標時間　10分

まず，同じ数字がとなり合っているところに，ブロック分けの線を入れよう。

ルール

① 全体を10個(こ)のブロック（かたまり）に分けます。

② 1つのブロックには，1～6の数字が1個ずつふくまれます。

③ ブロックは，辺どうしが接していれば，どのような形でもかまいません。

1	5	1	6	3	2	2	4	4	3
2	2	6	6	3	4	5	6	1	2
3	4	4	5	2	6	5	3	1	5
6	4	2	1	1	4	3	6	6	5
6	5	5	3	1	1	3	1	2	4
5	4	3	2	1	2	4	6	3	5

『パズル道場（トレーニングⅢ）』（受験研究社）

算数 16

拡大図と縮図 ②

なまえ　6年　組

答え→213ページ　月　日

時間 25分　合格 80点　得点　点

1 右の三角形と形が同じで，まわりが20 cm の三角形をかきなさい。(12点)

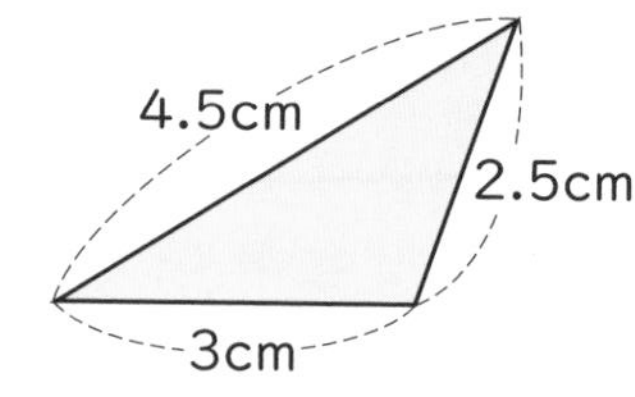

2 次の□にあてはまる数を書きなさい。(32点) 1つ8

(1) 実際に120 m ある道のりを，縮尺 $\frac{1}{600}$ で表すと□cm です。

(2) 2 km を 8 cm に縮めて表すとき，縮尺は 1：□です。

(3) 縮尺 $\frac{1}{10000}$ の地図で 2.4 cm の道のりは，実際には□m になります。

(4) 縮尺 1：2000 の縮図で，縦 3 cm，横 4 cm のプールの実際の面積は□m^2 です。

3 右の長方形ABCDの3倍の拡大図をかくとき，拡大図の面積は，もとの長方形の面積の何倍になりますか。(12点)

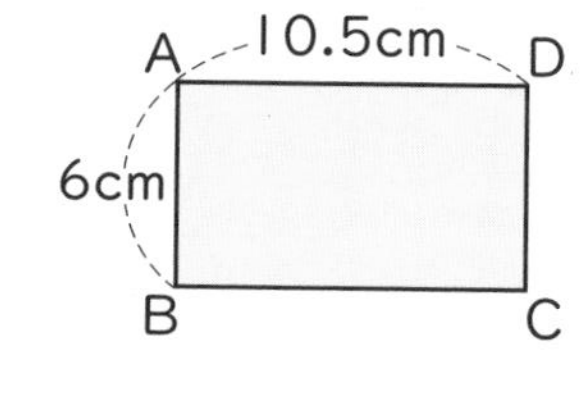

[　　]

4 ある地図上で 3cm に表されているきょりは，実際には 150m あります。この地図で 3cm^2 の面積は，実際には何 m^2 になりますか。

(12点)〔江戸川女子中〕

[　　]

チャレンジ

5 長方形ABCDがあります。点Aから辺DCの真ん中の点Eを通る直線と，辺BCを横にのばした直線が交わる点をFとします。点Aから直線CFの真ん中の点Gに直線をひいてできる三角形HCGは三角形HDAの縮図です。(32点) 1つ8

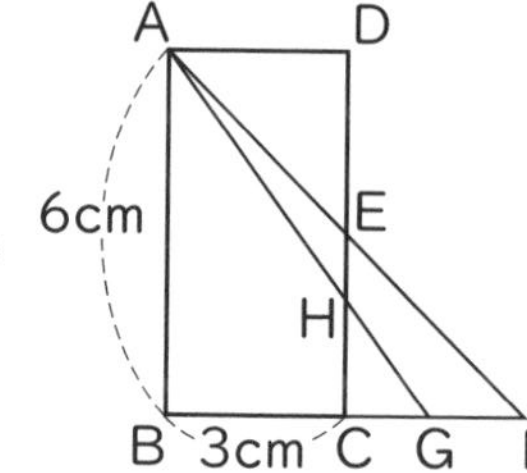

(1) 辺CGの長さは何 cm ですか。

[　　]

(2) 辺HCの長さは何 cmですか。

[　　]

(3) 三角形HDAをもとにすると，三角形HCGは何倍の縮図ですか。

[　　]

(4) 三角形HCGの面積を求めなさい。

[　　]

算数⑯　展開図③

答え→213ページ　月　日

問題　右の図は，立方体とその展開図です。
対応する頂点の記号を，[　] の中に書きなさい。
また，3つの黒丸も，それぞれかき入れなさい。

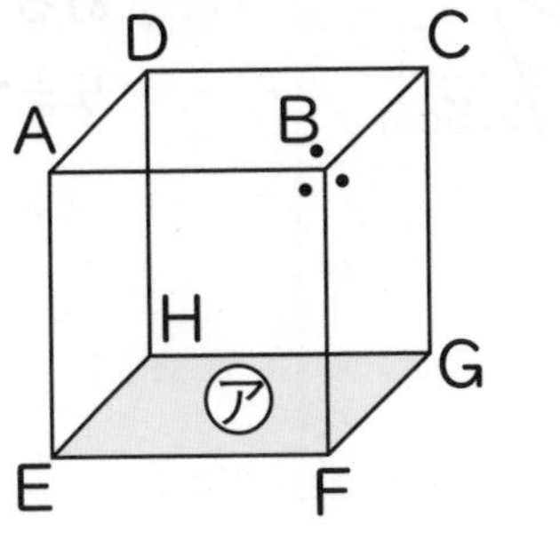

(1)

(2)

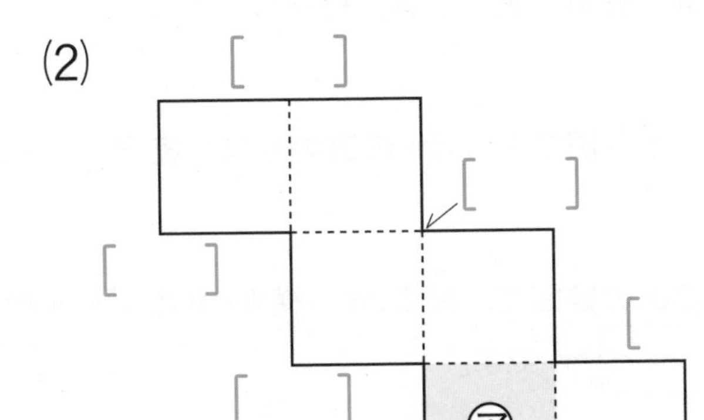

目標時間　5分

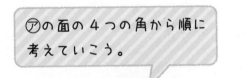

アの面の4つの角から順に考えていこう。

算数 17

角柱と円柱の体積 ①

なまえ　6 年　　組

答え→213 ページ　　月　　日

時間 25 分　合格 80 点　得点　　点

（ここでは，円周率は 3.14 とします。）

1 右の図のような三角柱について，次の問いに答えなさい。（14点）1つ7

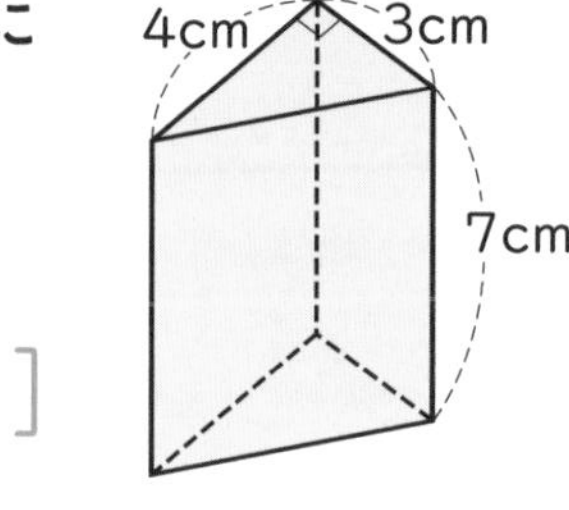
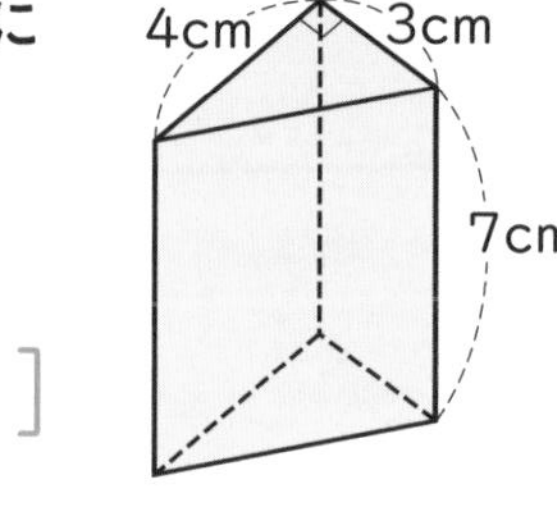

(1) 底面積は何 cm^2 ですか。

[　　　　]

(2) 体積は何 cm^3 ですか。

[　　　　]

2 右の図の三角柱について答えなさい。（16点）1つ8

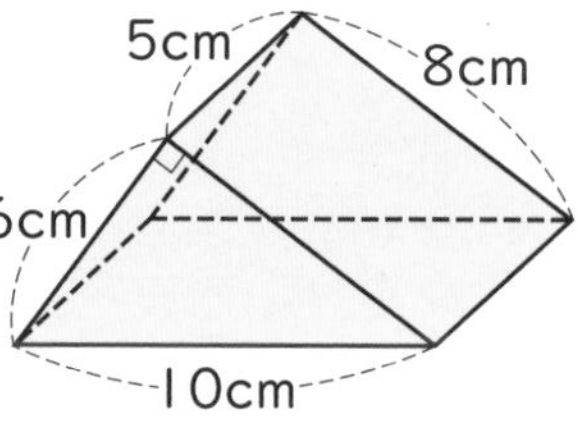

(1) 底面積は何 cm^2 ですか。

[　　　　]

(2) 体積は何 cm^3 ですか。

[　　　　]

3 右の図のような円柱について，次の問いに答えなさい。（16点）1つ8

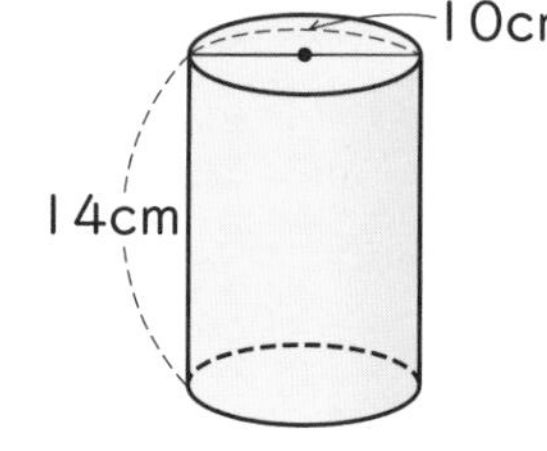

(1) 底面積は何 cm^2 ですか。

[　　　　]

(2) 体積は何 cm^3 ですか。

[　　　　]

4 右の図はある立体の展開図(てんかいず)です。（27点）1つ9

8cm　10cm　6cm　10cm

(1) この立体の名まえを書きなさい。

[　　　　]

(2) この立体の表面積（すべての面の面積の合計）を求めなさい。

[　　　　]

(3) この立体の体積を求めなさい。

[　　　　]

5 右の図の円柱について答えなさい。（27点）1つ9

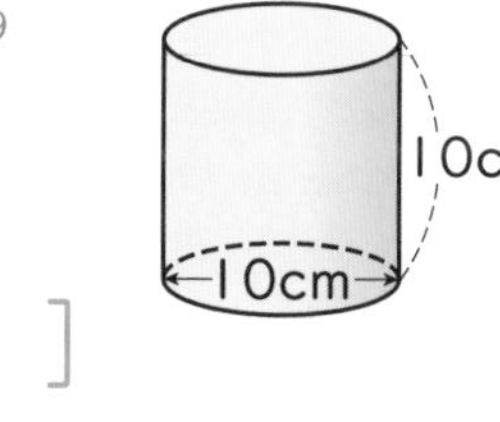

(1) 側面の面積を求めなさい。

[　　　　]

(2) 表面積を求めなさい。

[　　　　]

(3) 体積を求めなさい。

[　　　　]

思考力トレーニング

算数 ⑰　虫食い算（わり算）①

答え→213ページ　月　日

問題　□にあてはまる数を書きなさい。

目標時間　5分

(1)

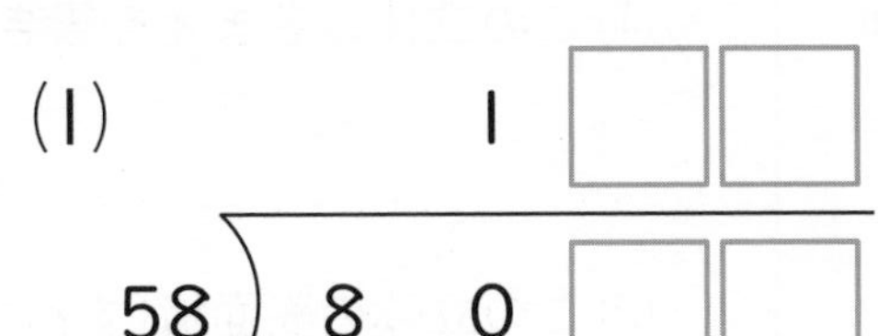

```
        1 □ □
    ---------
58 ) 8 0 □ □
     5 8
     -----
     2 2 □
     1 7 4
     -------
       5 2 □
       5 2 □
       -----
           0
```

(2)

```
          2 5 □
      ---------
□ □ ) 9 7 2 8
      □ □
      -----
      2 1 2
      □ □ □
      -------
        2 □ □
        2 □ □
        -----
            0
```

算数 18

角柱と円柱の体積 ②

なまえ　6年　組

答え→213ページ　月　日

時間 25分　合格 80点　得点　点

（ここでは，円周率は3.14とします。）

1 右の図のような立体について答えなさい。（20点）1つ10

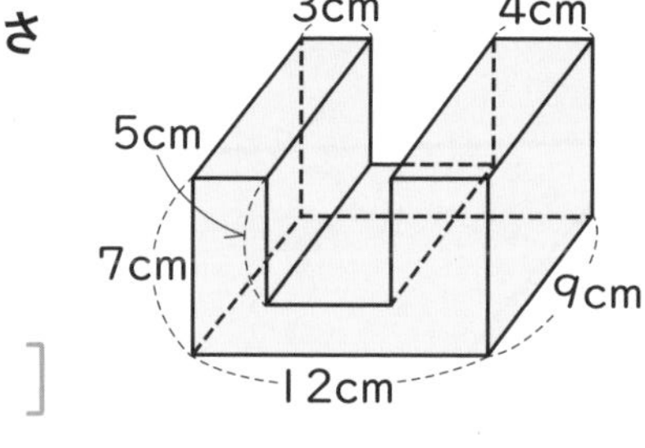
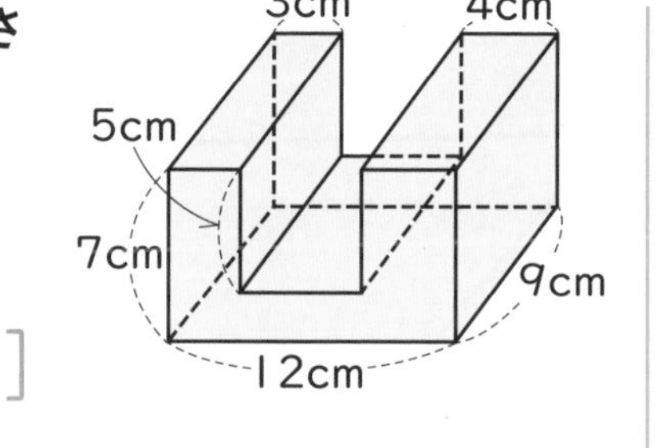

(1) 底面積は何 cm^2 ですか。

［　　　］

(2) 体積は何 cm^3 ですか。

［　　　］

2 体積が 144 cm^3 である右の図のような立体があります。図の中の辺ABの長さを求めなさい。（12点）

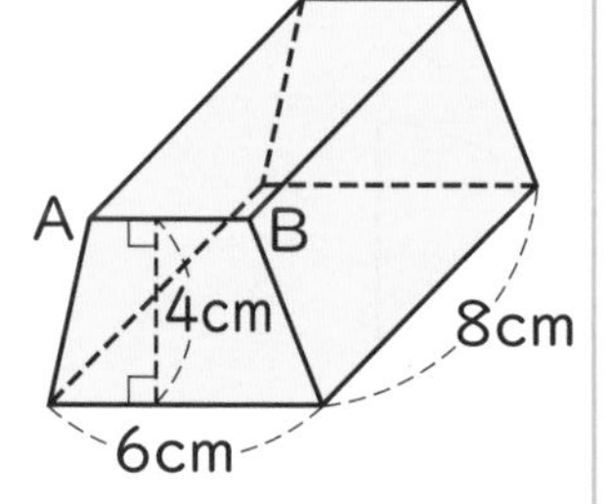

［　　　］

3 右の図のような円柱を縦（たて）に半分にした立体があります。（16点）1つ8〔明星中〕

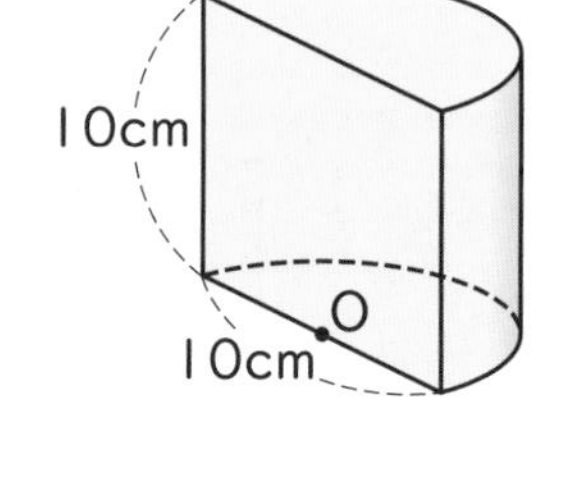

(1) この立体の体積はいくらですか。

［　　　］

(2) この立体の表面積はいくらですか。

［　　　］

チャレンジ

4 右の図のような展開図（てんかいず）を組み立て，立体をつくりました。次の問いに答えなさい。

〔徳島文理中〕

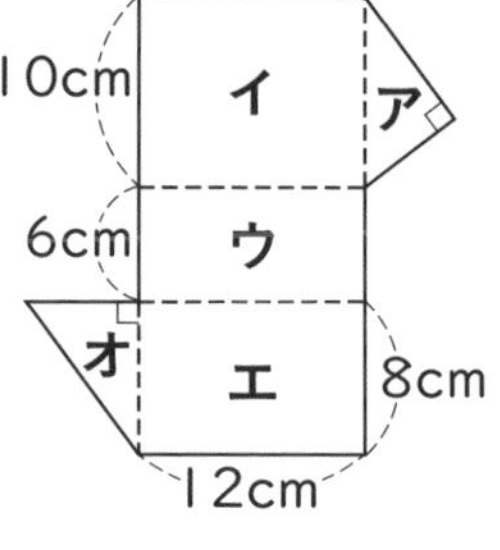

(1) この立体の名まえは何といいますか。（5点）

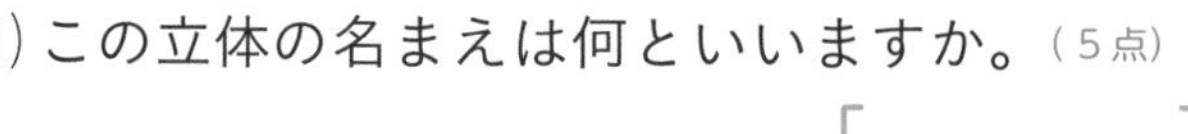

［　　　］

(2) 平行な面は，どれとどれですか。面の記号を書きなさい。（5点）

［　　　］

(3) **エ**の面に垂直（すいちょく）な面はどれですか。面の記号を書きなさい。（5点）

［　　　］

(4) **ウ**の面を底にして置きました。これに水を毎秒 6 cm^3 ずつ入れるとき，水面の高さが 4 cm になるのは何秒後ですか。（13点）

［　　　］

チャレンジ

5 右の図は，底面の直径が 8 cm，高さが20cmの円柱を1つの平面でななめに切ったものです。次の問いに答えなさい。（24点）1つ12〔帝京中〕

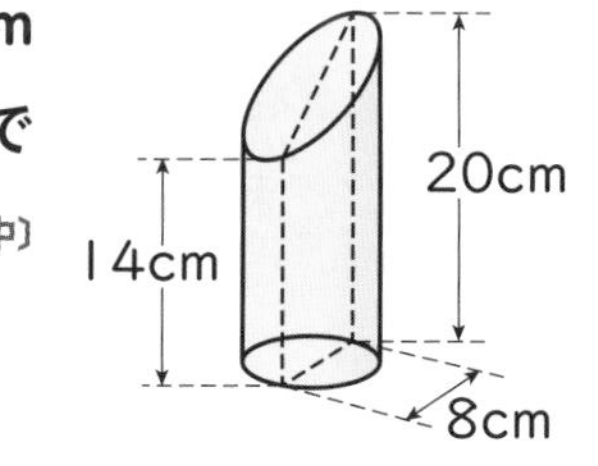

(1) この立体の底面の面積を求めなさい。

［　　　］

(2) この立体の体積を求めなさい。

［　　　］

算数　理科　社会　英語　国語　答え

思考力トレーニング

算数 ⑱

面積の割合（わりあい） ①

答え→214ページ

月　日

問題

(1)・(2)は，三角形・平行四辺形と，それぞれ辺を等分する点です。
(3)・(4)は，正方形の中におうぎ形をかいた図形です。
色のついた部分の面積は，全体の面積の何分のいくつですか。

目標時間　7分

(1)

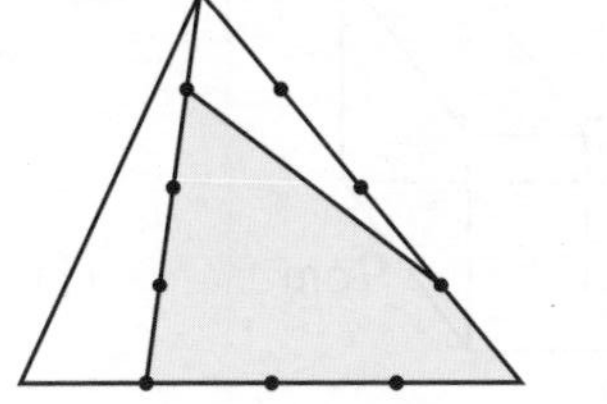

［　　　］

(2)

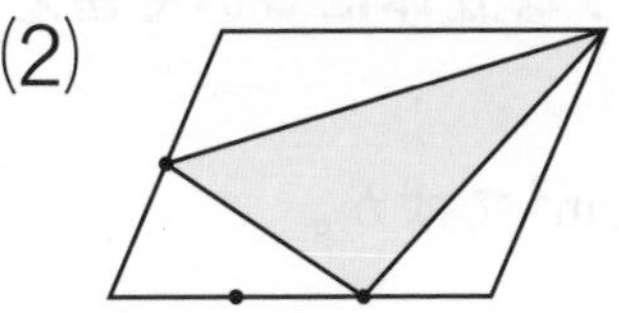

［　　　］

(3)

［　　　］

(4)

［　　　］

(3)・(4)は，色のついた部分を切って移動させてみよう。

算数 19 チャレンジテスト 2

なまえ　6年　組

答え→214ページ　月　日

時間 25分　合格 80点　得点　点

1 次の□にあてはまる数を書きなさい。（20点）1つ5

(1) 6：9：15＝2：□：□

(2) 1m：50cm：100mm＝□：□：1

(3) 0.6g：$\frac{1}{5}$g：1g＝□：□：10＝□：□：5

2 時速4kmの速さで歩くと40分かかる道のりを，分速200mの速さの自転車で走ると何分何秒かかりますか。（12点）〔帝塚山学院中〕

［　　］

3 落とした高さの$\frac{2}{5}$だけはね上がるボールがあります。このボールをある高さから落として，2度目にはね上がった高さをはかったら，32cmありました。はじめに何mの高さからボールを落としましたか。（12点）〔愛知教育大附属岡崎中ー改〕

［　　］

4 太郎(たろう)さんと弟と妹の3人で，お金を出しあって600円の本を買いました。弟が出した金額は180円で，弟と妹の出した金額の比は，6：5でした。太郎さんと妹が出した金額の比を求めなさい。

（12点）〔滋賀大附中〕

［　　］

5 右の図は，四角形ABCDを3倍に拡大(かくだい)して四角形EBFGをつくったものです。（24点）1つ6

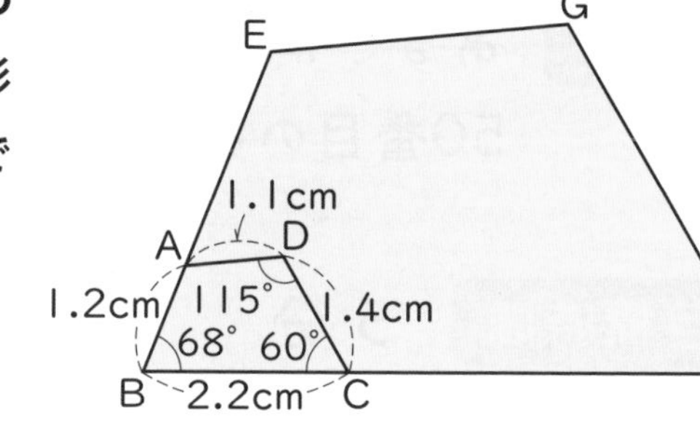

(1) 角E，角Fの大きさは，それぞれ何度ですか。

角E［　　］　角F［　　］

(2) 辺BF，辺FGの長さは，それぞれ何cmですか。

辺BF［　　］　辺FG［　　］

6 右の図は，円柱の一部と直方体を組み合わせた立体です。次の問いに答えなさい。円周率は3.14とします。

（20点）1つ10〔星美学園中〕

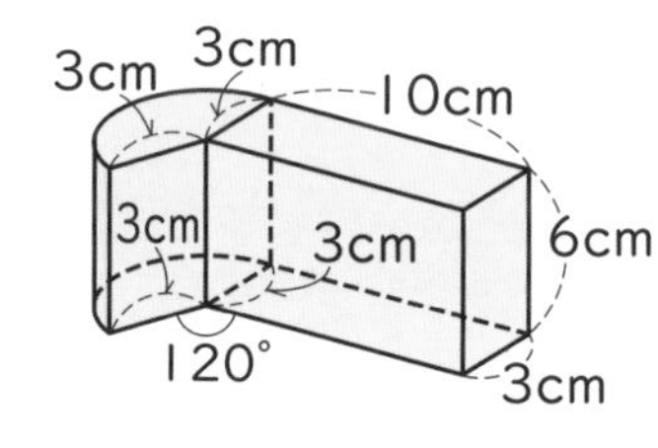

(1) この立体の体積を求めなさい。

［　　］

(2) この立体の表面積を求めなさい。

［　　］

算数　理科　社会　英語　国語　答え

算数⑲ 数の列②

答え→214ページ　月　日

問題　あるきまりにしたがって，数が並(なら)んでいます。
50番目の数を求めなさい。

目標時間　5分

(1) 1, 3, 2, 4, 3, 5, 4, 6, 5, 7, ……　[　　]

(2) 1, 3, 3, 5, 5, 5, 7, 7, 7, 7, ……　[　　]

(3) 1, 2, 1, 3, 2, 1, 4, 3, 2, 1, 5, 4, 3, ……　[　　]

(4) 1, 1, 2, 1, 1, 2, 3, 2, 1, 1, 2, 3, 4, 3, 2, 1, ……　[　　]

(5) 1, 2, 3, 4, 5, 2, 3, 4, 5, 6, 3, 4, ……　[　　]

算数 20

比　例

なまえ　6年　組

答え→214ページ　月　日

時間 25分　合格 80点　得点　点

1 次の２つの数量が比例するものに○をつけなさい。(15点)(安田女子中)

(1) 1本80円のえん筆を買ったときの，本数と代金　[　　]

(2) 面積が 12 cm²の長方形の，縦(たて)の長さと横の長さ　[　　]

(3) 時速 4 km で歩くときの，歩く時間と道のり　[　　]

(4) 500 円玉で買い物をするときの，代金とおつり　[　　]

(5) 10kg のねん土を等分して何人かに分けるときの，人数と1人分の量　[　　]

2 1 m が 15 g の針金(はりがね)があります。この針金の長さと重さの関係を調べています。

長さ(m)	1	2	3	②	③	10
重さ(g)	15	30	①	90	120	④

(1) ①～④に入る数字を答えなさい。(15点)

[①　　，②　　，③　　，④　　]

(2) 針金の長さと重さは，比例するといえますか。(10点)

[　　]

(3) (2)のことがいえる理由を，長さと重さの関係がわかるように数や式，ことばを使って書きなさい。(15点)

[　　]

(4) 針金の長さと重さの関係のグラフを右に表しなさい。(15点)

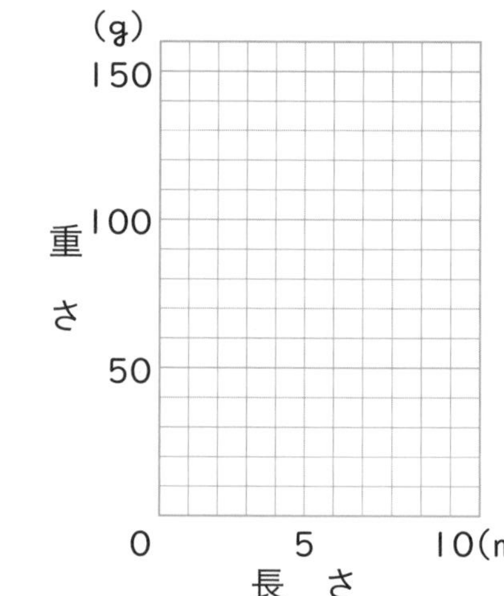

3 下の表で，xとyは比例の関係にあります。表のあいているところにあてはまる数を書きなさい。(16点) 1つ8

(1)

x	2	4		8	10
y		24	36		

(2)

x	12	6		3	
y	48		16		9.6

4 5 cm の重さが 0.035 g のひもがあります。このひも 4.9 g の長さは何 m ですか。(14点)〔ノートルダム清心中〕

[　　]

思考力トレーニング　算数 ⑳　展開図 ④

答え→214ページ　月　日

問題　3の数字はどの面になりますか。
字の向きを考えて，書き入れなさい。

目標時間　5分

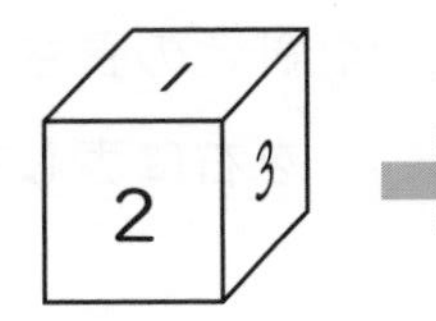

(1)

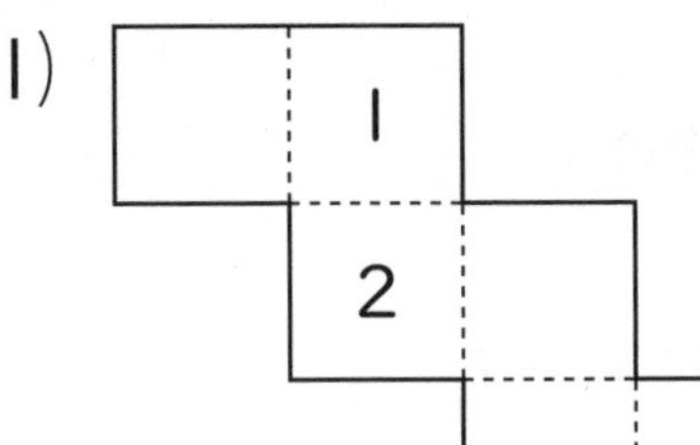

(2)

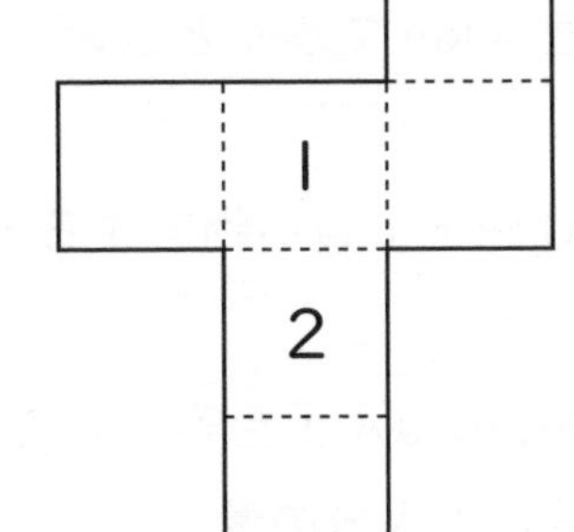

(3)

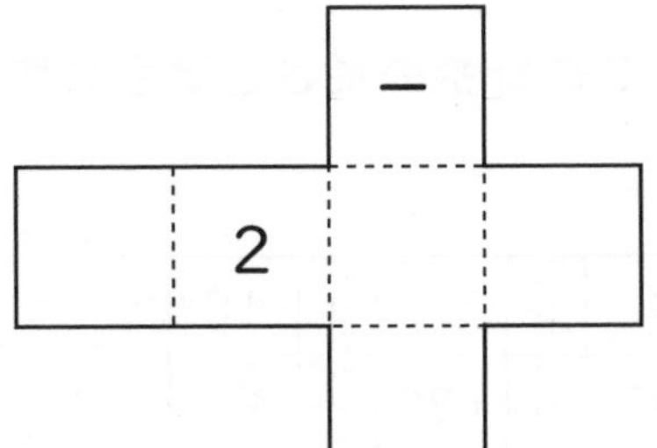

(4)

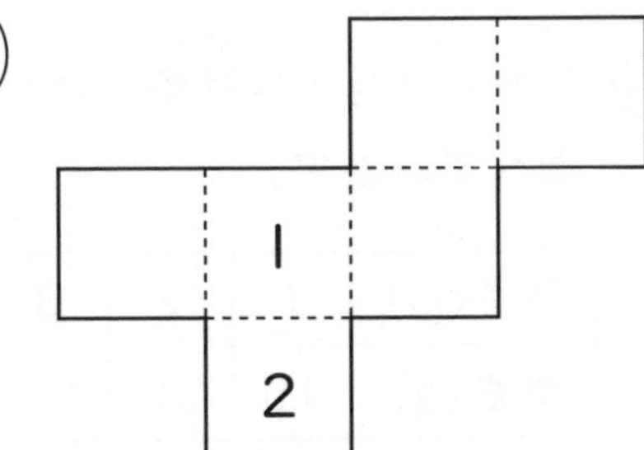

展開図の直角をはさむ2つの辺どうしは重なるよ。

反比例

なまえ　6年　　組

答え→214ページ　　月　　日

時間 25分　合格 80点　得点　　点

1 次の2つの数量が反比例するものに○をつけなさい。(15点)

(1) 1日の昼の長さと夜の長さ　[　　]

(2) 面積が 100 cm^2 の三角形の底辺の長さと高さ　[　　]

(3) きまったきょりを走るときの，走る速さとかかる時間　[　　]

(4) 正方形の1辺の長さと，まわりの長さ　[　　]

(5) 縦(たて)が 3 cm の長方形の横の長さと面積　[　　]

2 面積が 36 cm^2 の長方形の，縦の長さと横の長さの関係を表につくっています。(35点) 1つ7

縦(cm)	1	2	3			18
横(cm)	36			6	4	

(1) 表を完成しなさい。

(2) 面積が 36 cm^2 の長方形の縦の長さと横の長さは反比例するといえますか。　[　　]

(3) (2)のことがいえる理由を書きなさい。

[　　　　　　]

(4) 長方形の縦の長さを x cm，横の長さを y cm として，x と y の関係を式に表しなさい。　[　　]

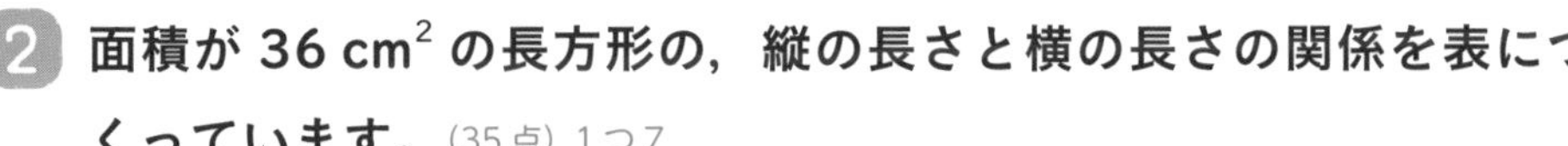

(5) 右上の方眼紙に，x と y の関係をグラフに表しなさい。

3 120L の水そうに水を入れようと思います。1分間に入れる水の量を x L，水そうをいっぱいにするのにかかる時間を y 分とします。(20点) 1つ5

(1) y を求める式を書きなさい。　[　　]

(2) x と y は反比例するといえますか。　[　　]

(3) x が6のとき，y を求めなさい。　[　　]

(4) y が15のとき，x を求めなさい。　[　　]

4 1日に6時間働いたら12日でできる仕事があります。1日に8時間ずつ働くと，この仕事は何日でできますか。(10点)

[　　]

5 たがいにかみ合って回る2つの歯車 A，B があります。歯数が 40 の A が，1分間に 45 回転している間に，B は 60 回転します。B の歯数はいくつですか。(10点)

[　　]

6 毎分 70 m の速さで歩いて行くと，1時間かかるところがあります。この道のりを 50 分で行くには，毎分何 m の速さで歩けばよいですか。(10点)

[　　]

計算パズル（×と÷と＋と－）①

答え→215ページ　月　日

問題　□にあてはまる×・÷・＋・－を入れなさい。
ただし，1つの式で，□には同じ記号は使えません。

目標時間　7分

時間内に解けるようにしましょう。

(1) 27 □ 9 □ 3＝6

(2) 27 □ 9 □ 3＝24

(3) 27 □ 9 □ 3＝54

(4) 27 □ 9 □ 3＝81

(5) 27 □ 9 □ 3＝30

(6) 27 □ 9 □ 3＝0

いろいろなグラフ

なまえ　6年　組

答え→215ページ　月　日

時間 25分　合格 80点　得点　点

1 **右のグラフは，やすのりさんの歩く道のりと，それにかかる時間の関係を表したものです。**

(km)**歩く道のりと時間**

70 60 50 40 30 20 10 0 1 2 3 4 5 6 7 8 9 10(時間)

(1) やすのりさんは，1時間に何 km 歩きますか。(10点)

[　　　]

(2) この速さで歩いたら，2時間30分にはどれだけの道のりを歩きますか。(10点)

[　　　]

(3) 15 km 歩くのに，どれだけの時間がかかることになりますか。(10点)

[　　　]

(4) 歩く速さを変えないで，1時間歩くと10分間休むことにしたら，25 km 行くのにどれだけかかりますか。(10点)

[　　　]

(5) (4)のときの時間と道のりの関係を，右のグラフに表しなさい。(12点)

(km)**歩く道のりと時間**

30 25 20 15 10 5 0 1 2 3 4 5 6 (時間)

チャレンジ

2 **右のグラフは，ある容器に毎分 200 cm³ の割合（わりあい）で水を入れたときの，時間(分)と水の深さ(cm)の関係を示しています。** (48点) 1つ12

〔鎌倉学園中〕

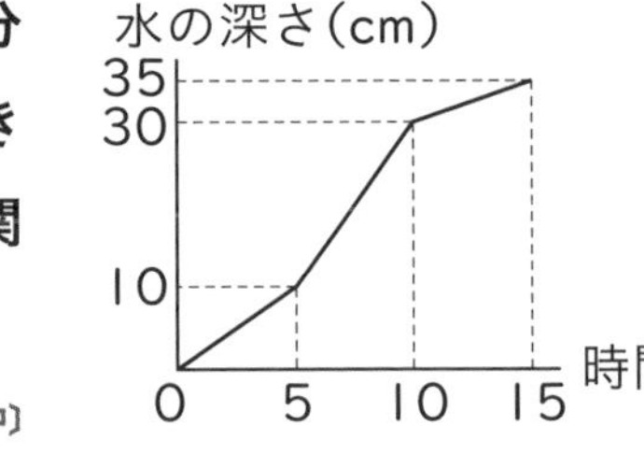

(1) 水の深さが 15 cm のとき，容器の水の量は何 L か求めなさい。

[　　　]

(2) 時間が8分のとき，水面の面積を求めなさい。

[　　　]

(3) 水の深さが 33 cm のとき，水面の面積を求めなさい。

[　　　]

(4) 同じ容器に，今度は毎分 400 cm³ の割合で水を入れたとき，入れ始めてから7分後の水の深さを求めなさい。

[　　　]

思考力トレーニング

算数 ㉒

点のえがく曲線 ②

答え→215ページ　月　日

問題　正三角形や円を，折れ線の上をすべることなくころがしました。

・印の点がえがく線を，右の図にかきなさい。

目標時間　5分

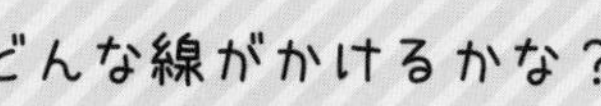

(1)

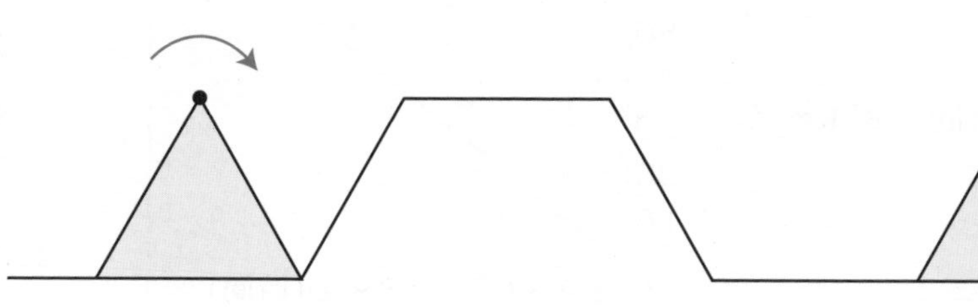

(2)

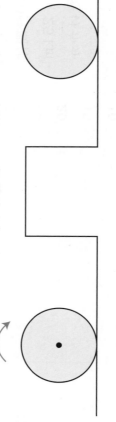

算数 23

場合の数 ①

なまえ　6年　組

答え→215ページ　月　日

時間 25分　合格 80点　得点　点

1 **雑誌とノートを買うために，書店と文具店に行きます。家から書店までの道をア，イ，ウ，書店から文具店までの道をエ，オ，カとします。家から書店を通って文具店に行く行き方は，全部で何通りありますか。**（10点）

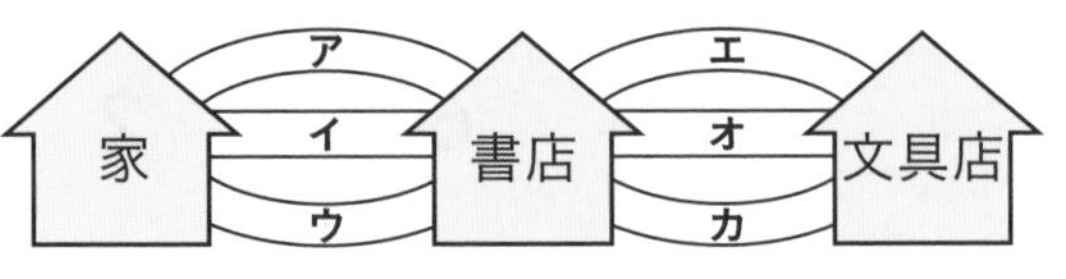

［　　　］

2 **3，7，9，0 のカードが1枚ずつあります。このカードを並べて4けたの整数をつくります。**（30点）1つ10

(1) 千の位が 3 のとき，あとの百，十，一の位に残りのカードを並べるしかたは，何通りありますか。

3	7	?	?
3	9	?	?

［　　　］

(2) 4けたの整数は，全部で何通りできますか。

［　　　］

(3) この中で，偶数は何通りできますか。

［　　　］

チャレンジ

3 **0，1，2，3 の4つの数字を組み合わせて，3けたの数字をつくります。次の問いに答えなさい。**（36点）1つ12

(1) 1つの数字を1回だけ使うときの組み合わせは何通りできますか。

［　　　］

(2) 同じ数字を2回使ってよいことにすると，組み合わせは何通りできますか。

［　　　］

(3) 同じ数字を何回でも使ってよいことにすると，組み合わせは何通りできますか。

［　　　］

4 **6つのチームで野球をします。次のしかたで試合をするとき，試合の数は何試合ありますか。**（24点）1つ12

(1) 2チームずつが試合をして，勝ったチームだけが残り，だんだん勝ち進んで最後に残ったチームが優勝する試合のしかた（トーナメント戦）。

［　　　］

(2) 1つのチームが，ほかのどのチームとも全部試合をし，勝ち数の多いチームを優勝とする試合のしかた（リーグ戦）。

［　　　］

算数　理科　社会　英語　国語　答え

虫食い算（かけ算）②

答え→215ページ　月　日

問題 □にあてはまる数を書きなさい。

目標時間 6分

(1)
```
    2 8 □
×     □ 7
---------
  2 □ 2 3
  □ 7 8
---------
  7 □ □ 3
```

(2)
```
    □ 3 4
×     □ 3
---------
  1 6 0 2
□ □ 0 4
---------
□ □ □ 4 2
```

(3)
```
    □ 0 □
×     □ 3
---------
  1 □ 2 4
2 □ 4 0
---------
2 1 □ 2 □
```

(4)
```
    3 □ 5
×     8 □
---------
    7 □ 0
□ 1 □ 0
---------
3 □ 3 9 0
```

算数 24

場合の数 ②

なまえ　6年　組

答え→215ページ　月　日

時間 25分　合格 80点　得点　点

1 右の図のような模様の旗に，となり合う部分に同じ色がこないように色をぬります。次の問いに答えなさい。(20点) 1つ10

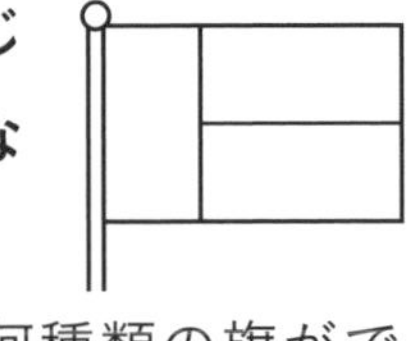

(1) 赤，青，黄の3色を使ってぬり分けるとすると，何種類の旗ができますか。

[　　　]

(2) 赤，青，黄，緑，むらさきの5色でぬり分けると，何種類の旗ができますか。

[　　　]

チャレンジ

2 1g，2g，4g，8gのおもりが，それぞれ1個ずつあります。(24点) 1つ12

(1) 2個のおもりとてんびんを使うと，何通りの重さをはかることができますか。

[　　　]

(2) 3個のおもりとてんびんを使うと，何通りの重さをはかることができますか。

[　　　]

3 4種類のケーキと3種類の飲み物の中から，ケーキ1個と飲み物1ぱいをお客さんに出す出し方は，何通りありますか。(12点)

[　　　]

4 1，2，3，4，4の5枚のカードの中から3枚を取り出し，3けたの整数をつくります。(20点) 1つ10

(1) 全部で何個の整数ができますか。

[　　　]

(2) 414より大きい数は，全部で何個できますか。

[　　　]

5 A，B，C，D，E，Fの6人が旅行に出かけ，ある旅館で4人部屋と2人部屋とに分かれてとまることになりました。A，Bの2人が同じ部屋にとまらない場合は，何通りありますか。(12点)〔三重大附中〕

[　　　]

6 赤・青・黄・緑の4色の絵の具があります。この中から，2色を混ぜ合わせて色をつくりたいと思います。混ぜ方は，何通りありますか。(12点)

[　　　]

算数㉔ さいころころがし

答え→216ページ

月　日

問題 向かい合う面の目の数の和が7のさいころを，図のような位置から道にそって転がしていくと，しゃ線の位置では，さいころの上の面の数はいくつですか。

目標時間 8分

ひとつ転がすごとに，どの面が下になり，どの面が上になるのかを考えていこう。

(1)

［　　］

(2)

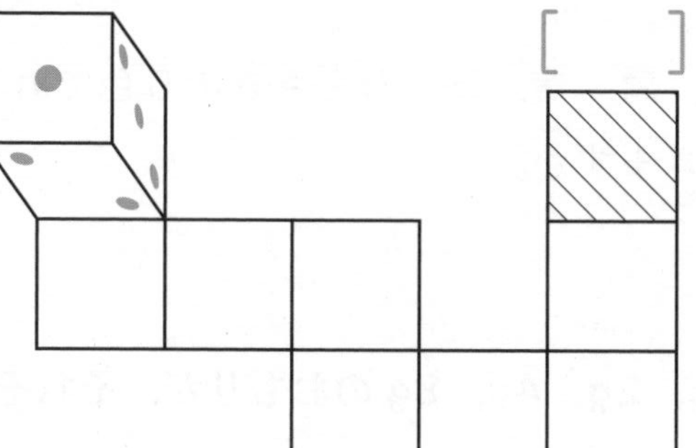

［　　］

(3)

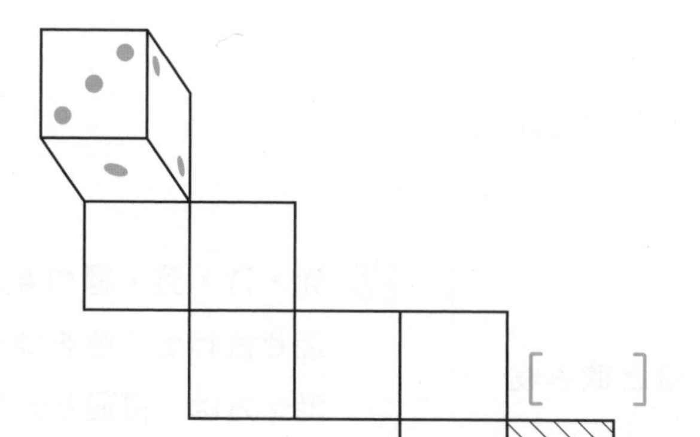

［　　］

(4)

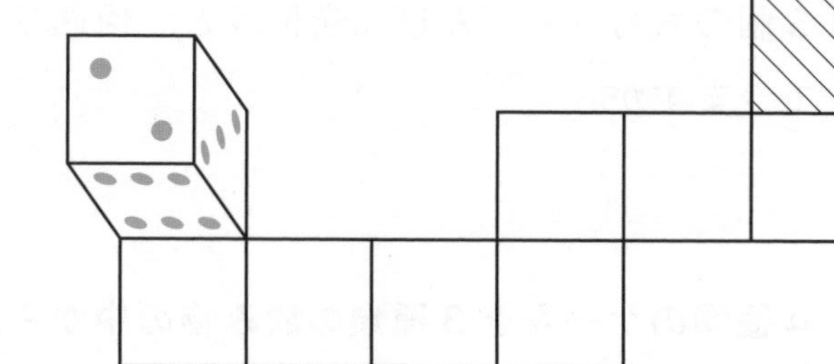

［　　］

『パズル道場（トレーニングⅢ）』（受験研究社）

算数 25

資料の調べ方 ①

なまえ　6年　組

答え→216ページ　月　日

時間 25分　合格 80点　得点 点

1 次の数のうちから，下の問いにあてはまる数を全部書き出しなさい。 (20点) 1つ10

1.3	2	4.6	2.8	3	4	3.9	3.5	1.9

(1) 2未満の数　[　　]

(2) 3以上4以下の数　[　　]

2 右の柱状グラフは，石川さんの学級のみんなの体重を調べたものです。 (40点) 1つ10

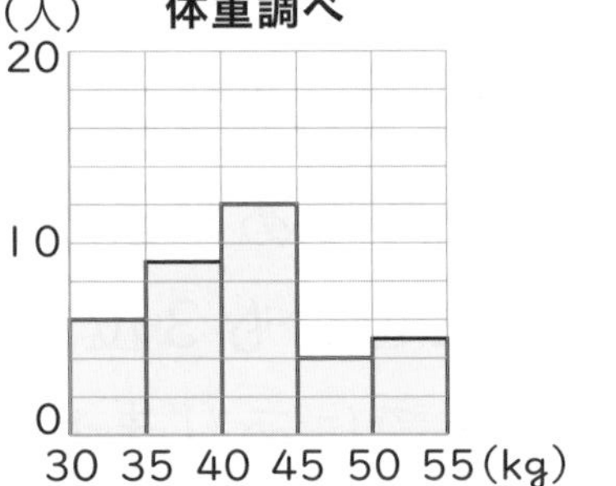

(1) 学級全員の人数は何人ですか。　[　　]

(2) 人数がいちばん多いのは，どの階級ですか。　[　　]

(3) 体重 47 kg の人は，重いほうから数えて何番目から何番目のはん囲にいますか。　[　　]

(4) 体重 35 kg 以上 40 kg 未満の人は，全体の何%ですか。　[　　]

3 下の数は，計算テストの点数の結果をそのまま表したものです。 (40点) 1つ10

85	56	49	100	78	27	59
75	63	82	27	93	98	46
57	63	29	36	71	45	91
67	18	72	68	75	64	38
72	91	80	75	80	87	100

(1) テストを受けた人は何人ですか。　[　　]

(2) この計算テストの最頻値(さいひんち)を求めなさい。　[　　]

(3) この計算テストの中央値を求めなさい。　[　　]

(4) この計算テストの平均値を求めなさい。電たくを使って計算してもよいです。　[　　]

算数㉕ 推理（すいり）

答え→216ページ 月　日

問題 A，B，C，Dの４チームがリレー競走を２回しました。その順位を聞いたところ，１回目については(1)のように，２回目については(2)のように答えました。このうち，それぞれ１チームはうそを言っています。どのチームがうそを言っていますか。

目標時間 ５分

(1) Aチーム「ぼくたちは２位でも４位でもありませんでした。」
Bチーム「わたしたちは１位でした。」
Cチーム「わたしたちはAチームより上の順位でした。」
Dチーム「ぼくたちは４位でした。」

(2) Aチーム「ぼくたちは３位でした。
Bチームは４位ではありませんでした。」
Bチーム「わたしたちは２位でも３位でもありませんでした。
Cチームも３位ではありませんでした。」
Cチーム「わたしたちは３位か４位のどちらかでした。
Dチームは２位でした。」
Dチーム「ぼくたちは１位ではなく，
Aチームは２位ではありませんでした。」

それぞれ，１ゲームずつ，うそを言っているとして，正しい順位が成り立つか考えていくよ。

１回目［　　　］，２回目［　　　］

算数 26

資料の調べ方 ②

なまえ　6年　組

答え→216ページ　月　日

時間 25分　合格 80点　得点　点

1 ある月の欠席者は1日平均1.2人で，学校に来る日が25日でした。この月の欠席者の，のべ人数は何人でしたか。(20点)

[　　　　]

2 下の図は，ソフトボールを投げたきょりを，ドットプロットで表したものです。(20点) 1つ10

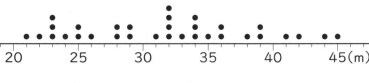

20　25　30　35　40　45(m)

(1) 上のドットプロットを，下の表にまとめなさい。

(2) (1)の表を，右下のグラフ用紙を使って柱状グラフにしなさい。

きょり(m)	人数(人)
以上 20 ～ 25 未満	
25 ～ 30	
30 ～ 35	
35 ～ 40	
40 ～ 45	
45 ～ 50	

(人)　(m)

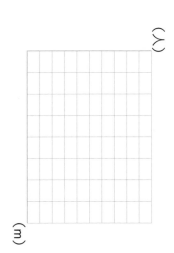

3 10人の児童に算数のテストをしました。問題は(1)～(5)の5題で，1題2点です。右の柱状グラフは，問題別に正解者の人数を表したものです。10人の平均点は何点ですか。(20点)

〔帝塚山学院中〕

(人数)　0 2 4 6 8　(1) (2) (3) (4) (5)　(問題番号)

[　　　　]

チャレンジ **4** 右のグラフは，A組の生徒全員が10点満点のテストを受けた結果を表したものです。ところが，5点と7点のところがよごれていて，人数がわかりません。A組の平均点は7点で，8点未満の得点の人数は全体の60%でした。次の問いに答えなさい。

(40点) 1つ20〔明治大付属中野中〕

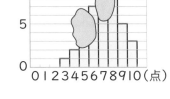

(人)　0 5 10　0 1 2 3 4 5 6 7 8 9 10 (点)

(1) A組の人数を求めなさい。

[　　　　]

(2) 7点の人数を求めなさい。

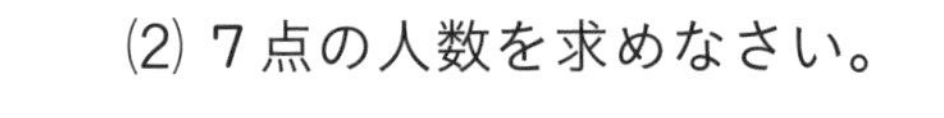

[　　　　]

算数　理科　社会　英語　国語　答え

思考力トレーニング

算数㉖ 面積の割合（わりあい） ②

答え→216ページ

月　日

問題

(1)・(2)は，正方形とそれぞれの辺を４等分する点です。
(3)・(4)は，正方形の中におうぎ形や直線をかいた図形です。色のついた部分の面積は，正方形の面積の何分のいくつですか。

目標時間　７分

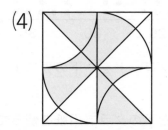

(1)
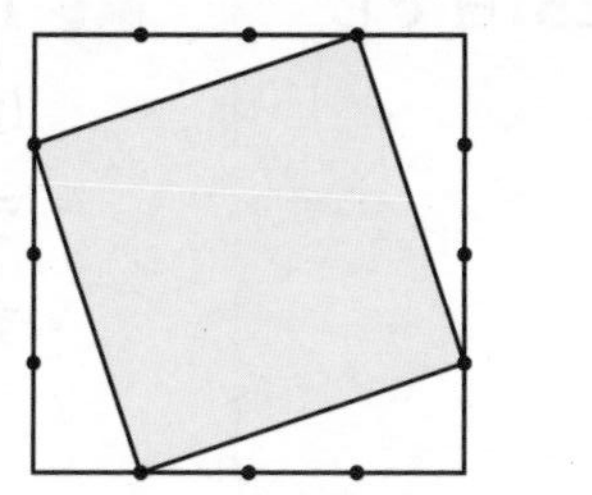

[　　　]

(2)
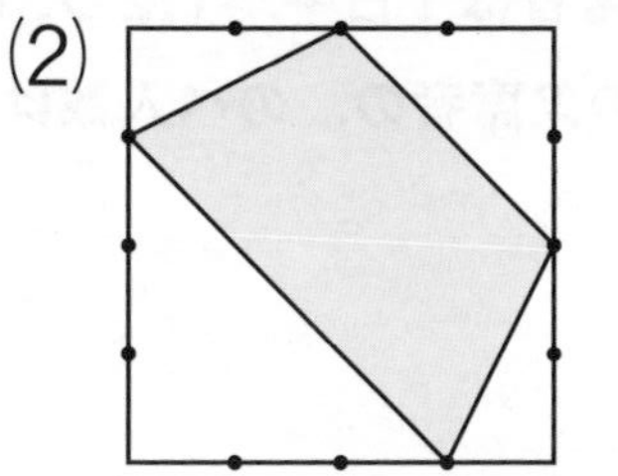

[　　　]

(3)
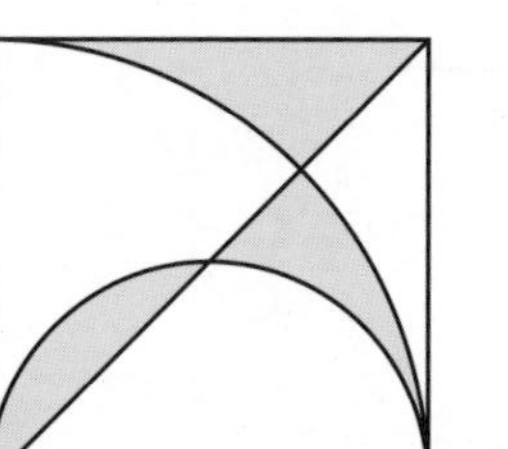

[　　　]

(4)
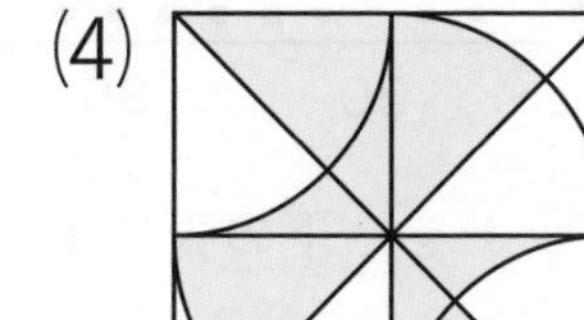

[　　　]

いろいろな問題 ①

なまえ　6年　組

答え→216ページ　月　日

時間 25分　合格 80点　得点　点

1 次の問いに答えなさい。（30点）1つ10

(1) 5でわっても，3でわっても2余る整数で，50に最も近い数を求めなさい。

[　　　]

(2) 29をわると，余りが5になるような数をすべて求めなさい。〔賢明女子学院中〕

[　　　]

(3) 1から100までの番号のついた100枚(まい)のカードがあります。2でわり切れるが，3ではわり切れない番号のついたカードは何枚ありますか。〔青雲中〕

[　　　]

チャレンジ

2 (1)の式の㋐，㋑の値を求め，次に(2)の計算をしなさい。（14点）1つ7〔慶應義塾中〕

(1) $\frac{1}{12}=\frac{1}{㋐}-\frac{1}{㋑}$

(2) $\frac{1}{12}+\frac{1}{20}+\frac{1}{30}+\frac{1}{42}+\frac{1}{56}$

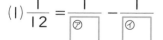

3 右の図は，正五角形と直角三角形を重ねたものです。2つの角ア，イの大きさをそれぞれ求めなさい。（16点）1つ8〔広島学院中一改〕

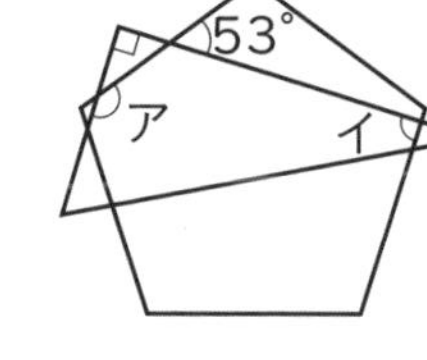

ア[　　　]　イ[　　　]

4 右の図で，四角形は，1辺が5cmと4cmの正方形です。色のついた部分の面積を求めなさい。（20点）〔関西学院中〕

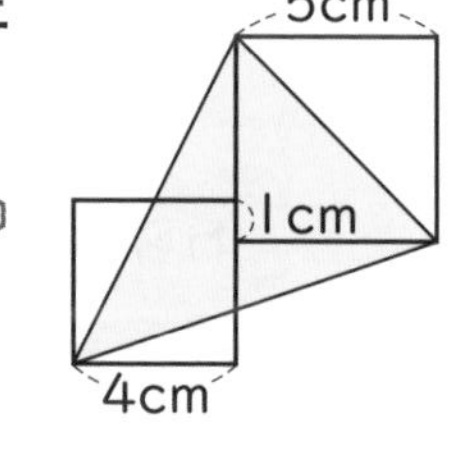

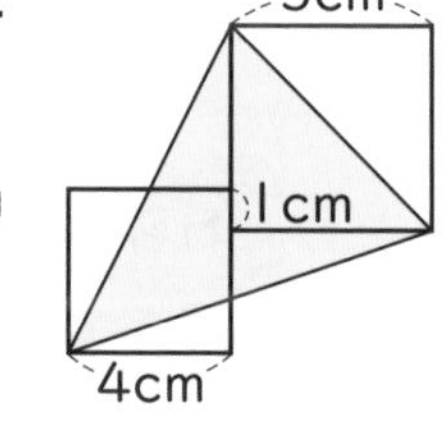

[　　　]

5 右の図のAからHの点は，周を8等分したものです。Aとほかの2つの点をとって三角形をつくるとき，次の問いに答えなさい。（20点）1つ10〔東海中〕

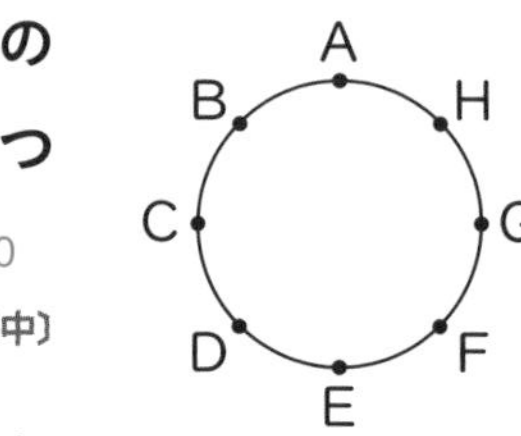

(1) 直角二等辺三角形（1つの角が90°の二等辺三角形）は，いくつできますか。

[　　　]

(2) (1)以外の二等辺三角形は，いくつできますか。

[　　　]

算数　理科　社会　英語　国語　答え

思考力トレーニング

算数㉗ 虫食い算（わり算）②

答え→217ページ

月　日

問題　□にあてはまる数を書きなさい。

目標時間　5分

わられる数が大きくなっても
解き方は同じだよ。
わかる□から数を入れていこう。

(1)

```
        4 1 □
   ──────────
7□ ) □□ 9 3 □
     □□□
   ──────────
       1 3 3
         □□
   ──────────
         5 9 2
         5 9 2
   ──────────
             0
```

(2)

```
          3 □□
    ──────────
46 ) 1 □□ 4 2
     1 3 8
    ──────────
       1 □□
         9 2
    ──────────
       □□□
       □□□
    ──────────
           0
```

算数 28

いろいろな問題 ②

なまえ　6年　組

答え→217ページ　月　日

時間 25分　合格 80点　得点　点

1 次の□にあてはまる数を書きなさい。 (20点) 1つ5

(1) 次の数は，ある一定の規則に従って並んでいます。〔香川県大手前高松中〕

4，5，7，10，14，19，□，32，……

(2) 次の数は，ある「きまり」に従って並んでいます。〔立命館中一改〕

1，3，6，□，15，□，28，36，45，……

チャレンジ
(3) 整数が，次のように並べて書いてあります。最初から数えて，1991番目の数字は□です。

1，2，3，4，5，6，7，8，9，1，0，1，1，1，2，1，3，1，4，……

チャレンジ
2 1から7までの整数を，右の図のようにして，300行まで並べます。

(20点) 1つ10〔神戸女学院中〕

	1列	2列	3列	4列
1行	1	2	3	4
2行	1	7	6	5
3行	2	3	4	5
4行	2	1	7	6
5行	3	4	5	6
6行	3	2	1	7
7行	⋮	⋮	⋮	⋮

(1) 95行，2列にある数を求めなさい。

[　　　]

(2) 4は，3列に全部で何回でてきますか。

[　　　]

3 右の図1のように，一列に正方形ができるように，マッチ棒を並べていきます。マッチ棒を19本使うと，図2のように6個の正方形ができます。このとき，次の□にあてはまる数を書きなさい。

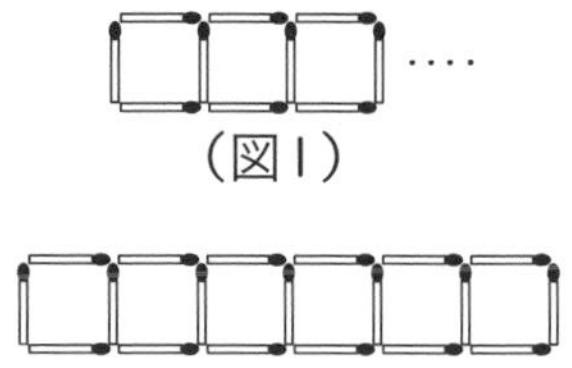

(図1)

(図2)

(30点) 1つ15〔東京学芸大附属世田谷中〕

(1) 正方形が20個できるためには，□本のマッチ棒が必要です。

(2) 100本のマッチ棒を使うと，□個の正方形ができます。

チャレンジ
4 ある規則によって，分数が次のように並んでいます。

$\frac{1}{3}$，$\frac{3}{5}$，$\frac{6}{7}$，$\frac{10}{9}$，$\frac{15}{11}$，……

次の問いに答えなさい。 (30点) 1つ15〔日本第二中〕

(1) はじめから数えて9番目の分数を求めなさい。

[　　　]

(2) 分母が47である分数は，はじめから数えて何番目で，分子はいくつですか。

[　　　，　　　]

算数㉘ 積み木（穴あけ）

答え→217ページ

月　日

問題 64個の小さい立方体を積み重ねて，大きい立方体をつくり，この大きい立方体に向かい側までつきぬける穴を黒丸の位置からあけることにします。
このとき，1つも穴があいていない小さい立方体は何個できますか。

目標時間 5分

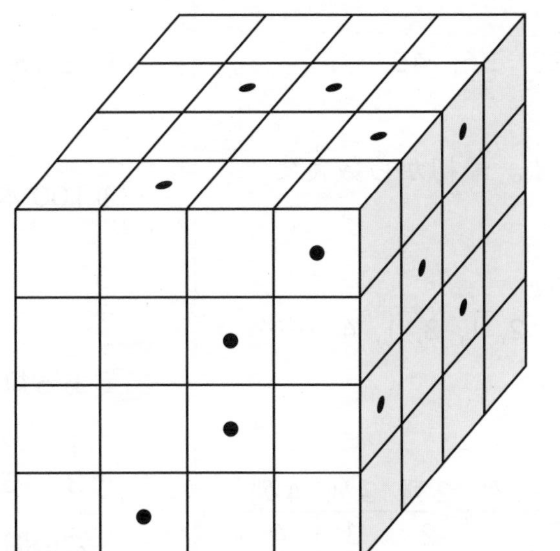

[　　　]個

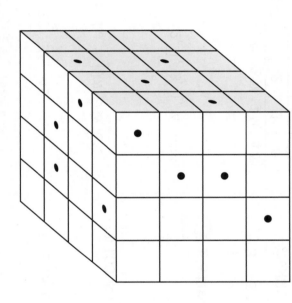

『パズル道場（トレーニングⅢ）』（受験研究社）

算数 29

いろいろな問題 ③

なまえ 6年　組

答え→217ページ　月　日

時間 25分　合格 80点　得点　点

1 **けい子さんは，いくらかのお金をもって買い物に行きました。初めは所持金の$\frac{1}{10}$を使い，次に450円の品物を買い，次に残金の$\frac{1}{3}$の買い物をしたところ，残りは全体の$\frac{1}{5}$でした。初めの所持金はいくらでしたか。**（16点）〔大妻中〕

［　　　］

2 **私の家族は，父，母，姉，弟と私の5人家族です。ある日，5人でドライブすることになりました。座席は右の図のようで，㋐は運転席で，父しかすわれません。このとき，次の問いに答えなさい。**

(1) ㋑に母がすわることが決まっているとき，後ろの席の㋒，㋓，㋔に子ども3人がすわる方法を，下の表に書き入れなさい。

（18点）1つ3

㋒						
㋓						
㋔						

(2) 私と母がとなり合ってすわる場合は，全部で何通りありますか。私と母，他の2人のすわり方も考えなさい。（13点）

［　　　］

チャレンジ

3 **1辺が2cmの正方形のタイルがあります。このタイルを並べて，下の図㋐，㋑，㋒，㋓，……のような新たな正方形をつくっています。このとき，次の問いに答えなさい。**（36点）1つ12〔京都女子中〕

2cm　2cm

図㋐　図㋑　図㋒　図㋓

(1) 図㋑の正方形の中には，図㋐と合同な正方形は何個ありますか。

［　　　］

(2) できあがった正方形の面積が144 cm^2になるとき，図㋐と合同な正方形は何個ありますか。

［　　　］

(3) 図㋐と合同な正方形が49個あるとき，1辺が2cmのタイルは全部で何枚ありますか。

［　　　］

チャレンジ

4 **100円硬貨と50円硬貨があわせて33枚あります。それぞれの金額の比は7：2です。100円硬貨は何枚ありますか。**（17点）〔広島城北中〕

［　　　］

思考力トレーニング

算数 ㉙ 計算パズル（×と÷と＋と－）②

答え→217ページ

月　日

問題　□にあてはまる×・÷・＋・－を入れなさい。
ただし，１つの式で，□には同じ記号は使えません。

目標時間　７分

×や÷は＋や－より先に計算することも考えよう。

(1) 54 □ 9 □ 3 □ 2＝12

(2) 54 □ 9 □ 3 □ 2＝160

(3) 54 □ 9 □ 3 □ 2＝48

(4) 54 □ 9 □ 3 □ 2＝55

(5) 54 □ 9 □ 3 □ 2＝0

(6) 54 □ 9 □ 3 □ 2＝16

算数 30 チャレンジテスト 3

なまえ　6年　組

答え→217ページ　月　日

時間 25分　合格 80点　得点　点

1 **次の２つの量の関係で，比例するものには○，反比例するものには△，どちらでもなければ×をつけなさい。** (12点) 1つ3〔西南学院中〕

(1) 同じくぎの本数とその重さ　[　　　]

(2) きまった面積の長方形の，縦（たて）の長さと横の長さ　[　　　]

(3) きまった速さで進むときの，かかる時間と進むきょり　[　　　]

(4) 親の年れいと子どもの年れい　[　　　]

2 **下の表を見て，x と y の関係を式に表しなさい。** (14点) 1つ7

(1)

x	3	6	9	12
y	9	18	27	36

[　　　　　]

(2)

x	2	3	4	5
y	24	16	12	9.6

[　　　　　]

3 **あるアルミの棒（ぼう）について，長さと重さの関係を調べてグラフに表したところ，右のようになりました。** (20点) 1つ10

〔大阪教育大附属天王寺中〕

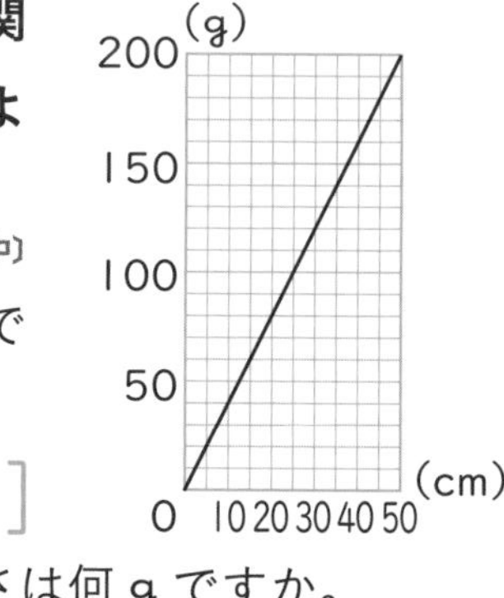

(1) このアルミの棒 1 g あたりの長さは何cmですか。

[　　　　]

(2) このアルミの棒が 38 cm のとき，その重さは何 g ですか。

[　　　　]

4 **A，B，C，Dの４人が長いすにすわるすわり方は，全部で何通りありますか。** (9点)

[　　　　]

5 **数の列①と数の列②は，それぞれある決まりによって並（なら）んでいます。**

数の列① 1, $\frac{1}{2}$, $\frac{2}{1}$, $\frac{1}{3}$, $\frac{2}{2}$, $\frac{3}{1}$, $\frac{1}{4}$, $\frac{2}{3}$, $\frac{3}{2}$, $\frac{4}{1}$, $\frac{1}{5}$, ……

数の列② 1, $\frac{1}{2}$, $\frac{2}{2}$, $\frac{1}{3}$, $\frac{2}{3}$, $\frac{3}{3}$, $\frac{1}{4}$, $\frac{2}{4}$, $\frac{3}{4}$, $\frac{4}{4}$, $\frac{1}{5}$, ……

このとき，次の問いに答えなさい。 (30点) 1つ15〔市川中〕

(1) 数の列①の 20 番目の数と，数の列②の 20 番目の数の和を求めなさい。

[　　　　]

(2) $\frac{9}{5}$ は，どちらの数の列の左から何番目にあたりますか。ただし，約分して $\frac{9}{5}$ になる数は考えません。

[　　　　]

6 **1日に2分おくれる時計があります。この時計を，ある日の午前10時の時報にあわせると，その日の午後6時の時報のときは，何時何分何秒を示していますか。** (15点)〔広島城北中〕

[　　　　　　]

思考力トレーニング

算数㉚　紙切り

答え→218ページ　月　日

問題

正方形の紙を，右の図のように点線を折り目にして折りました。
この紙からしゃ線の部分を切り落として，残った部分を広げると，どのような図形になりますか。
(答え)のところに，切り落とした部分をしゃ線にしてかき入れなさい。

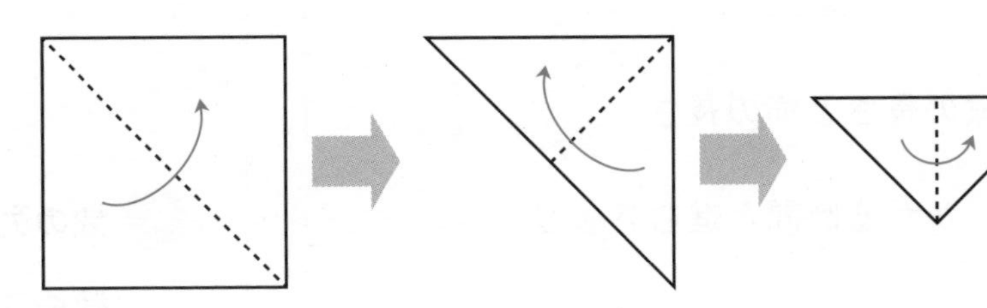

(答え)　(1)　　(2)

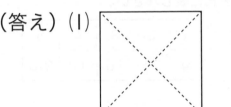

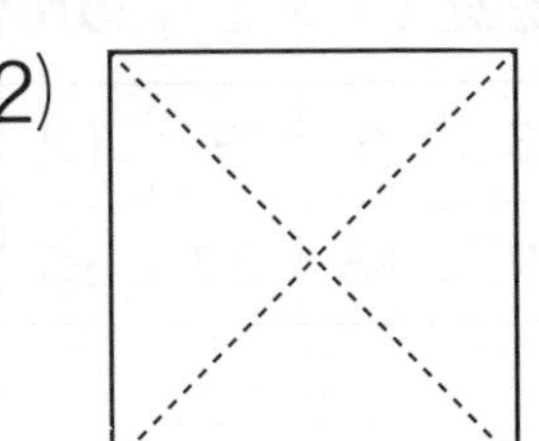

(1)『パズル道場（トレーニングIII）』(受験研究社)

目標時間　**5分**

切り落とした部分は，広げるとどんな形になるかな？

算数

31 仕上げテスト1

なまえ　6年　組

答え→218ページ　月　日

時間 25分　合格 80点　得点　点

1 次の計算をしなさい。(16点) 1つ4

(1) $\left(\frac{1}{3}+\frac{1}{4}-\frac{1}{2}\right)\div\frac{1}{6}$

(2) $\left(\frac{1}{5}-\frac{1}{7}\right)\div\left(\frac{1}{3}-\frac{1}{5}\right)$

(3) $126\div(13+5)\times4-3\times7$

(4) $12+3\times2-18\div2$

2 右の図の色のついた部分の面積を求めなさい。円周率は3.14 とします。(10点)〔奈良女子大附中—改〕

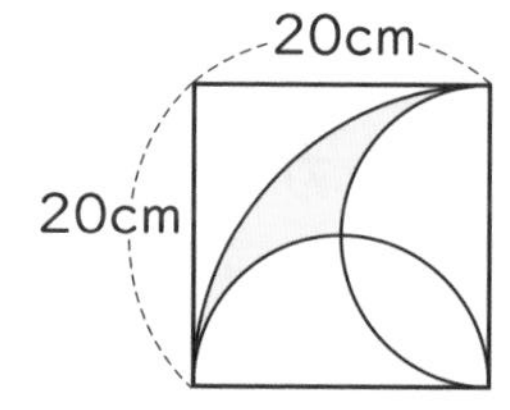

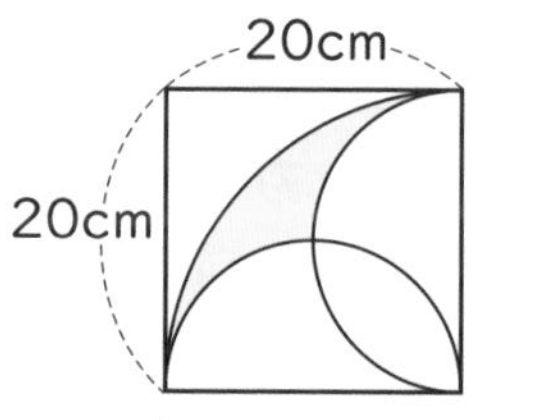

[　　　　]

3 10円玉，50円玉，100円玉の個数の比が5：3：10で，合計金額が3600円のとき，それぞれの硬貨(こうか)の合計金額の比を求めなさい。(10点)〔大西学園中〕

[　　　　]

4 次のア～エにあてはまる整数を求めなさい。(20点) 1つ10〔大阪女学院中〕

(1) $\frac{1}{\boxed{ア}}-\frac{1}{\boxed{イ}}=\frac{1}{12}$

[ア　　，イ　　]

(2) $\frac{1}{\boxed{ウ}}-\frac{1}{\boxed{エ}}=\frac{3}{10}$

[ウ　　，エ　　]

5 縦(たて)12cm，横15cmの長方形のタイルを，すき間なく並(なら)べて正方形をつくります。このとき，いちばん小さい正方形をつくるのに何枚(まい)のタイルが必要ですか。(10点)〔共立女子第二中〕

[　　　　]

6 【A】はAの約数の個数を表すものとします。【12】+【35】−【37】を計算するといくらになりますか。(10点)〔近畿大附中〕

[　　　　]

7 右の図のACとEFは平行です。このとき，色のついた部分の面積を求めなさい。(14点)

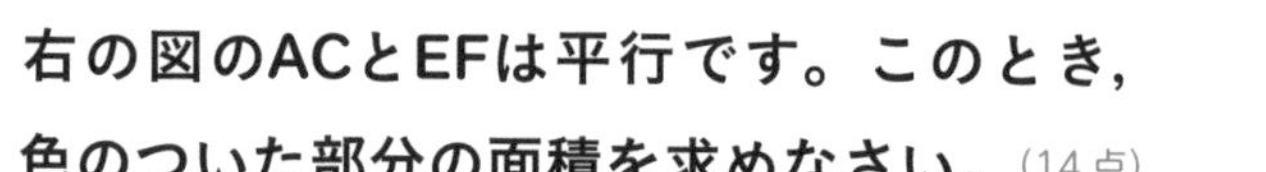

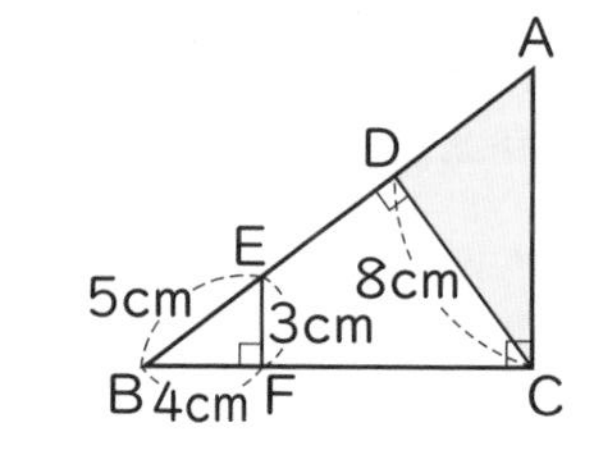

[　　　　]

8 [0]，[1]，[2]，[3]，[4]の5枚のカードがあります。このカードから2枚ぬき出して，2けたの奇数(きすう)をつくりました。何種類の奇数ができましたか。(10点)〔高知中〕

[　　　　]

算数　理科　社会　英語　国語　答え

思考力トレーニング

算数㉛ 論法（ろんぽう）

答え→218ページ　月　日

問題　A，B，C，D，Eの5人が，1問5点で20問ある算数のテストを2回しました。
1回目については右の(1)のように，2回目については(2)のように話をしていました。
このとき，5人の1回目と2回目の平均点はそれぞれ何点ですか。

目標時間　5分

(1)A「満点でした。」
B「2問まちがえました。」
C「4問まちがえました。」
D「Cより3問多くまちがえました。」
E「Cの半分の点数でした。」

(2)A「3問まちがえました。」
B「1回目と同じ点数でした。」
C「1回目より3問多く正解しました。」
D「Eと同じ点数でした。」
E「1回目より1問多く正解しました。」

1回目［　　　］点，2回目［　　　］点

算数 32

仕上げテスト2

なまえ 6年　組

答え→218ページ　月　日

時間 25分　合格 80点　得点　点

1 次の x にあてはまる数を求めなさい。 (20点) 1つ4

(1) $100-12\times x=28$　(2) $20-28\div x=13$

(3) $42\times x+8=92$　(4) $(84-9\times x)\div 3=16$

(5) $(x\div 4+7\times 7)\times 4=208$

2 右の図のように，直方体を組み合わせた形をした容器があります。次の問いに答えなさい。 (30点) 1つ15〔昭和学院中─改〕

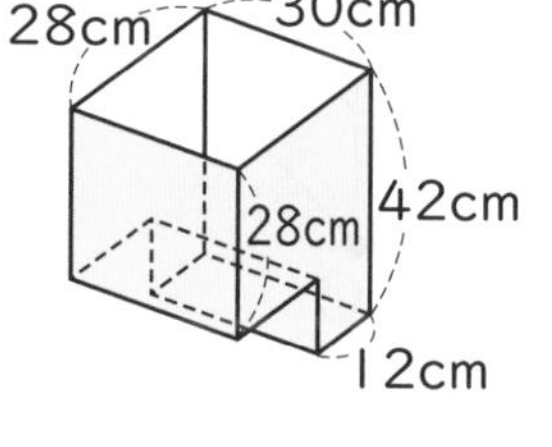

(1) この容器に毎秒 40 cm^3 ずつ水を入れると，いっぱいになるのに何分何秒かかりますか。

〔　　　〕

(2) (1)で，水を入れ始めてからの水面の高さの変化のようすをグラフで表すとき，次のどれになりますか。最も近いと思われるものの記号を答えなさい。ただし，横軸を時間，縦軸を水面の高さとします。

ア　イ　ウ　エ

〔　　　〕

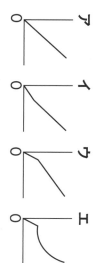

3 右の図は，直方体の一部をななめに切り取った立体の見取図と，その展開図です。次の問いに答えなさい。 〔長崎大附中〕

(見取図)

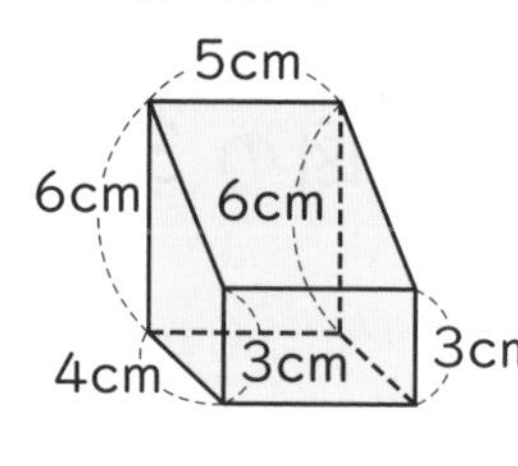

(展開図)

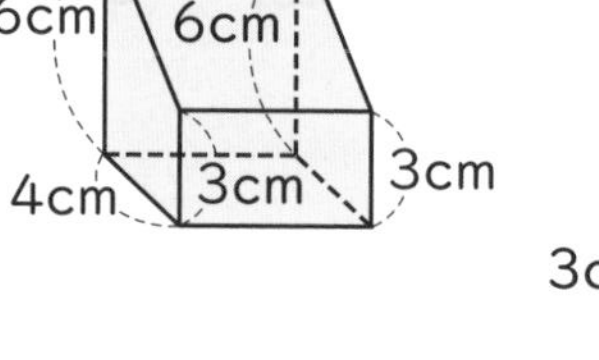

(1) 展開図で，点ウに重なる点をすべて書きなさい。(6点)

〔　　　〕

(2) 展開図を組み立てて立体をつくるとき，面⑤に垂直な面はいくつありますか。(6点)

〔　　　〕

(3) この立体の表面積を求めなさい。(12点)

〔　　　〕

(4) この立体の体積を求めなさい。(12点)

〔　　　〕

4 30人のクラスで算数のテストをしたところ，男子の平均点は77点，女子の平均点は72点，全体の平均点は74点でした。このクラスの男女の人数の比を最も簡単な整数の比で求めなさい。 (14点) 〔金蘭千里中〕

〔　　　〕

算数　理科　社会　英語　国語　答え

思考力トレーニング

算数 ㉜ 積み木（切断）

答え→218ページ　月　日

問題 次の図のような32個の小さな立方体を積み重ねた直方体があります。
この直方体を図の３点A，B，Cを通る平面で切ると，何個の小さな立方体を切断することになりますか。

目標時間 ５分

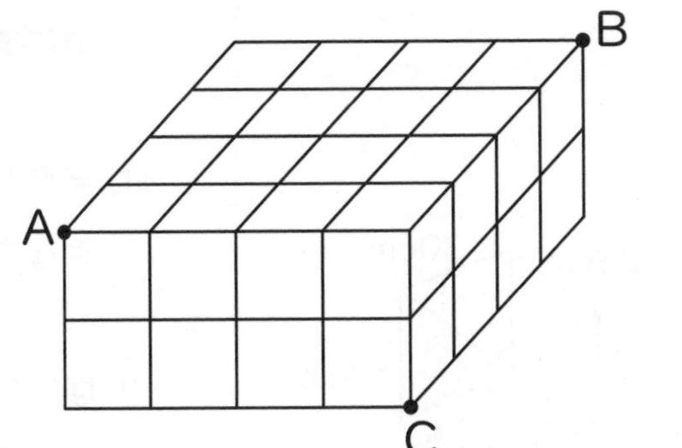

１段（いちだん）ずつ分けて考えよう。

［　　　］個

『パズル道場（トレーニングIII）』（受験研究社）

理科 1

ものの燃え方と空気 ①

なまえ　6年　組

答え→219ページ　月　日

時間 25分　合格 80点　得点　点

1 下の図のように，集気びんやガラスのつつの中でろうそくを燃やす実験をしました。(20点) 1つ5

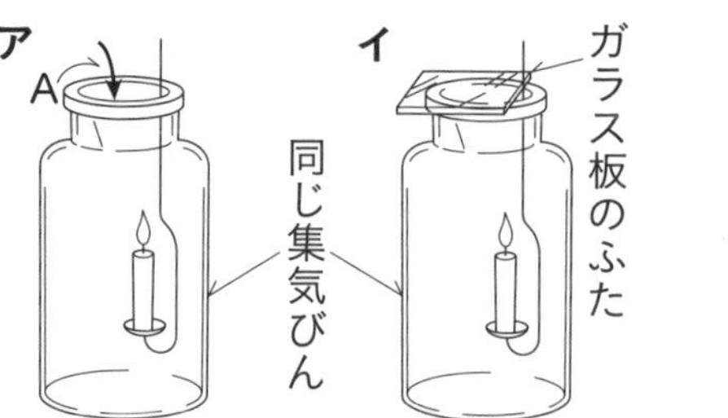

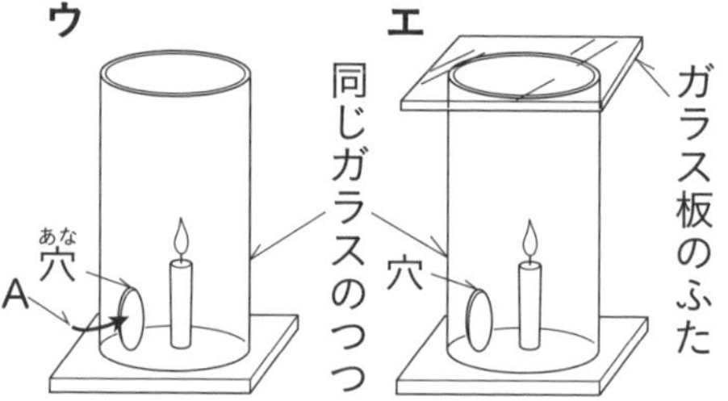

(1) 上の図は集気びんやガラスのつつの中へあるものAが入っていくようすを表しています。Aは何ですか。［　　］

(2) **ア〜エ**のうち，火が燃え続けるものと，とちゅうで火が消えてしまうものはどれですか。それぞれすべて答えなさい。

燃え続けるもの［　　］　消えてしまうもの［　　］

(3) (2)のうち，とちゅうで火が消えてしまうものを消えないようにするにはどのようにすればよいですか。［　　］

2 右の図のような装置で酸素を集めました。(55点) 1つ5

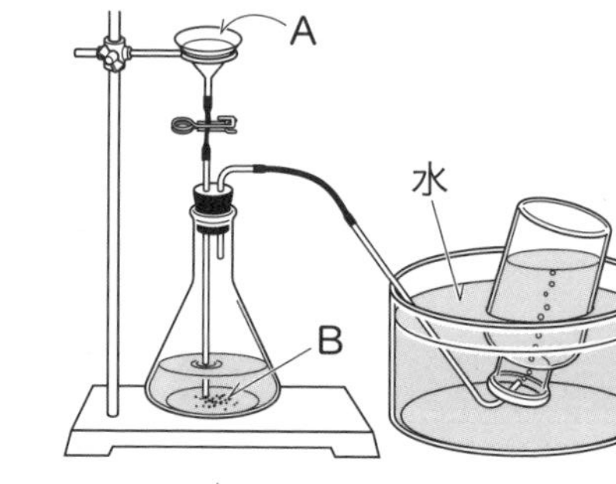

(1) A，Bの薬品は何ですか。

A［　　］

B［　　］

チャレンジ

(2) 右の図からわかる酸素の性質を，次の**ア〜ウ**から選びなさい。［　　］

ア においがない。　**イ** 水にとけにくい。　**ウ** 色がついている。

(3) A，Bの薬品を混ぜてあわが出始めても，しばらくしてから気体を集めるようにしなければなりません。それはなぜですか。

［　　］

(4) 酸素の入った集気びんの中に，火のついた，次の①〜③のものを入れるとどうなりますか。

① ろうそく［　　］

② せんこう［　　］

チャレンジ

③ スチールウール(鉄)［　　］

(5) (4)から，酸素にはどのようなはたらきがあると考えられますか。

［　　］

(6) 酸素の入った集気びんの中で，次の実験をしました。

① 石灰水を入れてふると，どうなりますか。

［　　］

② 割りばしや木炭を燃やしたあと，石灰水を入れてふると，どうなりますか。［　　］

③ ①，②のことから，どのようなことがわかりますか。

［　　］

3 次の［　］に適当なことばを入れ，文を完成させなさい。(25点) 1つ5

チャレンジ

(1) ろうそくのほのおは外側から［①　　］，内えん，［②　　］の3つに分かれている。

(2) 空気の約5分の1が［①　　］，約5分の4が［②　　］からできている。ものが燃えるには［③　　］が必要である。

思考力トレーニング

理科 ①

ものが燃える前と燃えたあとの空気の変化

答え→219ページ　月　日

問題　ろうそくを燃やす前と燃やしたあとのびんの中の空気を，気体検知管を使って調べました。燃やす前の気体検知管のようすをもとに，燃やしたあとの酸素・二酸化炭素の割合を表している気体検知管を，ア～エからそれぞれ選びなさい。

目標時間　5分

使った酸素と，新しくできた二酸化炭素の割合は，ほぼ同じになったね。

〔ろうそくを燃やす実験〕

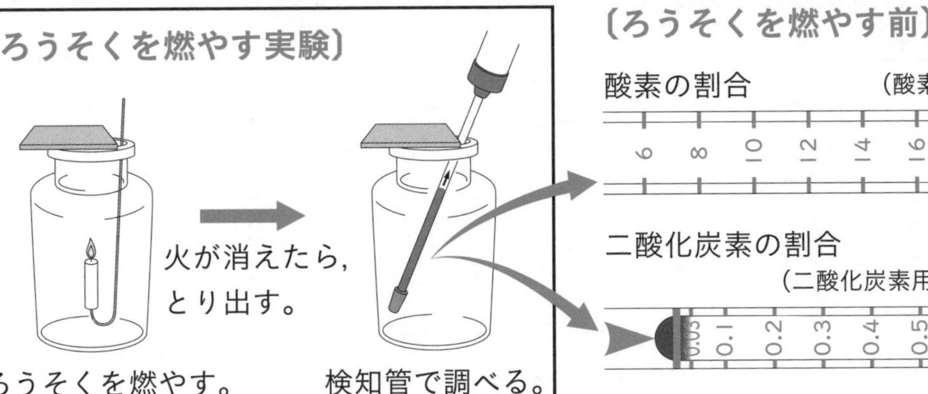

〔ろうそくを燃やす前〕

酸素の割合　（酸素用検知管 6 ～24%用）

二酸化炭素の割合　（二酸化炭素用検知管 0.03～ 1 %用）

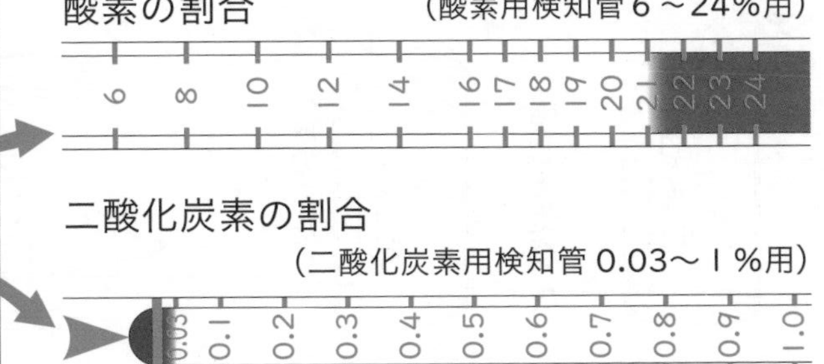

〔ろうそくを燃やしたあとの酸素の割合〕

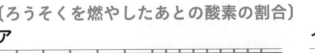

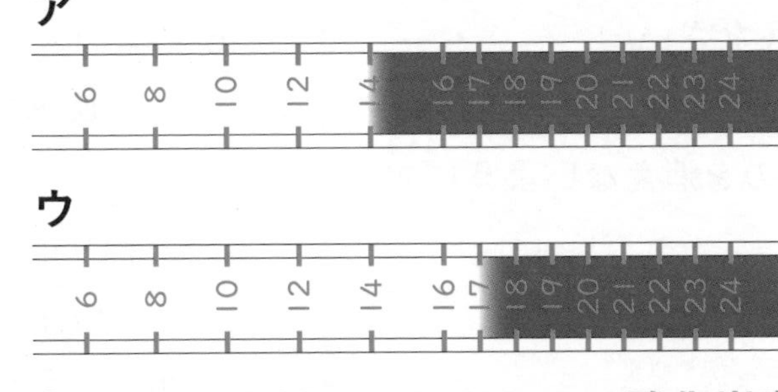

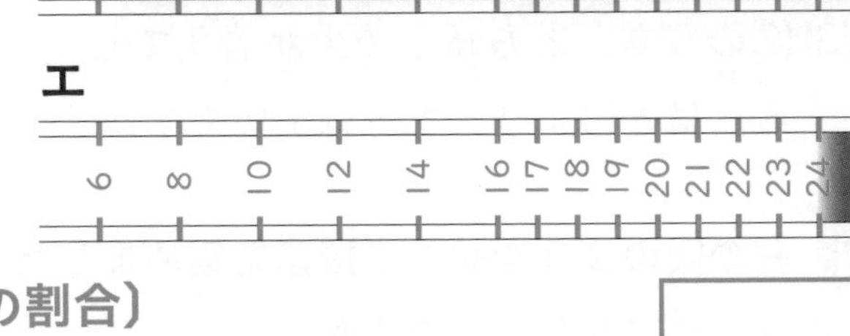

〔ろうそくを燃やしたあとの二酸化炭素の割合〕

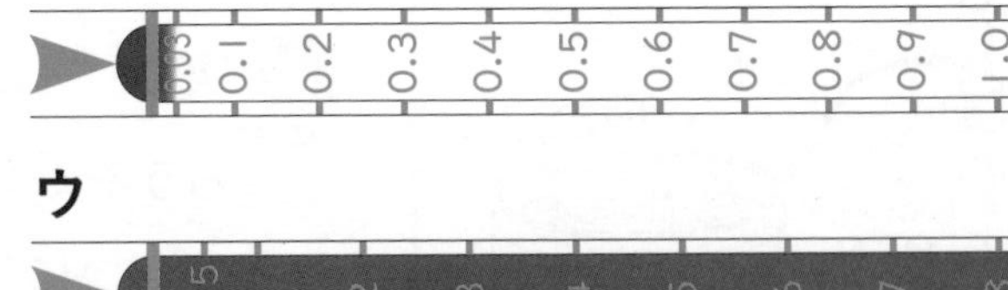

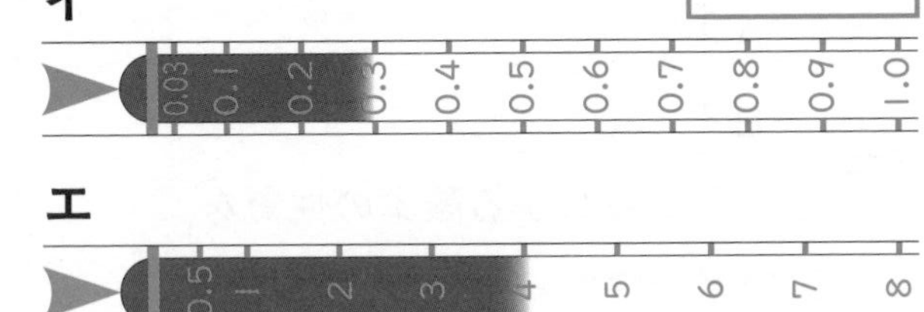

（二酸化炭素用検知管 0.5～8%用）

理科 2

ものの燃え方と空気 ②

なまえ　6年　組

答え→219ページ　月　日

時間 25分　合格 80点　得点　点

1 図1の○, ●, ■は, ものを燃やす前の集気びんの中の空気にふくまれるちっ素, 酸素, 二酸化炭素のいずれかを表しています。また, ○, ●, ■の数のちがいは, ○, ●, ■の空気中での体積の割(わり)合(あい)のちがいを表しています。これについて, 次の問いに答えなさい。

図1

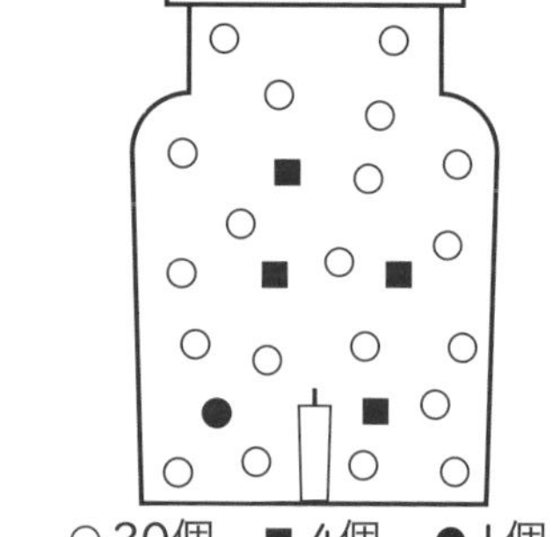

○20個, ■4個, ●1個

(1) ○, ●, ■のうち, 二酸化炭素はどれですか。(12点) [　　]

チャレンジ
(2) 別々の集気びんの中でろうそくとスチールウールを燃やしました。燃やしたあと, ○, ●, ■の数はどのようになっていますか。あとのア〜エからそれぞれ選びなさい。(24点) 1つ12

ろうそく[　　]　スチールウール[　　]

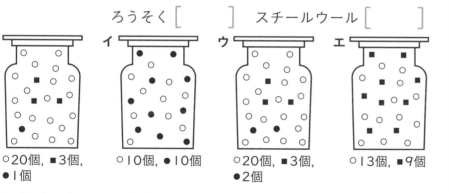

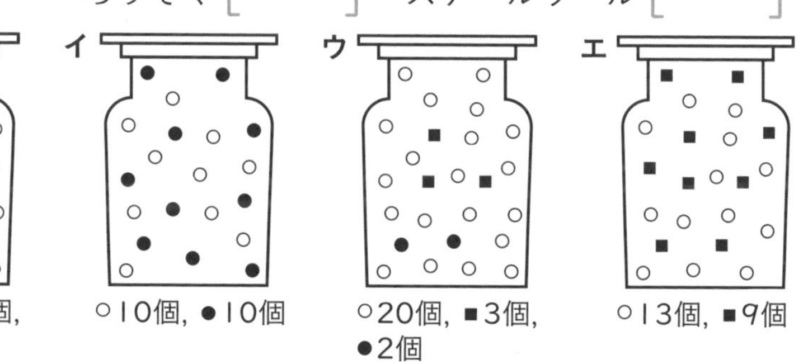

ア ○20個, ■3個, ●1個
イ ○10個, ●10個
ウ ○20個, ■3個, ●2個
エ ○13個, ■9個

チャレンジ
(3) (2)で燃やしたあとの集気びんからろうそくとスチールウールをとり出し, 集気びんの中に石灰水(せっかいすい)を入れてふりました。石灰水は, それぞれどのようになりましたか。(14点)

[　　]

(4) 気体の割合は, 図2の道具を使って調べます。器具Xを何といいますか。(12点)

図2

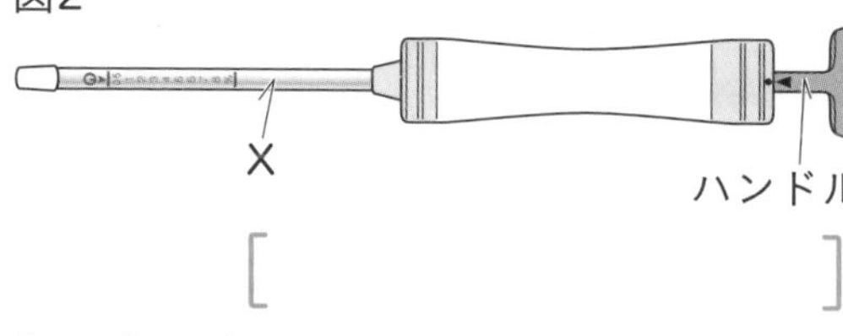

[　　]

(5) 図2の使い方として正しいものを, 次のア〜エから2つ選びなさい。(12点) 1つ6 [　　][　　]

ア 器具Xを使うときは, 両方のはしを折りとる。
イ ハンドルをゆっくりと引いて, 気体を採取する。
ウ 気体を採取したあと, 一定時間が経ってから目盛(めも)りを読む。
エ 器具Xのはしを折りとるときは, カバーゴムを使う。

2 浩太(こうた)さんは, キャンプファイヤーの木を図のように積んでいましたが, 木がもっとよく燃えるように, 積み方を変えることにしました。

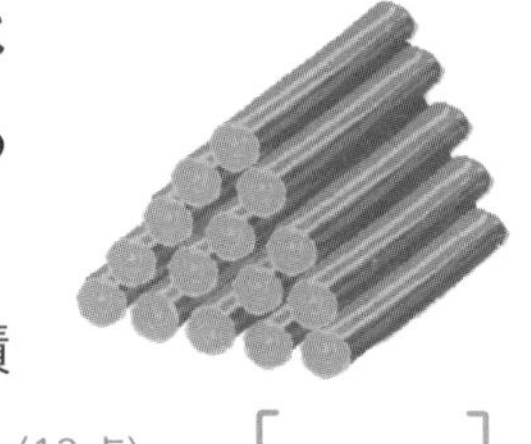

(1) 木がよく燃えるようにするには, どのように積めばよいですか。次のア〜ウから選びなさい。(12点) [　　]

ア

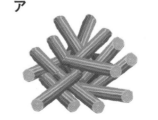

イ

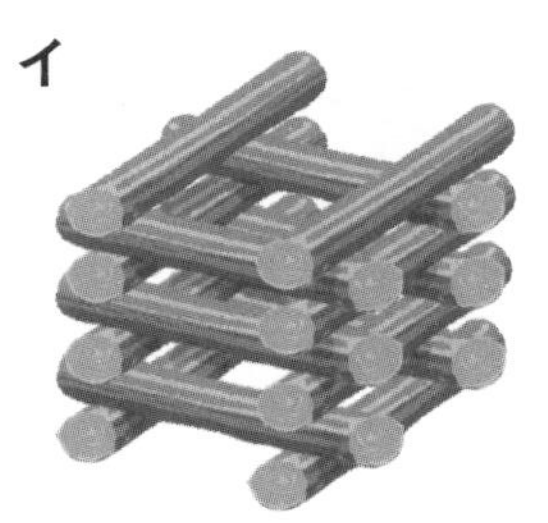

ウ

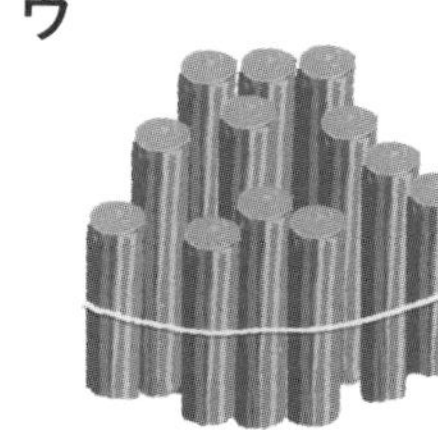

(2) (1)のような積み方にすると, 木がよく燃えるようになるのはなぜですか。(14点) [　　]

思考力トレーニング

理科 ②　ろうそくの火が消える順番

答え→219ページ　月　日

問題　火のついた3本のろうそく**ア**～**ウ**を並(なら)べて立て，上からガラスの容器をかぶせたところ，**ア**～**ウ**の火はそれぞれ別々に消えました。**ア**～**ウ**のうち，火が最もはやく消えたのはどれですか。

目標時間　**3分**

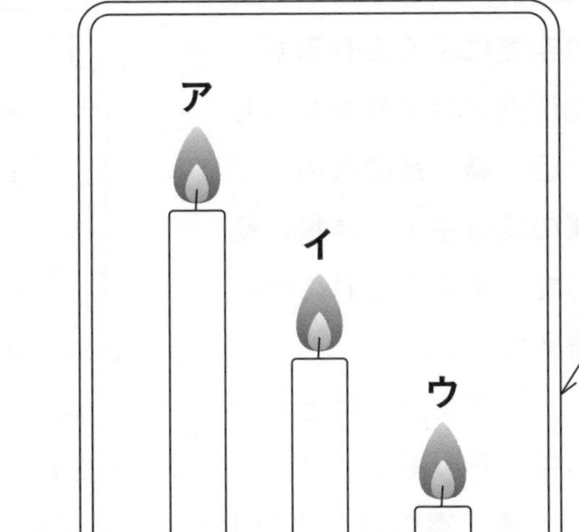

人や動物のからだ ①

なまえ　6年　　組

答え→219ページ　　月　　日

時間 25分　合格 80点　得点　　点

1 消化に関わるからだのつくりについて，次の問いに答えなさい。

(1) 図のA～Jのなまえを書きなさい。(30点) 1つ3

A [　　] B [　　]
C [　　] D [　　]
E [　　] F [　　]
G [　　] H [　　]
I [　　] J [　　]

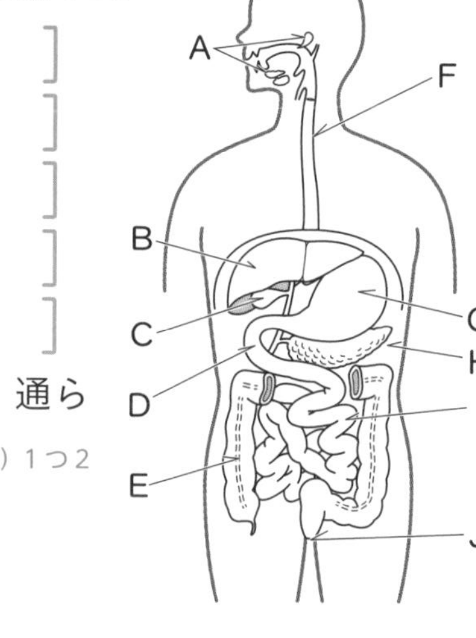

(2) 食べ物が通る順に番号を書きなさい。通らないところには×を書きなさい。(12点) 1つ2

①かん臓(ぞう) [　　]　②大(だい)　腸(ちょう) [　　]
③口 [　　]　④小　腸 [　　]
⑤胃(い) [　　]　⑥食　道 [　　]

2 血液のじゅんかんについて，次の問いに答えなさい。

(1) 血液が心臓から肺(はい)へ流れていく血管を図の**ア**～**シ**から選びなさい。(4点) [　　]

(2) (1)の血管には，酸素が多い血液と二酸化炭素が多い血液のどちらが流れていますか。(5点)

[　　]

(3) 二酸化炭素の最も少ない血液が流れているところはどこですか。解答例のように，血液の流れの向きがわかるように矢印と記号を使って書きなさい。(5点) [　　]

〔解答例〕 J → K

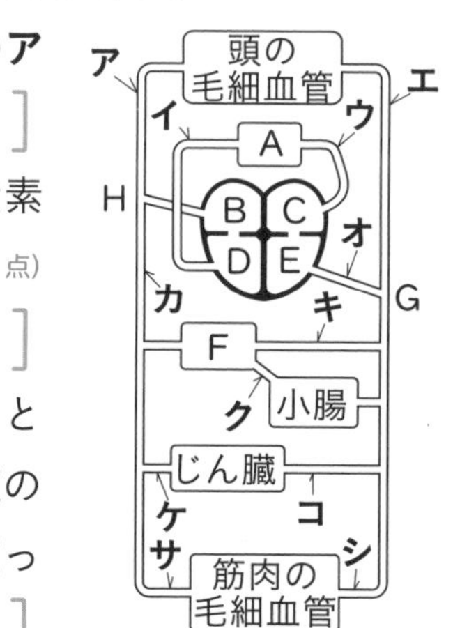

(4) 養分を最も多くふくむ血液が流れている血管を，図の**ア**～**シ**から選びなさい。(5点) [　　]

(5) 小腸でとり入れられた養分をふくむ血液が頭の毛細血管まで流れていく間に通る血管を図の**ア**～**シ**から選び，並(なら)べなさい。(6点) 1つ1

[　] → [　] → 心臓 → [　] → [　] → 心臓 → [　] → [　]

(6) 図のA，Fの臓器は何ですか。(10点) 1つ5

A [　　] F [　　]

(7) 図のAにあたる臓器は，魚では何ですか。(5点) [　　]

3 呼吸(こきゅう)に関わるからだのつくりについて，図を見て次の問いに答えなさい。

(1) A，Bは何ですか。(6点) 1つ3

A [　　] B [　　]

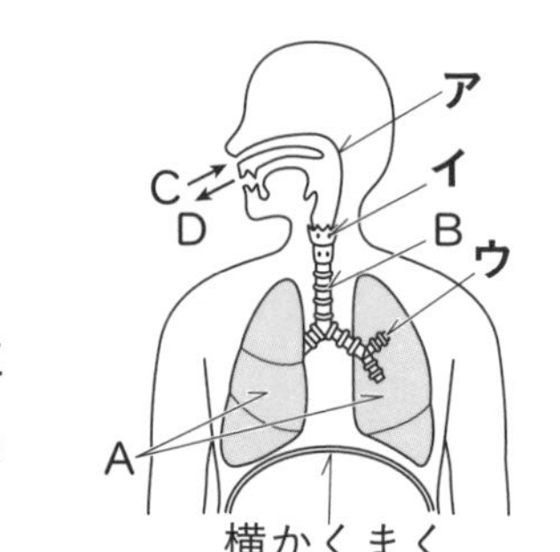

チャレンジ

(2) 図のCとDは人の呼吸における空気の出入りを表しています。Cの空気よりもDの空気に多くふくまれる気体は何ですか。2つ書きなさい。(6点) 1つ3

[　　] [　　]

(3) 空気がAにとりこまれ，その後からだの外へはき出されるまでに通る順になるように，図の**ア**～**ウ**を並べなさい。(6点) 1つ1

とりこまれた空気→ [　] → [　] → [　] → A

はき出された空気← [　] ← [　] ← [　] ← A

思考力トレーニング

理科 ③

臓器(ぞうき)のはたらき

答え→219ページ

月　日

問題　次のア～クを，食べ物が通る順に並(なら)べなさい。ただし，食べ物が通らないものもあります。また，養分を一時的にたくわえたり，からだに有害なものを害のないものに変えたりするからだのつくりを１つ選びなさい。

目標時間　５分

食べ物が通るところは
消化管といったね。

ア　イ　ウ　エ　オ

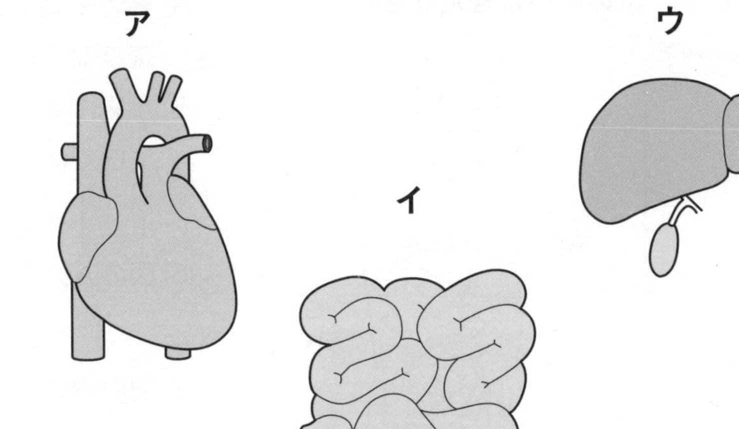

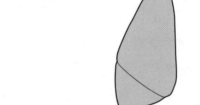

カ　キ　ク

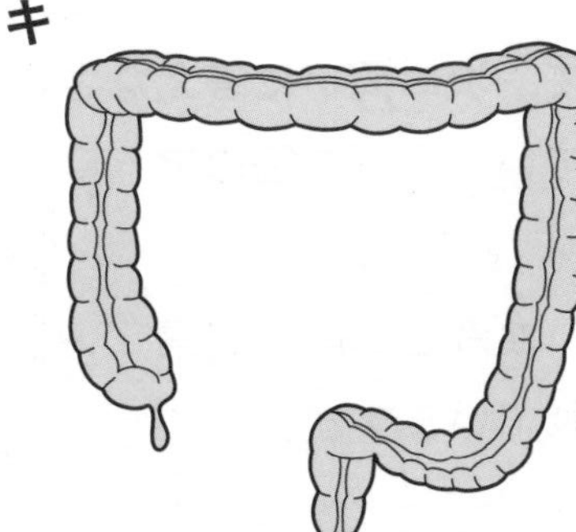

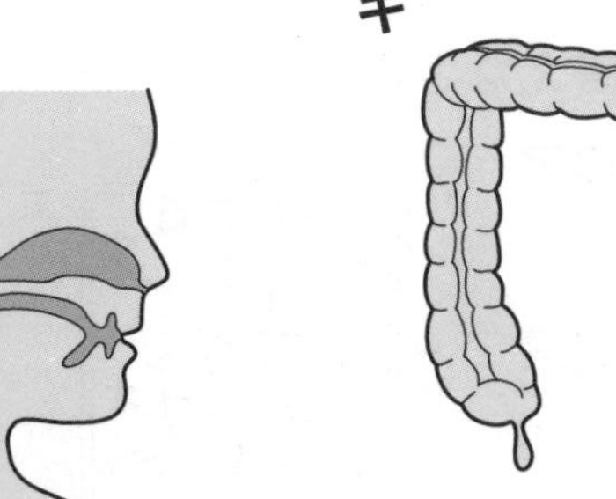

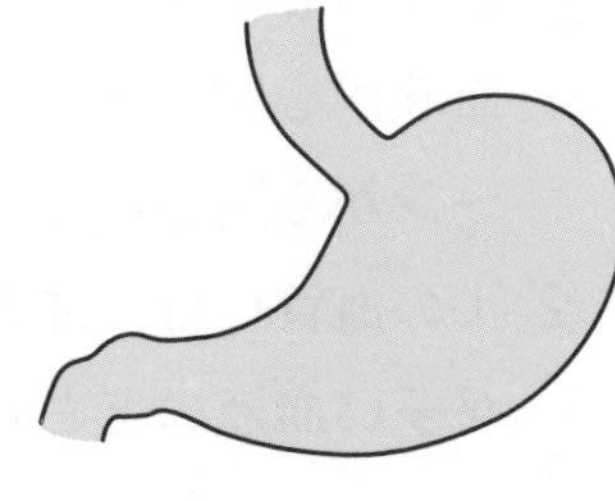

食べ物が通る順 ＿＿＿＿　からだのつくり ＿＿

理科 4

人や動物のからだ ②

なまえ　6年　組

答え→219ページ　月　日

時間 25分　合格 80点　得点　点

1 **図は，フナのめすのからだのつくりを示したものです。** (36点) 1つ4

(1) 図のA～Eのなまえを書きなさい。

A [　　] B [　　]
C [　　] D [　　]
E [　　]

(2) Aはどんなはたらきをしていますか。 [　　]

(3) 人では，Aのはたらきをするのはどこですか。 [　　]

(4) 植物で，(2)のはたらきによって気体が出入りするのはどこですか。 [　　]

(5) 人では，Cのはたらきをするのはどこですか。 [　　]

2 **右の図は，人の心臓（しんぞう）と，心臓につながる血管ア～キを示したものです。** (40点) 1つ4

(1) **ア～キ**のうち，心臓から出る血液が通る血管はどれですか。すべて選びなさい。 [　　]

チャレンジ (2) (1)のような血管を何といいますか。 [　　]

(3) **ア～キ**のうち，心臓にもどる血液が通る血管はどれですか。すべて選びなさい。 [　　]

チャレンジ (4) (3)のような血管を何といいますか。 [　　]

チャレンジ (5) 次の血液は，**ア～キ**のどの血管を通りますか。すべて選びなさい。

① 心臓から全身に出ていく血液 [　　]

② 肺（はい）から心臓にもどる血液 [　　]

③ 全身から心臓にもどる血液 [　　]

④ 心臓から肺に出ていく血液 [　　]

⑤ 二酸化炭素を多くふくむ血液 [　　]

⑥ 酸素を多くふくむ血液 [　　]

3 **右の図は，ライオンとウシの臓器のようすを示したものです。** (24点) 1つ6

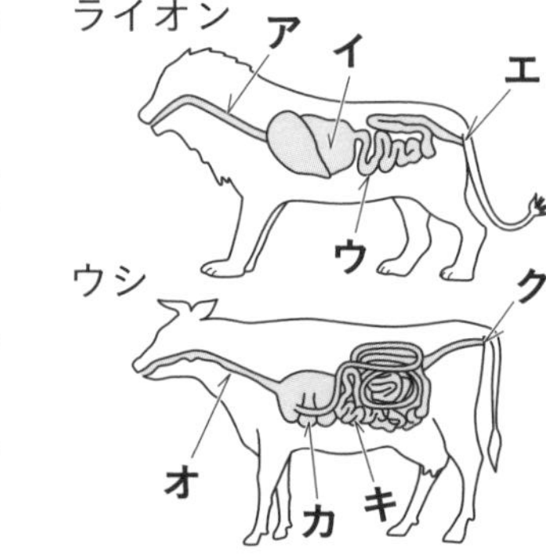

(1) **ア～ク**のうち，胃（い）はどれですか。すべて選びなさい。 [　　]

(2) ライオンはシマウマなどの動物を食べて生活しています。このような動物をいっぱんに何といいますか。 [　　]

(3) 右の表は，ライオンやウシなどの4種類の動物について，からだの長さに対して腸の長さが何倍になるかを調べ，まとめたものです。ライオンに比べ，ウシは，からだの長さに対して腸の長さが長くなっています。これはなぜですか。

からだの長さに対する腸（ちょう）の長さ

ライオン	3.9倍
オオカミ	4倍
ウマ	12倍
ウシ	25倍

[　　]

(4) ヒツジのからだの長さは約1.1 m，腸の長さは約31 mです。このことから，ヒツジはライオンとウシのどちらのなかまだといえますか。 [　　]

思考力トレーニング　理科④

いろいろな血液

答え→219ページ　月　日

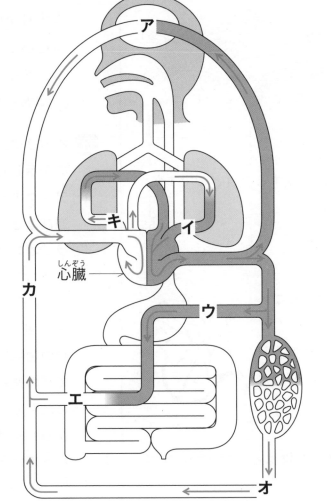

問題　次の図の**ア**～**キ**のうち，酸素が最も多くふくまれる血液が流れている血管，二酸化炭素が最も多くふくまれる血液が流れている血管，養分が最も多くふくまれる血液が流れている血管はそれぞれどれですか。

目標時間　5分

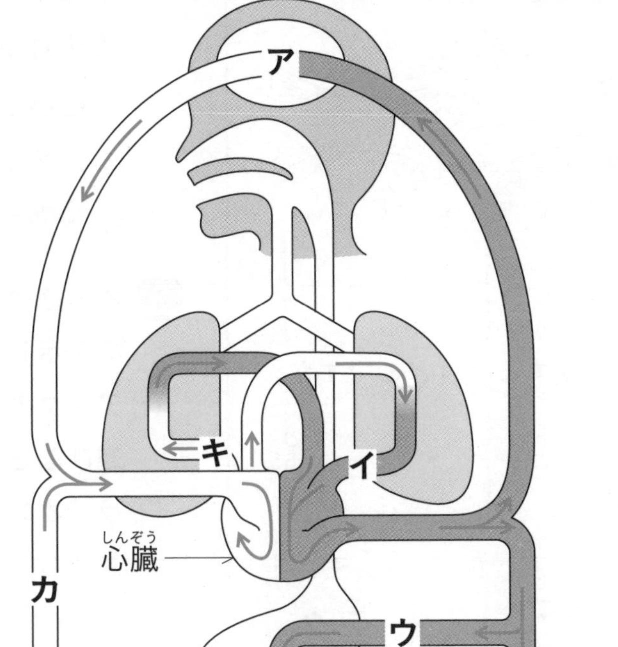

酸素が最も多い血液　□

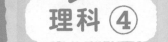

二酸化炭素が最も多い血液　□

養分が最も多い血液　□

肺（はい）で酸素をとりこみ，小腸（しょうちょう）で養分を吸収（きゅうしゅう）したね。

理科 5

人や動物のからだ ③

なまえ　6年　組

答え→219ページ　月　日

時間 25分　合格 80点　得点　点

1 図のように，4本の試験管A～Dに同じ量のうすいでんぷん液を入れ，AとCに少量のだ液を加えました。このあと，AとBを約40℃の湯に，CとDを氷水につけました。しばらくしてから，A～Dにある薬品を加え，でんぷんがあるかどうかを調べました。 (64点) 1つ8

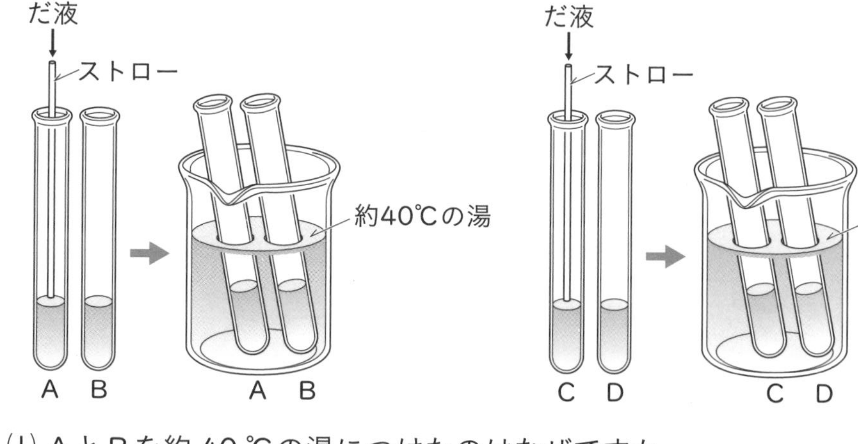

(1) AとBを約40℃の湯につけたのはなぜですか。

[　　　　]

(2) 下線部の薬品を何といいますか。 [　　　　]

(3) AとBに(2)の薬品を加えると，液の色はそれぞれどうなりましたか。

A [　　　　]　B [　　　　]

(4) (3)から，だ液にはどのようなはたらきがあることがわかりますか。

[　　　　]

チャレンジ
(5) CとDに(2)の薬品を加えると，液の色はそれぞれどうなりましたか。

C [　　　　]　D [　　　　]

チャレンジ
(6) (5)から，だ液にはどのような性質があることがわかりますか。

[　　　　]

2 右の図は，人が不要なものをからだの中から外へ出すはたらきに関わるつくりを表しています。 (36点) 1つ6

CD
A
B

(1) 図のAとBのなまえを書きなさい。

A [　　　　]
B [　　　　]

(2) 図のAとBのはたらきを，あとの**ア**～**エ**からそれぞれ選びなさい。

A [　　]　B [　　]

ア あせをつくる。　**イ** にょうをつくる。
ウ にょうをためる。　**エ** 消化液をつくる。

(3) 図のCとDは，Aにつながる血管を流れる血液とその向きを表しています。Cの血液に比べてDの血液に多くふくまれているものを，次の**ア**～**エ**からすべて選びなさい。 [　　　　]

ア 酸素　**イ** 二酸化炭素
ウ 不要なもの　**エ** ちっ素

(4) Aを通過する血液の量は1分間で約200 mLで，人が1日にはい出(しゅつ)するにょうの量は約1.5 Lとすると，1 Lのにょうは，約何Lの血液をもとにつくられますか。 [　　L]

思考力トレーニング

理科⑤ 心臓のはたらき

答え→219ページ

月　日

問題　健康な成人の心臓が1日に送り出す血液の量は，ドラムかん40本分と言われています。ドラムかん1本に200Lの液体が入るとすると，心臓が1分間に送り出す血液の量は何Lになりますか。小数第2位を四捨五入して小数第1位まで求めなさい。

目標時間　10分

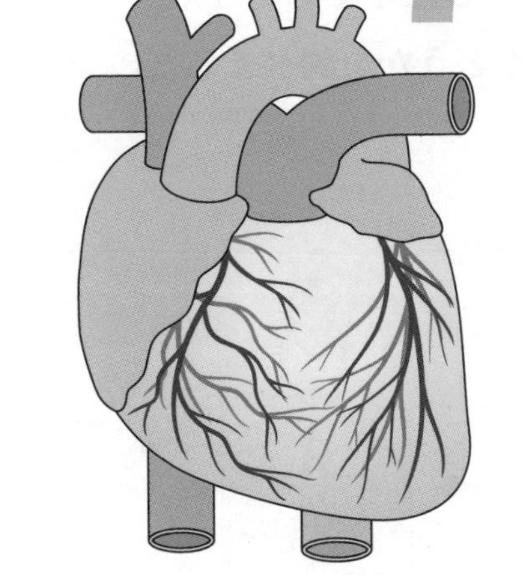

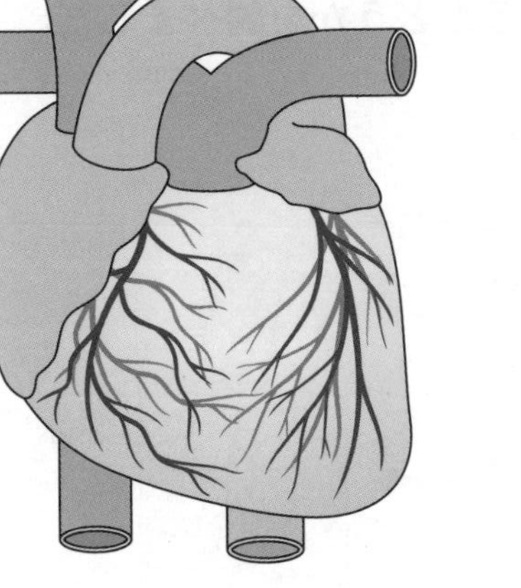

L

理科 6

植物のはたらき

なまえ　6年　組

答え→220ページ　月　日

時間 25分　合格 80点　得点　点

1 図のように，ある植物の3枚の葉にアルミニウムはくをかぶせて一晩おき，次の日の朝，Aの葉をとり，ヨウ素液への反応を調べました。また，Bの葉のアルミニウムはくをはずし，葉に日光があたるようにしました。それから数時間後，BとCの葉をとり，ヨウ素液への反応を調べました。 (35点) 1つ7

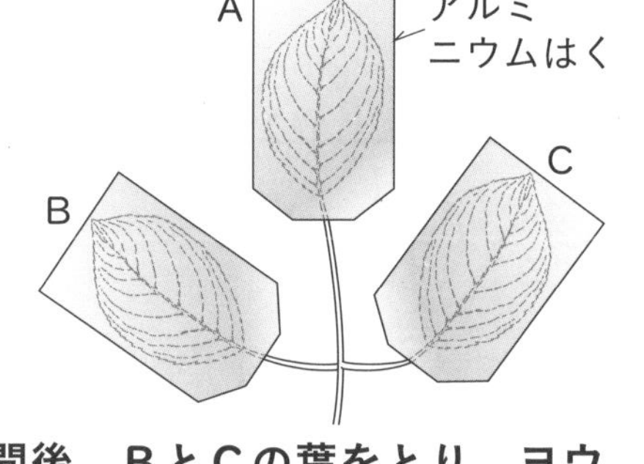

(1) 下線部のようにしたのはなぜですか。
[　　　　]

(2) ヨウ素液で，葉の中に何ができていることを調べますか。
[　　　　]

(3) BとCの葉は，ヨウ素液でどのようになりましたか。
B [　　　　]　C [　　　　]

(4) この実験からどのようなことがわかりますか。
[　　　　]

2 次の文中の[　]にあてはまることばを書きなさい。 (28点) 1つ7

(1) 日光によくあたる場所で育った植物は[①　　]がよくしげり，くきは[②　　]くなる。

チャレンジ (2) 植物をよく観察すると，葉がたがいに重ならないようについている。これは[　　]がよくあたるようにするためである。

チャレンジ (3) 日光を受けて，でんぷんなどの養分をつくり出す植物のはたらきを[　　]という。

3 ホウセンカを根からほり起こし，図1のように色水にしばらくつけたあと，くきや根の断面のようすを観察すると，図2のようになっていました。黒い部分は色のついた部分を表しています。

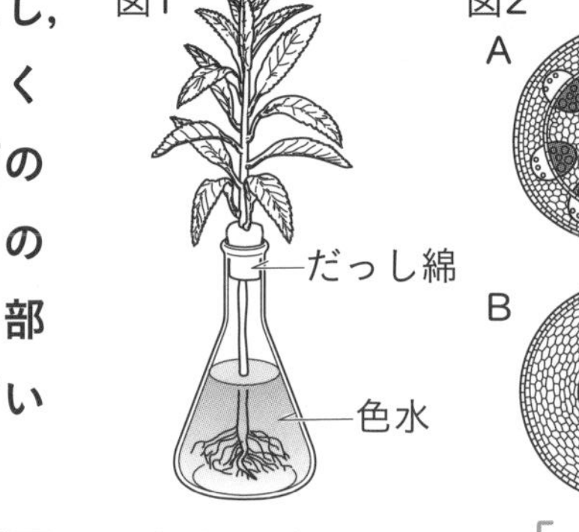

(1) 図2のAとBのうち，根の断面はどちらですか。(5点) [　　]

(2) 図2で，色のついた部分は何の通り道ですか。漢字1字で書きなさい。(5点) [　　]

(3) 次の文の(　)にあてはまることばを書きなさい。(12点) 1つ4

(2)は，葉にある(①)から(②)として放出される。このはたらきを，(③)という。

① [　　]　② [　　]　③ [　　]

(4) 図3は植物に光があたったときに行われるあるはたらきを表しています。CとDの気体のなまえを書きなさい。(10点) 1つ5

C [　　]
D [　　]

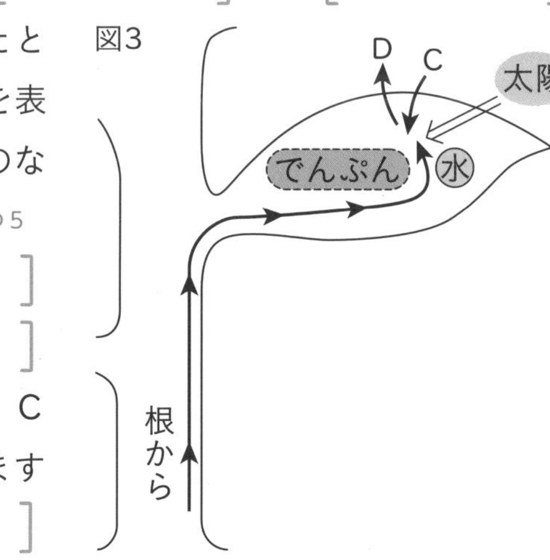

(5) 植物が行う，Dをとり入れ，Cを出すはたらきを何といいますか。(5点) [　　]

養分とそのゆくえ

答え→220ページ　月　日

問題　葉でつくられた養分は，どのように植物の中を運ばれますか。養分の移動を示す矢印すべてに色をぬりなさい。また，葉でつくられ，いもにたくわえられた養分をけんび鏡で観察すると，どのように見えますか。**ア**～**ウ**から選びなさい。

目標時間　5分

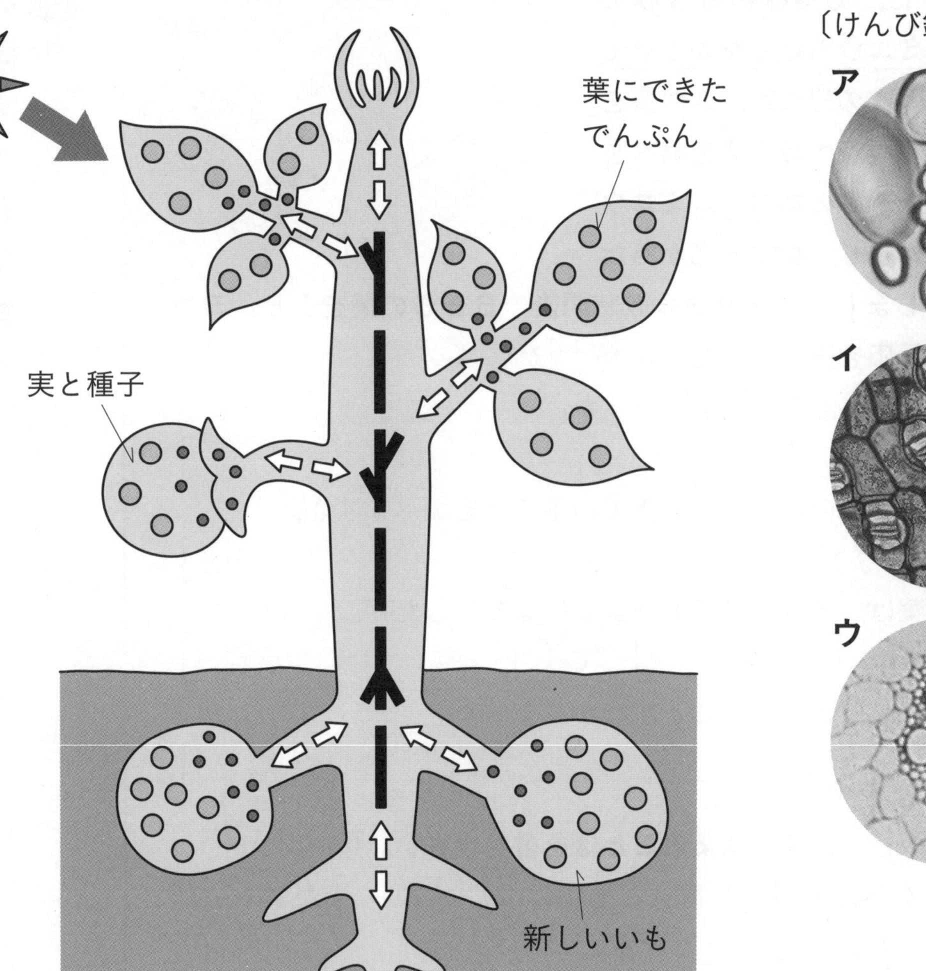

〔けんび鏡での観察〕

ア

イ

ウ

記号

葉でつくられる養分は，
いもや実にたくわえられたね。

理科 7

生き物とかん境の関わり

なまえ　6年　組

答え→220ページ　月　日

時間 25分　合格 80点　 得点　点

1 右の図は，生き物の関わり合いを表したものです。

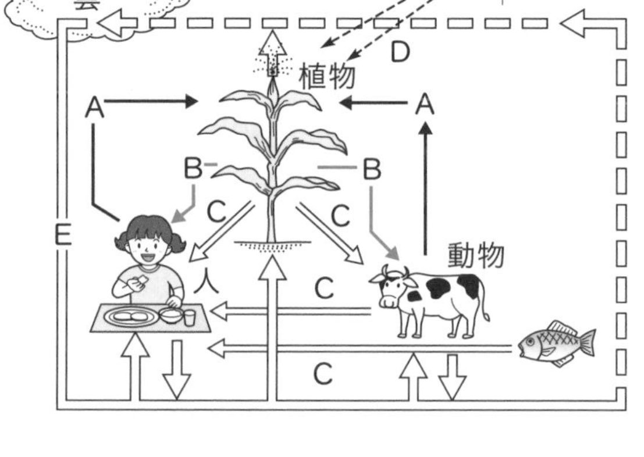

(1) A～Cは何の移動を表していますか。(21点) 1つ7

A [　　　]

B [　　　]

C [　　　]

(2) Dが植物にあたるとどのようなことが行われますか。次の書き出しに続けて，書きなさい。(14点) 1つ7

① [酸素やでんぷんを　　　]

② [二酸化炭素を　　　]

(3) Eは水の移動を表しています。水についての説明として正しいものを，次の**ア**～**カ**から3つ選びなさい。(15点) 1つ5

[　　][　　][　　]

ア 水がよごれると，雲をきれいにすることができる。

イ 水は，人や動物のはい出物(しゅつぶつ)を海まで運んで，プランクトンの養分にしている。

ウ 水は，すべての生き物が生きていくために必要である。

エ 水は，風のはたらきだけでじゅんかんしている。

オ 太陽は，水の流れに関係していない。

カ 水の流れによって，かん境が一定に保たれている。

2 生き物どうしのつながりについて，次の問いに答えなさい。

A リス　B 木の実　C イタチ　D ヘビ

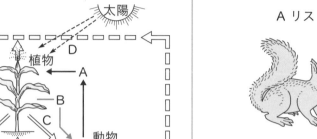

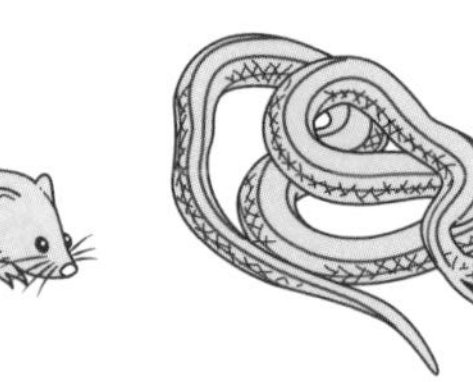

(1) 上の図のA～Dの生き物を，食べられる生き物→食べる生き物の順に並(なら)べ，記号で答えなさい。(9点)

[　　→　　→　　→　　]

(2) (1)のようなつながりを何といいますか。(8点) [　　　]

チャレンジ

(3) 植物がいなくなると，他の生き物はどうなりますか。(9点)

[　　　]

3 次の問いに答えなさい。(24点) 1つ8

(1) 森林のばっ採や焼畑，開こんなどによって，熱帯林の破かいが進んでいますが，このことによって大気中のある気体の増加が心配されています。その気体は何ですか。[　　　]

(2) (1)の気体の増加が引き起こす地球のかん境問題は何ですか。

[　　　]

(3) 人間ができるかん境問題への取り組みに，ごみの再生利用があります。これをカタカナで何といいますか。[　　　]

人間の暮らしと自然かん境

答え→220ページ　　月　　日

問題 地球温暖化に関わることと，海や川の水質の保全と悪化に関わることを，次の**ア～カ**からそれぞれすべて選びなさい。

目標時間 5分

人間の活動が，自然に大きなえいきょうをあたえているんだよ。

ア
イ

ア　風力発電をやめて，火力発電に切りかえる。

イ　電気自動車に乗る。

ウ

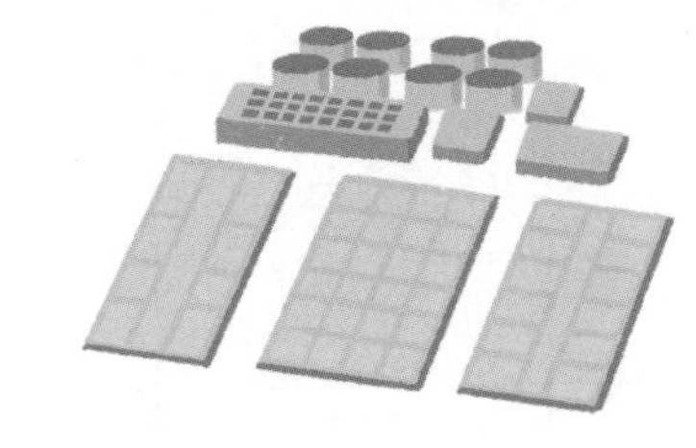

下水処理場で水をきれいにする。

エ

台所の流しに油を捨てる。

オ

森林を切り開く。

カ

川などのごみを拾う。

地球温暖化 [　　　　]　　水質の保全と悪化 [　　　　]

水中の小さな生き物

なまえ　6年　組

答え→220ページ　月　日

時間 25分　合格 80点　得点　点

1 **下の図のA～Eは，いろいろなプランクトンをスケッチしたものです。また，(　)内は，けんび鏡で観察したときの倍率を示しています。** (50点) 1つ5

A (40倍)　B (100倍)　C (400倍)　D (100倍)　E (200倍)

(1) A～Eのなまえを書きなさい。

A [　　] B [　　]

C [　　] D [　　]

E [　　]

(2) A～Eのうち，次の①～③にあてはまるプランクトンをそれぞれすべて選びなさい。

① 緑色をしているもの [　　]

② 活発に動き回るもの [　　]

③ 最も大きいもの [　　]

(3) A～Eは，どのようなところで見られますか。次の**ア**，**イ**から選びなさい。 [　　]

ア 海　**イ** 池や川

チャレンジ
(4) プランクトンが増加しすぎると，水の中の魚が大量に死んでしまうことがあります。それはなぜですか。

[　　]

2 **けんび鏡の使い方について，次の問いに答えなさい。**

(1) 図のけんび鏡のa～eの部分のなまえを書きなさい。(25点) 1つ5

a [　　]

b [　　]

c [　　]

d [　　]

e [　　]

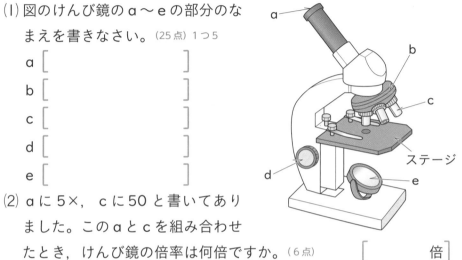

a　b　c　ステージ　d　e

(2) aに5×，cに50と書いてありました。このaとcを組み合わせたとき，けんび鏡の倍率は何倍ですか。(6点) [　　倍]

(3) 次の**ア**～**エ**を，けんび鏡を使うときの操作(そうさ)の順になるように並(なら)べなさい。(7点) [　→　→　→　]

ア aをのぞきながらdを回して，cとプレパラートを遠ざけていき，はっきり見えるところでとめる。

イ ステージにプレパラートを置く。

ウ aをのぞきながらeを動かして，明るく見えるようにする。

エ けんび鏡を横から見ながらdを回して，cとプレパラートをできるだけ近づける。

(4) けんび鏡は，どのようなところに置いて観察しますか。(7点)

[　　]

(5) 4倍，10倍のaと10倍，20倍，50倍のcがあるとき，何通りの倍率で観察できますか。(5点) [　　通り]

思考力トレーニング

理科 ⑧ プランクトンの大きさ

答え→220ページ

月　日

問題　次の図の**ア～オ**は，水の中の小さな生き物のスケッチと観察したときのけんび鏡の倍率です。実際の大きさで，大きい順に並(なら)べなさい。

目標時間　5分

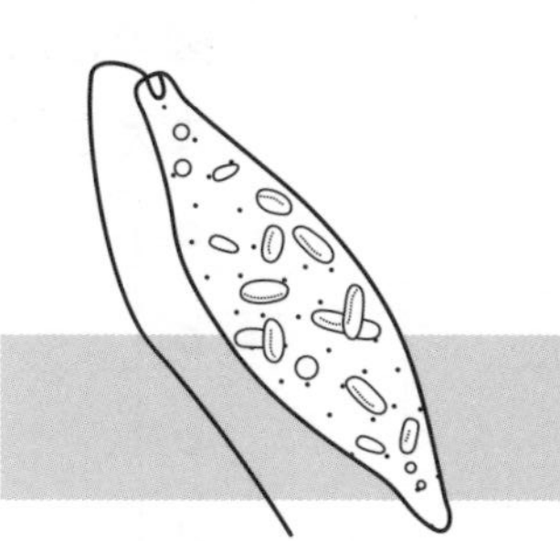

ア　ミドリムシ（300倍）

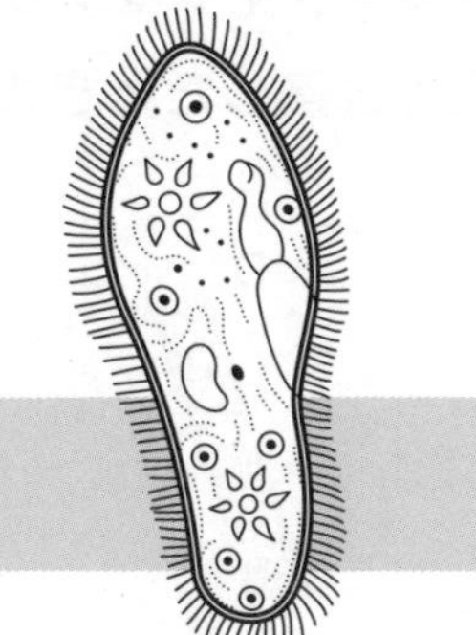

イ　ゾウリムシ（120倍）

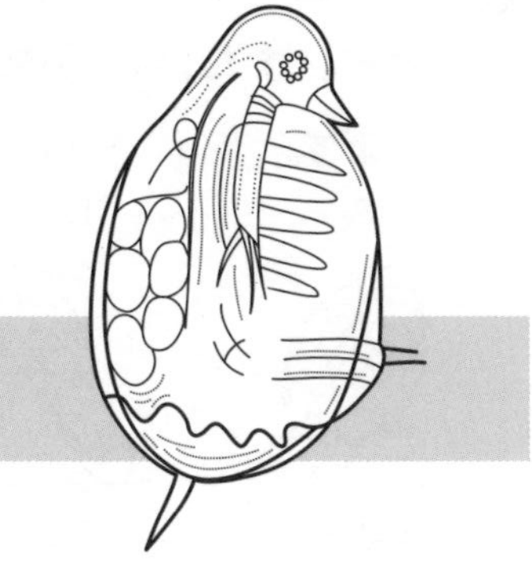

ウ　ミジンコ（30倍）

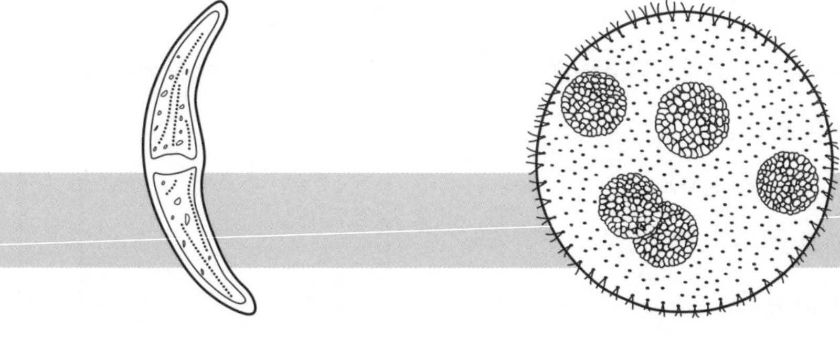

エ　ミカヅキモ（250倍）

オ　ボルボックス（70倍）

とても小さい生き物は，倍率を大きくしないと見えないよ。

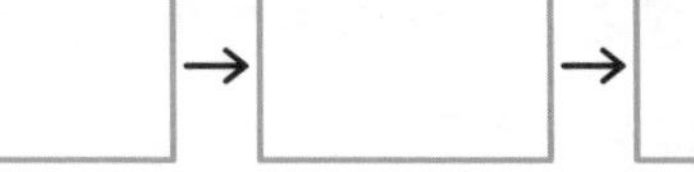

最も大きい［　　］→ 2番目［　　］→ 3番目［　　］→ 4番目［　　］→ 最も小さい［　　］

太陽と月

なまえ　6年　組

答え→220ページ　月　日

時間 25分　合格 80点　得点　点

1 **右の図のAとBは，太陽と月のいずれかの表面のようすを示しています。**

(1) 図のA，Bは，太陽と月のどちらですか。(20点) 1つ10

A [　　　] B [　　　]

(2) (1)のように考えたのはなぜですか。(10点)

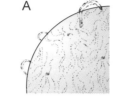

[　　　　　　　　　　]

2 **下の図はある地点で観察した月の形と太陽，地球，月の位置の関係を示したものです。** (21点) 1つ7

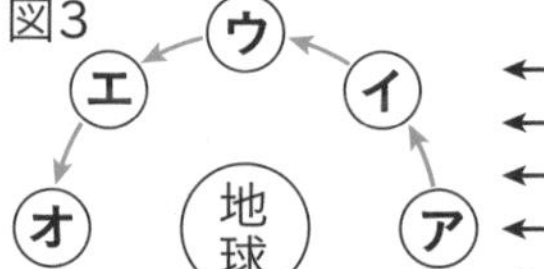

(1) 図1の位置に図のような形の月が見えるのは何時ごろですか。次の**ア**～**オ**から選びなさい。 [　　]

ア 午前2時ごろ　**イ** 午前6時ごろ　**ウ** 午前10時ごろ
エ 午後6時ごろ　**オ** 午後10時ごろ

(2) 図2の方位は東と西のどちらですか。 [　　]

(3) 図2のような形の月が見えるのは，月が図3の**ア**～**ク**のどの位置にあるときですか。 [　　]

3 **右の図は，ある日の午前0時に観察した月のようすをスケッチしたものです。**

(1) 図は，東，西，南，北のうちのどの方位の空ですか。(8点) [　　]

(2) 図の月が地平線にしずむ時刻として最も適当なものを，次の**ア**～**エ**から選びなさい。 [　　] (8点)

ア 午前3時　**イ** 午前6時
ウ 午後6時　**エ** 午後9時

(3) 図の月を観察したあとも続けて月を観察すると，月の形はどのように変化していきますか。次の**ア**～**オ**を変化の順に並べなさい。

[　→　→　→　→　] (9点)

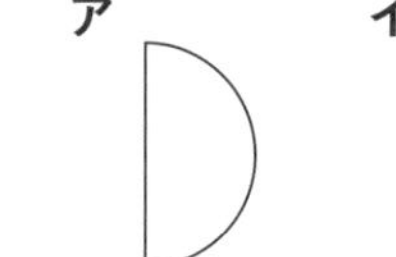
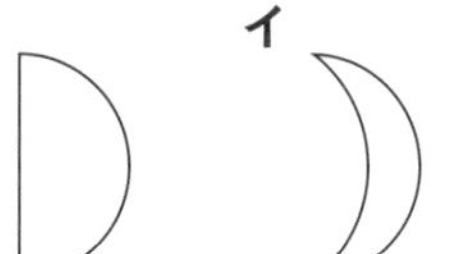
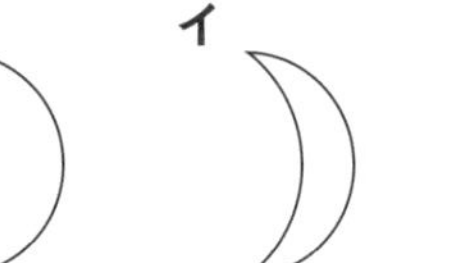
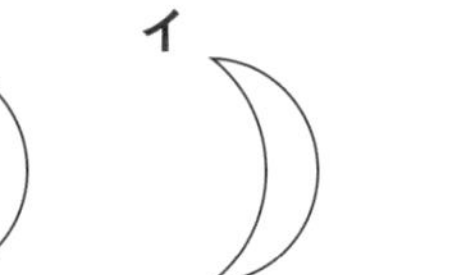
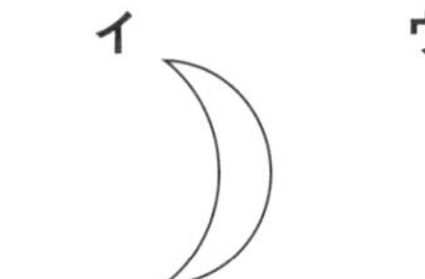

(4) 図の月を観察した次の日，午前0時に月を観察すると，月は図の**ア**～**エ**のどちらにずれて見えますか。(8点) [　　]

チャレンジ (5) 図の月が見えるときに起こることがあるのは，日食と月食のどちらですか。(8点) [　　]

チャレンジ (6) (5)が起こったとき，月，太陽，地球はどのように並んでいますか。(8点)

[　　　　　　　　　　]

算数　理科　社会　英語　国語　答え

思考力トレーニング

理科⑨　月の見え方

答え→220ページ　月　日

問題　次の図は，ある日の太陽と月と地球の位置を簡単(かんたん)に表したものです。(1)，(2)のときの月は，日本からどのように見えますか。ア〜エから選びなさい。

目標時間　5分

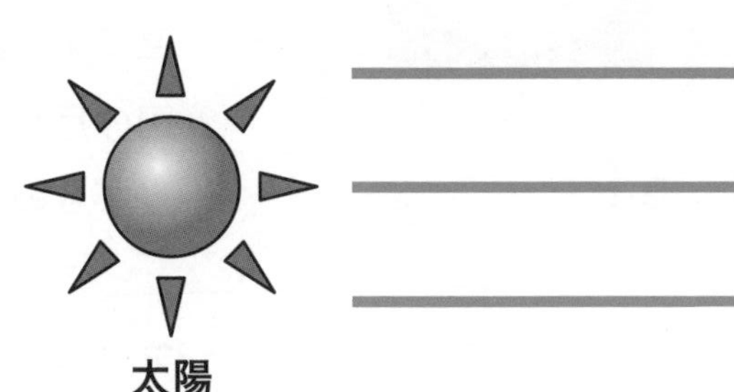

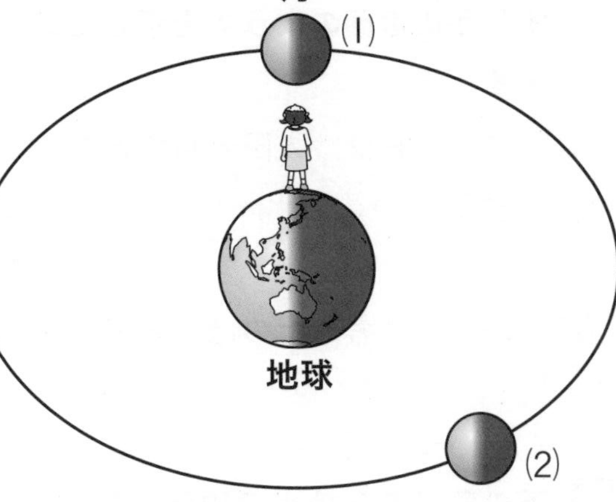

ア　イ　ウ　エ

(1) ［　　］　(2) ［　　］

太陽のあるほうが照らされて光るよ。

水よう液の性質 ①

なまえ　6年　組

答え→220ページ　月　日

時間 25分　合格 80点　得点　点

1 **ラベルのはがれた(1)～(6)のびんに，無色とう明の液が1種類ずつ入っています。これらは，あとのア～カの液体のどれかであることがわかっています。びんに入っている液体が何かを調べるために実験1～4をしました。方法と結果を読んで，液体のなまえをア～カからそれぞれ選びなさい。** (36点) 1つ6

(1)[　] (2)[　] (3)[　] (4)[　] (5)[　] (6)[　]

ア 蒸留水(じょうりゅうすい)　**イ** アンモニア水　**ウ** 炭酸水　**エ** 食塩水
オ 塩　酸　**カ** 石灰水(せっかいすい)

〔実験1〕 各液をリトマス紙で調べた。
〔結果〕 ◦(2)，(5)は，青色リトマス紙が赤くなった。
◦(4)，(6)は，赤色リトマス紙が青くなった。
◦(1)，(3)は，どちらのリトマス紙も色の変化はなかった。

〔実験2〕 各液をスライドガラスに2てきずつとり，熱して蒸発させた。
〔結果〕 ◦(3)，(4)は，白い固体が残ったが，他は何も残らなかった。

〔実験3〕 各液のにおいをかいだ。
〔結果〕 ◦(5)，(6)は，きついにおいがしたが，他はほとんどにおいがしなかった。

〔実験4〕 試験管に(2)を5 cm^3 とって入れ，右の図のように熱して，出てきた気体を(4)の液に通した。

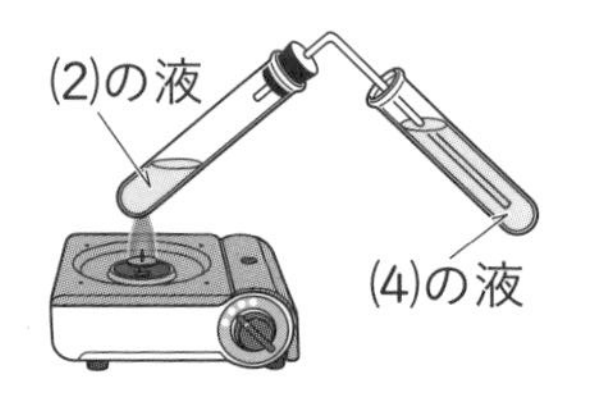

〔結果〕 ◦(4)の液は白くにごった。

2 **次の文中の[　]にあてはまることばを書きなさい。** (40点) 1つ5

(1) 水よう液には，固体・液体・[　　]のとけたものがある。

(2) 炭酸水や塩酸などは[①　　]性，水酸化ナトリウム水よう液は[②　　]性，食塩水や砂糖水(さとうすい)は[③　　]性の水よう液で，（①）性の水よう液は[④　　]色リトマス紙を[⑤　　]色に，（②）性の水よう液は[⑥　　]色リトマス紙を[⑦　　]色に変化させるが，（③）性の水よう液は，赤色・青色リトマス紙の色を変化させない。

3 **次の問いに答えなさい。** (24点) 1つ6

(1) アルミニウムを試験管に入れ，塩酸を加えると，図1のように気体が発生します。

図1

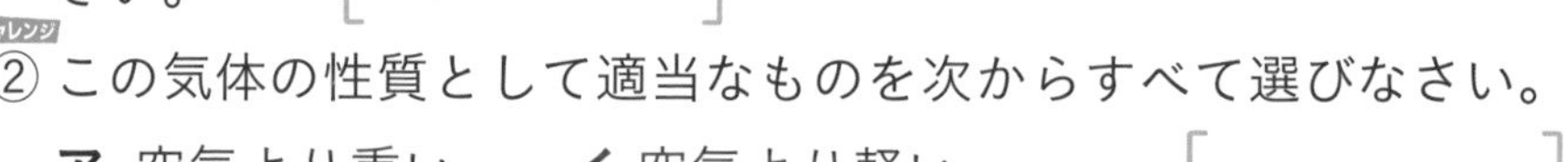

① この気体のなまえを書きなさい。[　　]

チャレンジ
② この気体の性質として適当なものを次からすべて選びなさい。
ア 空気より重い。　**イ** 空気より軽い。　[　　]
ウ 空気と同じ重さである。　**エ** ものを燃やすはたらきがある。
オ よく燃える。　**カ** 火を消すはたらきがある。

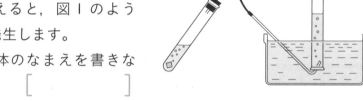

③ 気体が発生したあと，図1の試験管の液を図2のようにしてあたためると何が残りますか。次から選びなさい。[　　]

図2

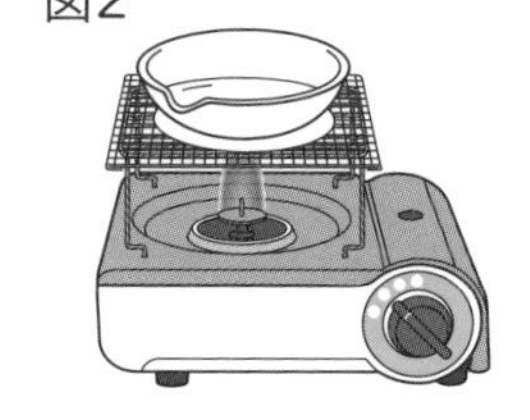

ア アルミニウム　**イ** 塩酸
ウ アルミニウムが塩酸にとけてできたもの

(2) アルミニウムを試験管に入れ，水酸化ナトリウム水よう液を加えると，どのような変化が起こりますか。
[　　]

水よう液の調べ方

答え→220ページ　月　日

問題

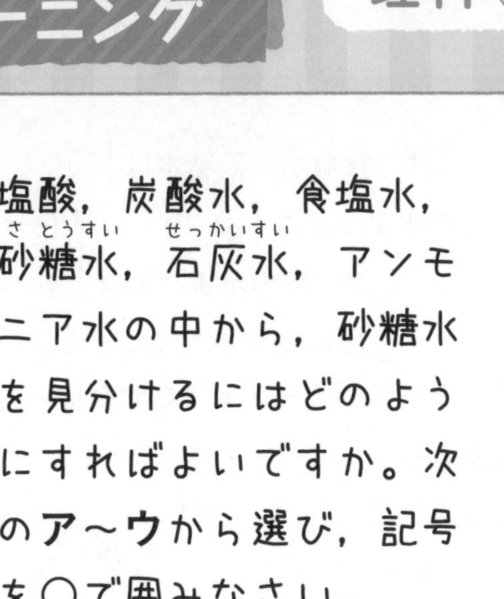

塩酸，炭酸水，食塩水，砂糖水（さとうすい），石灰水（せっかいすい），アンモニア水の中から，砂糖水を見分けるにはどのようにすればよいですか。次のア～ウから選び，記号を○で囲みなさい。

目標時間　5分

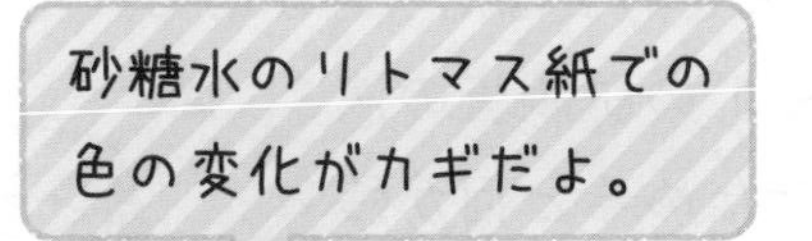

砂糖水のリトマス紙での色の変化がカギだよ。

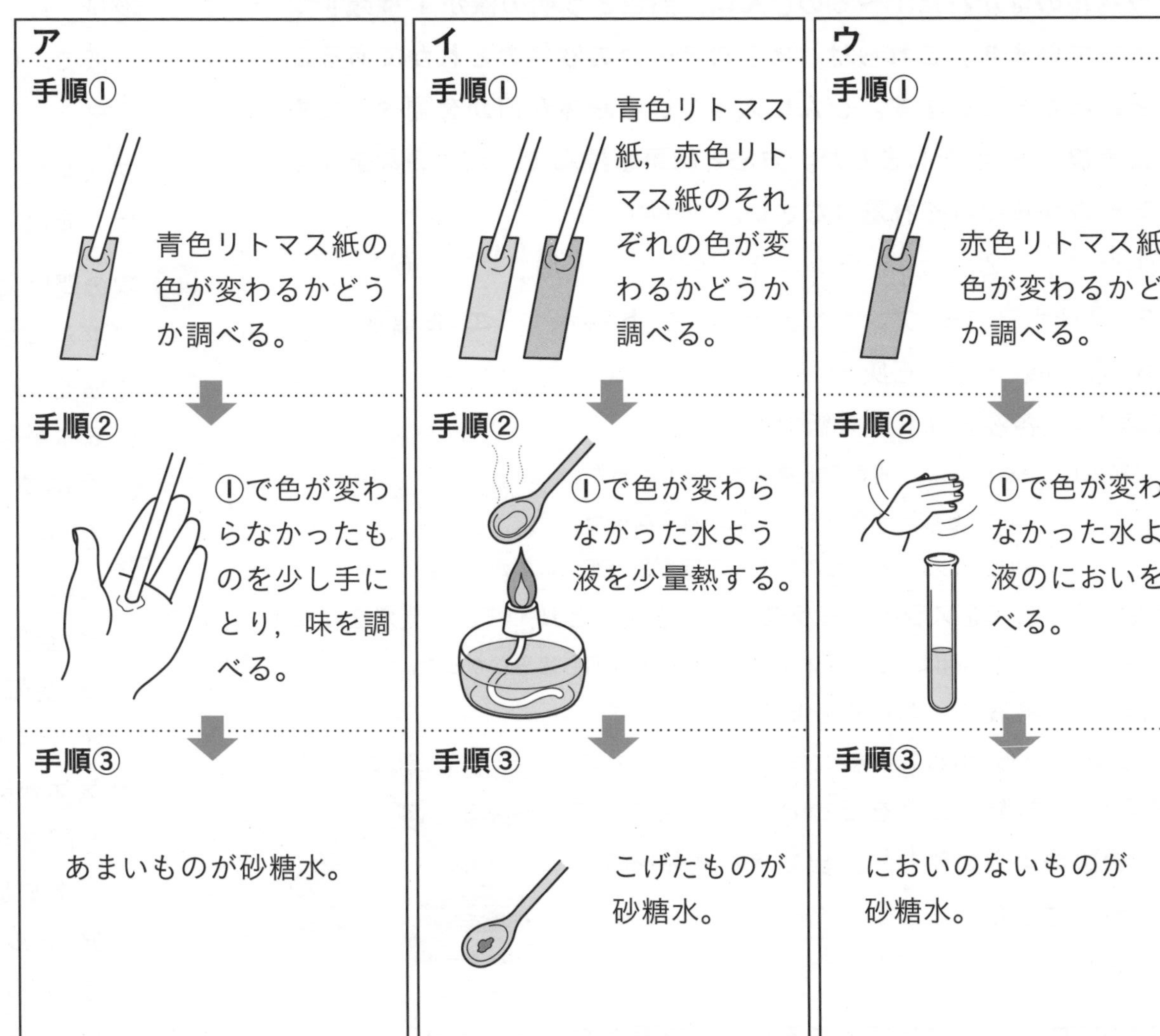

	ア	イ	ウ
手順①	青色リトマス紙の色が変わるかどうか調べる。	青色リトマス紙，赤色リトマス紙のそれぞれの色が変わるかどうか調べる。	赤色リトマス紙の色が変わるかどうか調べる。
手順②	①で色が変わらなかったものを少し手にとり，味を調べる。	①で色が変わらなかった水よう液を少量熱する。	①で色が変わらなかった水よう液のにおいを調べる。
手順③	あまいものが砂糖水。	こげたものが砂糖水。	においのないものが砂糖水。

理科 11

水よう液の性質 ②

なまえ　6年　組

答え→220ページ　月　日

時間 25分　合格 80点　得点　点

1 次のア～ケの水よう液について調べました。 (16点) 1つ4

ア アルコール水　イ 食塩水　ウ ホウ酸水
エ アンモニア水　オ 塩酸　カ 砂糖(さとう)水
キ 水酸化ナトリウム水よう液　ク 石灰(せっかい)水　ケ 炭酸水

(1) ア～ケのうち，次の①～③にあてはまる水よう液をそれぞれすべて選びなさい。

① 固体がとけた水よう液 [　　]
② 液体がとけた水よう液 [　　]
③ 気体がとけた水よう液 [　　]

(2) 固体がとけた水よう液を熱して蒸発(じょうはつ)させると，どうなりますか。 [　　]

2 次の表は，酸性・アルカリ性・中性についてまとめたものです。①～⑧にあてはまるものをア～シからそれぞれすべて選びなさい。 (32点) 1つ4

	酸性	中性	アルカリ性
リトマス紙の色	①	②	③
BTB液の色	④	緑色	⑤
水よう液	⑥	⑦	⑧

ア 塩酸　イ アンモニア水　ウ す
エ 食塩水　オ 石灰(せっかい)水　カ 炭酸水
キ 赤→青　ク 青→赤　ケ 水
コ 青色に変わる　サ 黄色に変わる
シ 色が変わらない

3 アルミニウムやスチールウールをいろいろな水よう液に入れて実験しました。 (52点) 1つ4

〔実験1〕 次のア～オの水よう液に，同じ大きさのアルミニウムを入れて変化を調べました。

ア こい塩酸　イ こい水酸化ナトリウム水よう液
ウ うすい塩酸　エ うすい水酸化ナトリウム水よう液
オ 炭酸水

〔実験の結果〕

水よう液	A	B	C	D	E
アルミニウムのとけた数	2	3	0	3	2
水よう液のにおい	なし	きついにおい	なし	なし	少しにおう
水よう液のようす	あわが出て熱い。	はげしくあわが出て，熱い。	あわが出る。	はげしくあわが出て，熱い。	あわが出て熱い。

(1) A～Eにあてはまる水よう液をア～オからそれぞれ選びなさい。

A [　] B [　] C [　] D [　] E [　]

(2) A～Eの水よう液から出ているあわは何ですか。

A [　] B [　] C [　]
D [　] E [　]

(3) アルミニウムがとけたあと，Bの水よう液を熱して蒸発させると，どうなりますか。 [　　]

〔実験2〕 Eの水よう液 10 cm^3 にスチールウールを入れるとあわが出ました。

チャレンジ (4) あわが出ているときに，Aの水よう液を加えました。あわの出方はどうなりましたか。 [　　]

チャレンジ (5) (4)のようになったのは，水よう液がたがいの性質を打ち消し合う反応(はんのう)が起きたからです。この反応を何といいますか。 [　　]

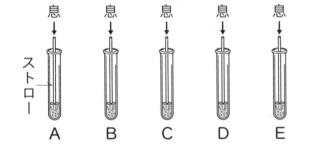

思考力トレーニング

理科 ⑪

水よう液の区別のしかた

答え→220ページ　月　日

問題　右の問いに答えなさい。

目標時間　10分

BTB液は，酸性，中性，アルカリ性でちがう色に変化したね。

A～Fのビーカーに，砂糖水（さとうすい），食塩水，うすい塩酸，石灰水（せっかいすい），炭酸水，うすい水酸化ナトリウム水よう液のいずれかが入っています。これらを区別するために，次の実験１～３をしました。

〔実験１〕　A～Fの水よう液を少量ずつ試験管にとり，ふってみたところ，Fだけあわが出た。

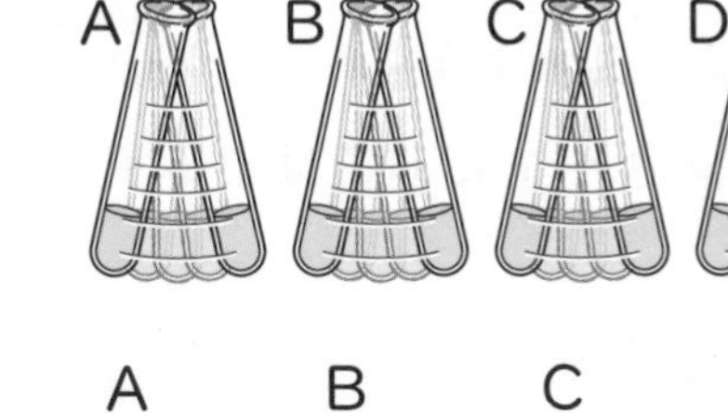

〔実験２〕　A～Fの水よう液を少量ずつ試験管にとり，緑色のBTB液を入れたところ，AとEは青色に，BとFは黄色に変化し，CとDは緑色のままだった。

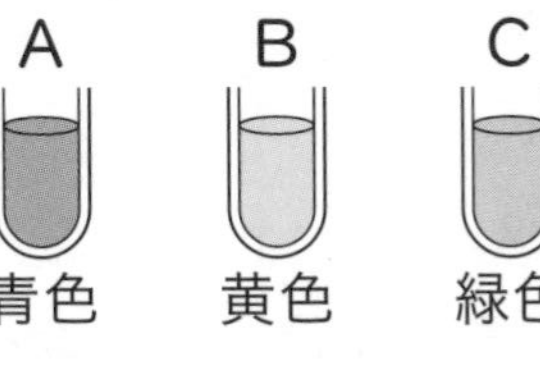
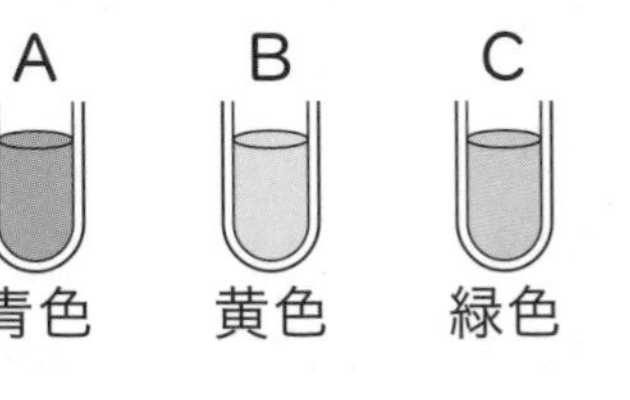

〔実験３〕　A～Fの水よう液を少量ずつ試験管にとり，ストローで息をふきこんだところ，Eだけ白くにごった。

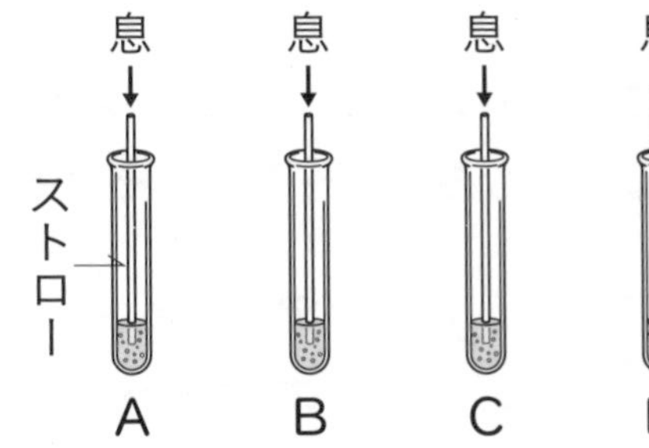

この実験１～３では区別できない水よう液が２つあります。どの水よう液ですか。また，これらを区別するために，どのような実験をするとよいですか。

理科 12

てことてんびん

なまえ　6年　組

答え→220ページ　月　日

時間 25分　合格 80点　得点　点

1 **図のA〜Cは支点，力点，作用点のどれにあたりますか。** (6点) 1つ1

(1)

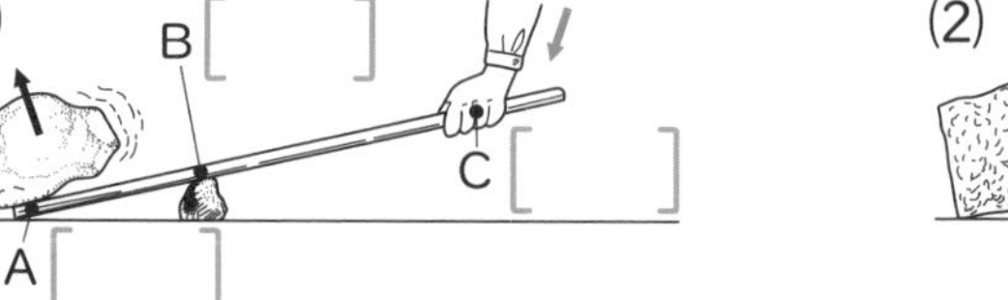

A[　　] B[　　] C[　　]

(2)

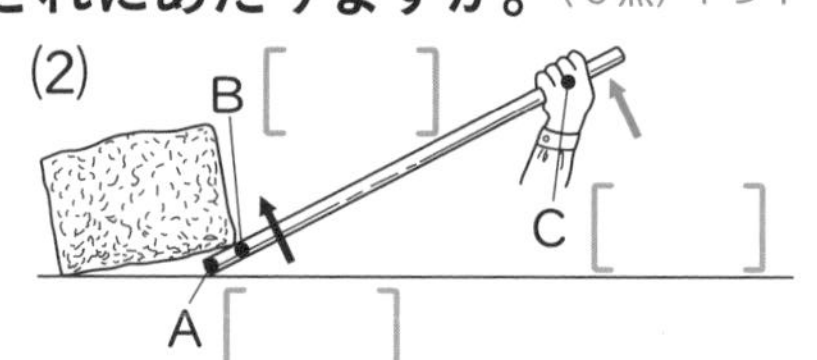

A[　　] B[　　] C[　　]

2 **図のようにてこがつりあっています。[　]や□にあてはまる数を書きなさい。ただし，(1)〜(3)は左右のうでの長さが等しくなっています。** (30点) 1つ5

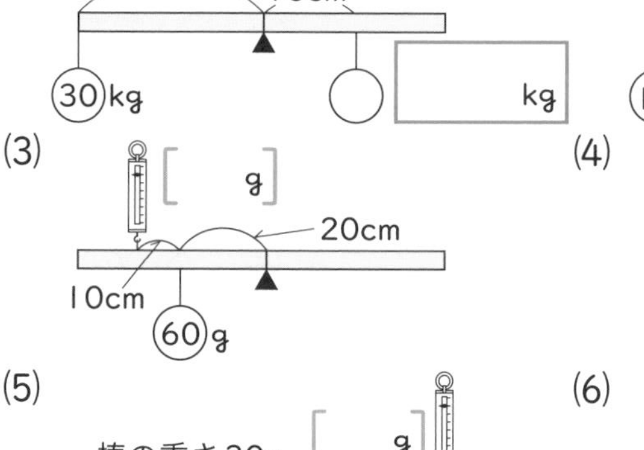

(1) 20cm　10cm　30kg　□kg

(2) 30cm　□cm　10kg　15kg

(3) 10cm　20cm　60g　[　　g]

(4) 棒の重さ30g　50g　70g　[　　g]

(5) 棒の重さ30g　30cm　30cm　50g　[　　g]

(6) 棒の重さ30g　40cm　20cm　60g　[　　g]

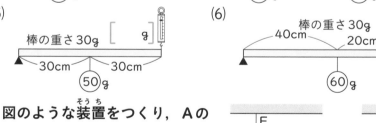

3 **図のような装置(そうち)をつくり，Aの位置に1.6kgのおもりをつるすと，全体がつりあいました。次の重さは何kgですか。ただし，棒やかっ車・ひもの重さは考えないものとします。** (16点) 1つ4

E　10cm　40cm　30cm　10cm　5cm　15cm　A 1.6kg　B　C　D

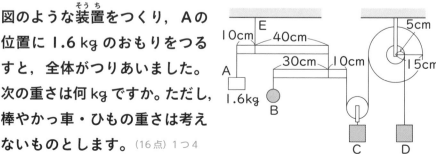

(1) Eにかかる重さ[　　kg]　(2) おもりBの重さ[　　kg]

チャレンジ (3) おもりCの重さ[　　kg]　チャレンジ (4) おもりDの重さ[　　kg]

4 **次の道具の支点，力点，作用点を[　]の中に書きなさい。** (36点) 1つ2

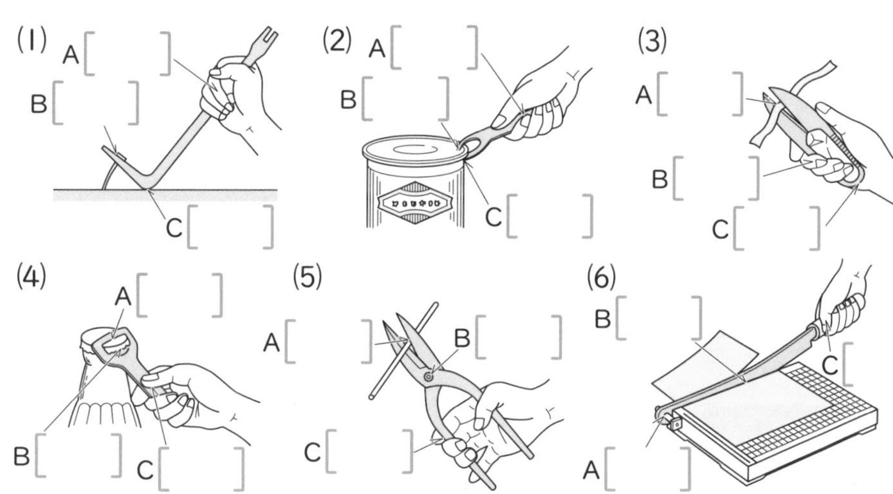

(1) A[　　] B[　　] C[　　]

(2) A[　　] B[　　] C[　　]

(3) A[　　] B[　　] C[　　]

(4) A[　　] B[　　] C[　　]

(5) A[　　] B[　　] C[　　]

(6) A[　　] B[　　] C[　　]

5 **図のような装置をつくり，つりあわせました。次の重さは何gですか。ただし，棒やひもの重さは考えないものとします。** (12点) 1つ4

(1) おもりAの重さ[　　g]

(2) おもりBの重さ[　　g]

(3) ばねばかりCにかかる重さ[　　g]

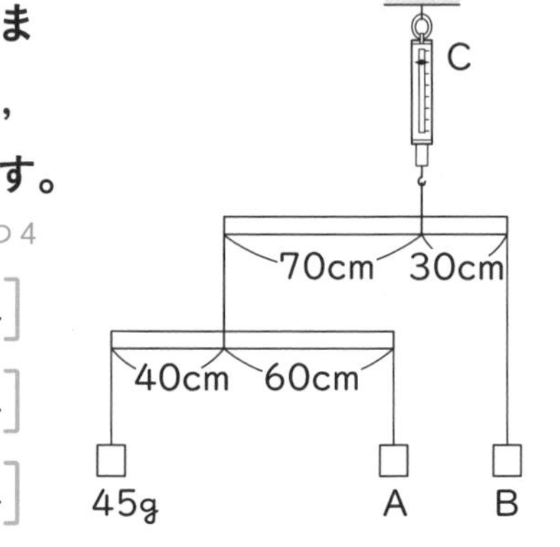

輪じくと動かっ車

答え→221ページ　月　日

問題　輪じく，動かっ車を使って，つりあわせました。輪じくのつりあいや動かっ車のはたらきを参考にして，次の(1)，(2)につり下げた■のおもりの重さをそれぞれ求めなさい。ただし，動かっ車やひもの重さは考えないものとします。

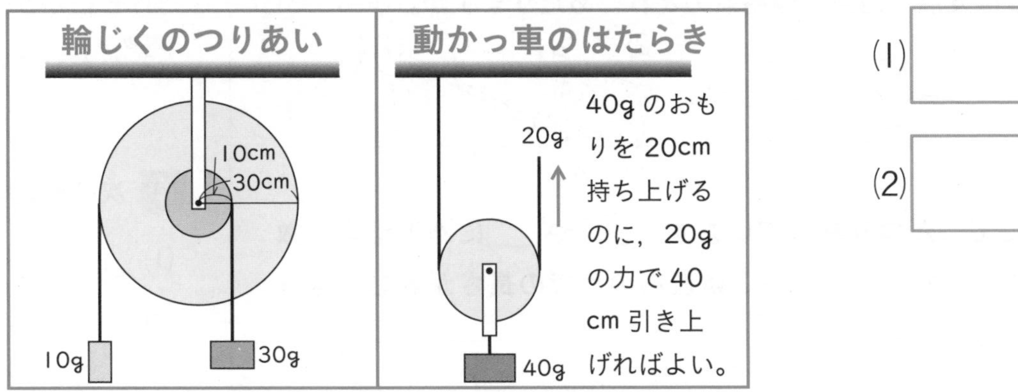

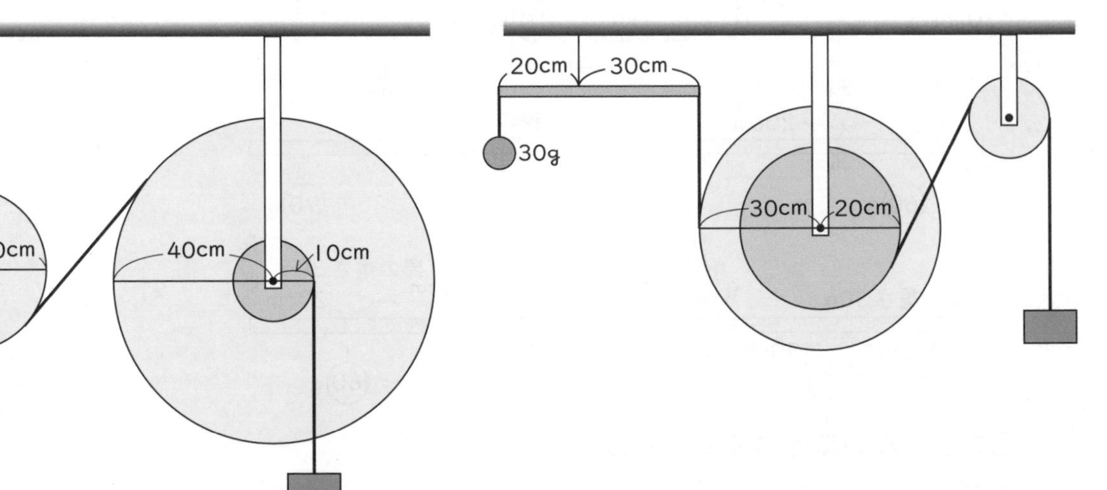

(1)　　g

(2)　　g

目標時間　5分

輪じくと動かっ車の性質を覚えよう。

理科 13

大地のつくり

なまえ　6年　組

答え→221ページ　月　日

時間 25分　合格 80点　得点　点

1 右の図は，道路わきにある10mぐらいはなれた2つの地層(ちそう)です。

(1) **ア**〜**カ**のうち，最も古いと考えられる層はどれですか。（8点）［　　］

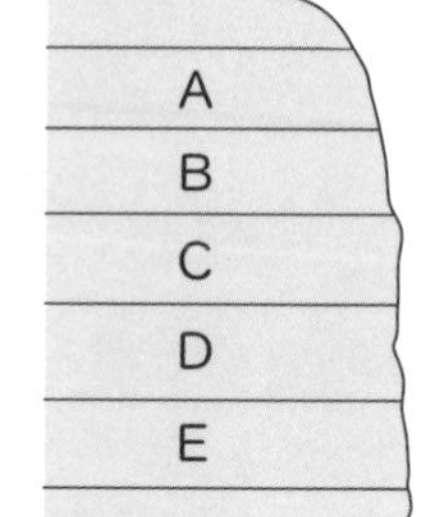

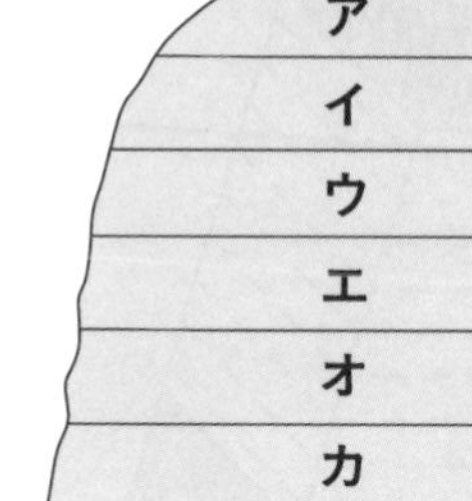

(2) Dの層と**オ**の層を調べた結果，同じ層であることがわかりました。**ア**〜**カ**のうち，Aと同じと考えられる層はどれですか。（8点）［　　］

(3) Bの層を調べたら，この地域(ちいき)では，昔，火山の活動があったことがわかりました。この層に何があったと考えられますか。（9点）

［　　　　］

2 次のような岩石のなまえを［　］の中に書き，あてはまる図の記号を〔　〕に書きなさい。（30点）1つ5

(1) 同じような大きさの小さなつぶが固まってできている。

［　　　　］〔　　〕

(2) 角のとれた少し大きめのつぶが，小さなつぶと混じり，固まってできている。［　　　　］〔　　〕

(3) とても小さなつぶが固まってできている。［　　　　］〔　　〕

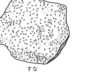

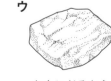

ア おもにれきからできている。

イ おもに砂(すな)からできている。

ウ おもにどろからできている。

3 化石について，次の文のうち正しいものには○を，まちがっているものには×を［　］の中に書きなさい。（21点）1つ3

(1) 大昔の石が変化したものが化石である。［　　］

(2) 古い時代の植物でできた石炭は，化石の一種である。［　　］

(3) 植物の葉が化石になることもある。［　　］

(4) 岩石や地層に残る，動物のあしあとなどは化石である。［　　］

(5) 化石は，どの地層にもふくまれている。［　　］

(6) 化石を手がかりに時代や場所のようすがわかることがある。

［　　］

(7) 魚や貝の化石が高い山から出ることもある。［　　］

4 地層のでき方について，次の問いに答えなさい。（24点）1つ8

〔実験〕 図のようにれき・砂・どろを水に混ぜて流すと，れき・砂・どろに分かれました。

(1) れき・砂・どろは，つぶの何によって区別されますか。次の**ア**〜**エ**から選びなさい。［　　］

ア 色　**イ** 大きさ　**ウ** かたさ　**エ** 形

(2) 実験で，れき・砂・どろのうち，といに近いところよりも遠いところにより多く積もったものはどれですか。［　　］

(3) (2)のようになったのはなぜですか。

［　　　　　　　　］

算数　理科　社会　英語　国語　答え

理科⑬ 地層の広がり

答え→221ページ　月　日

問題 次の図のような地層をがけで見ることができます。この地層ができた順に**ア**～**オ**を並べなさい。また，右のがけの地層のようすは，どのようになっていると考えられますか。図にかきなさい。

ア
イ
ウ
エ
オ

目標時間 5分

地層はふつう，同じように広がっているんだったね。

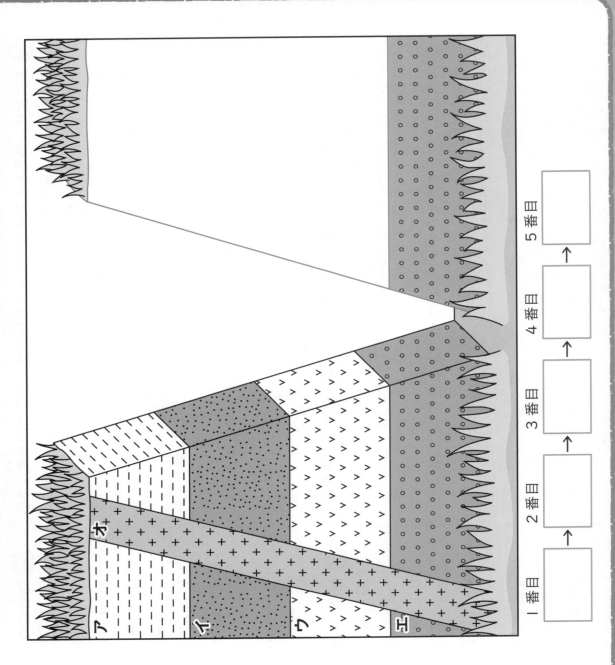

1番目 □ → 2番目 □ → 3番目 □ → 4番目 □ → 5番目 □

理科

14 火山や地しんによる土地の変化

なまえ　6年　組

答え→221ページ　月　日

時間 25分　合格 80点　得点　点

1 火山について，次の問いに答えなさい。

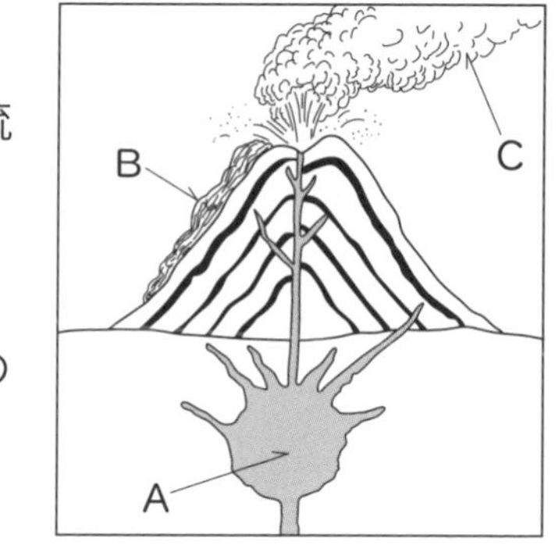

チャレンジ (1) 右の図のA～Cは何ですか。BはAが流れ出たものです。(12点) 1つ4

A[　　] B[　　] C[　　]

(2) 火山のはたらきでできた地層中のれきの形は，どうなっていますか。(7点)

[　　　　　]

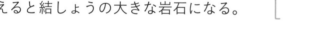

(3) 次の文は，それぞれ図のA～Cのいずれについて述べたものですか。(20点) 1つ4

① 山のしゃ面などをすごい速さで下ることがある。[　　]

② 遠くはなれたところまで飛んでいくことがある。[　　]

③ 日光をさえぎり，作物にひ害をもたらすことがある。[　　]

④ 高温でどろどろとしていて，地下にたまっている。[　　]

⑤ ゆっくり冷えると結しょうの大きな岩石になる。[　　]

2 次の文は，火山による土地の変化について述べたものです。[　]の中にあてはまることばを□から選んで書きなさい。(20点) 1つ5

(1) 鹿児島県の[①　　]は，ふん火で流れ出たもので[②　　]がうまり，陸とつながった。

(2) ふん火の前には，[　　　]が起こることが多い。

(3) 富士山は，ふん火で出たものが[　　　]できた山である。

火山　桜島　西之島　川　湖　海　地しん
かみなり　火事　もり上がって　降り積もって

3 地しんについて，次の問いに答えなさい。

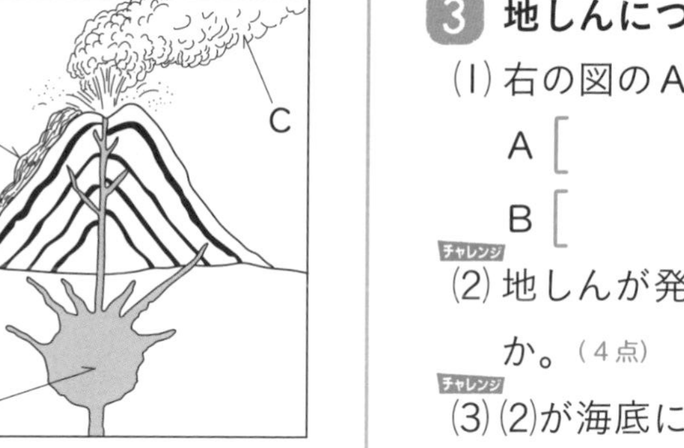

(1) 右の図のA～Cの災害は何ですか。(9点) 1つ3

A[　　]

B[　　] C[　　]

チャレンジ (2) 地しんが発生したところを何といいますか。(4点) [　　]

チャレンジ (3) (2)が海底にあると，A～Cのどの災害が起きやすくなりますか。(4点) [　　]

(4) 次の文は，A～Cのいずれについて述べたものですか。(12点) 1つ4

① たくさんの土砂が家や畑をつぶしてしまいます。[　　]

② 地しんが起きた場所からはなれたところにも海水によって大きなひ害が出ます。[　　]

③ 地面がさけ，道が通れなくなり，家がかたむいたりします。[　　]

(5) 大地にずれが生じると地しんが起きます。このずれを何といいますか。(4点) [　　]

4 次の文は，地しんによって起こることについて述べたものです。[　]の中にあてはまることばを□から選んで書きなさい。

(1) 2011年に起きた[①　　　]地しんでは，地しん発生後，間もなく，大規模な[②　　]が発生した。(4点) 1つ2

(2) 地しんが起きたあと，[　　]が発生することが多い。(4点)

東北地方太平洋おき　兵庫県南部　つ波　火災

算数　理科　社会　英語　国語　答え

石や火山灰の観察

答え→221ページ　月　日

問題　火山灰のつぶをけんび鏡で観察したとき，どのように見えますか。次の**ア**～**ウ**から選びなさい。また，**イ**に見られる貝がらのように，過去に生き物が生きていたようすを示すものを何といいますか。

目標時間　**3分**

ア

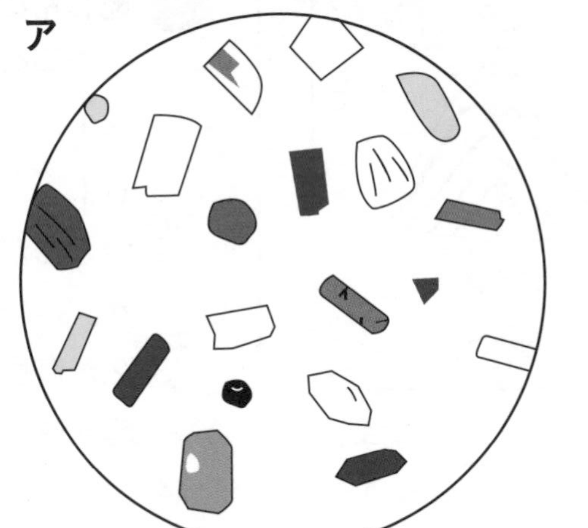

角ばったつぶがある。

ウ

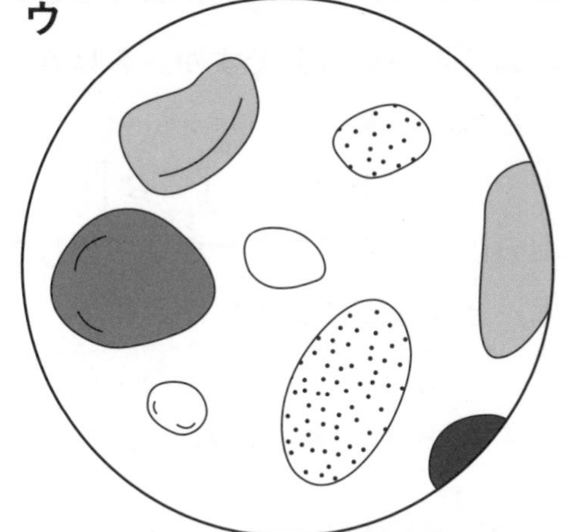

丸いつぶがたくさんある。

イ

貝がらがたくさんある。

火山灰は水のはたらきを受けずにたい積したよね。

記号

なまえ

理科 15

電気の利用

なまえ　6年　組

答え→221ページ　月　日

時間 25分　合格 80点　得点　点

1 **2つの同じコンデンサーで，豆電球と発光ダイオードの光る時間を比べる実験をします。**(40点) 1つ8〔日本女子大附属中〕

準備　コンデンサー2つ　手回し発電機2つ　豆電球
発光ダイオード　スイッチ　電流計
ストップウォッチ

① コンデンサーに(A)をつなぐ。
② 手回し発電機にコンデンサーをつなぎ，発電機を回す(B)と(C)が同じになるように注意しながら，2つのコンデンサーに電気をためる。
③ 電気をためたコンデンサーに，それぞれ豆電球と発光ダイオードをつなぎ，光り続ける時間と電流の大きさをはかる。

(1) (A)～(C)にあてはまる器具やことばを書きなさい。

A[　　] B[　　] C[　　]

チャレンジ
(2) ①で，コンデンサーに(A)をつなぐ理由を書きなさい。

[　　]

(3) この実験の結果として正しいものを次の**ア**～**エ**から選びなさい。

[　　]

ア 発光ダイオードは豆電球よりも大きい電流で光るので，長い時間光り続けることができる。
イ 発光ダイオードは豆電球よりも小さい電流で光るので，長い時間光り続けることができる。
ウ 豆電球は発光ダイオードよりも大きい電流で光るので，長い時間光り続けることができる。
エ 豆電球は発光ダイオードよりも小さい電流で光るので，長い時間光り続けることができる。

2 **光電池に強さのちがう光をあてました。(1)～(4)のとき，モーターの回り方はどのようになりますか。**(32点) 1つ8

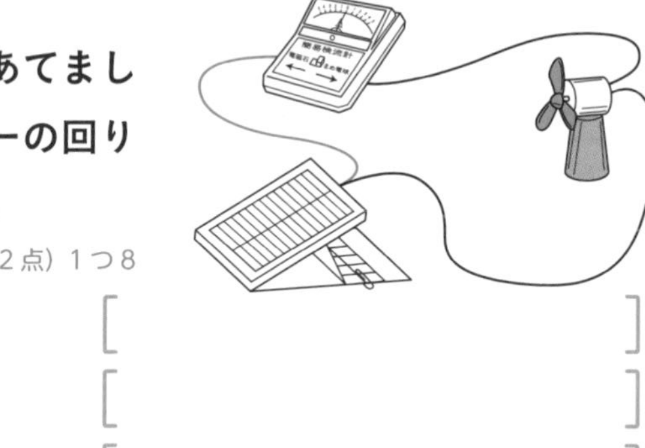

(1) 光が強いとき [　　]
(2) 光が弱いとき [　　]
(3) 光がさえぎられたとき [　　]
(4) 光を直角にあてたときとななめにあてたとき
[　　]

3 **電気について，次の問いに答えなさい。**

(1) 次の文の[　]にあてはまることばを書きなさい。(20点) 1つ5

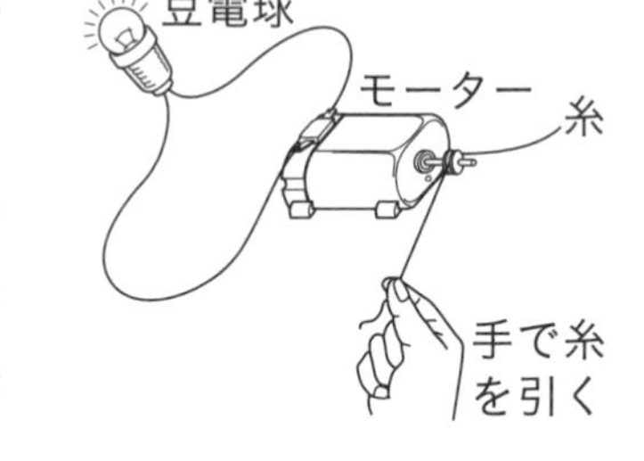

右の図のように手で糸を引くと，モーターが回転し，[①　　]が生じ，豆電球に明かりが[②　　]。このとき，手で引く力を強くして速く回転させると，生じる電流の[③　　]が増すので，豆電球は[④　　]なる。

チャレンジ
(2) 宇宙(うちゅう)ステーションなどでは光電池が使われています。この理由を書きなさい。(8点) [　　]

電気のはたらき

答え→221 ページ　月　日

問題　(1), (2)の**ア**，**イ**で，それぞれ長く点灯するのはどちらですか。

目標時間　**3分**

(1) 手回し発電機を 50 回回したコンデンサーを使用。

ア

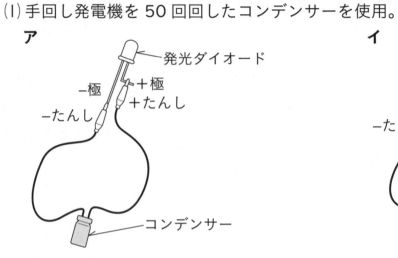

発光ダイオード
−極
＋極
−たんし
＋たんし
コンデンサー

イ

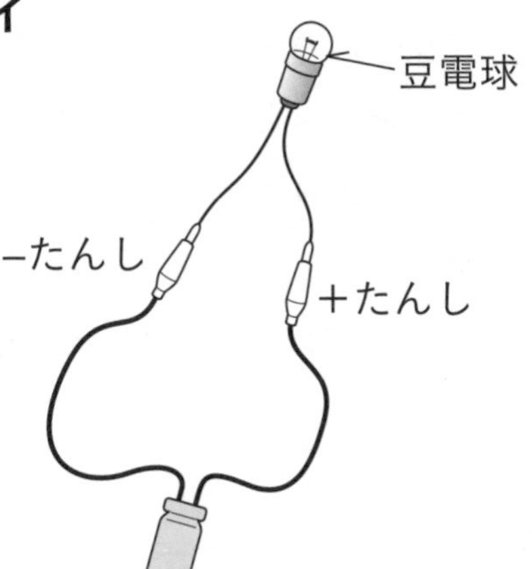

(2) 手回し発電機を 50 回回したコンデンサーと 80 回回したコンデンサーを使用。

ア

発光ダイオード
(手回し発電機を 50 回回した)
コンデンサー

イ

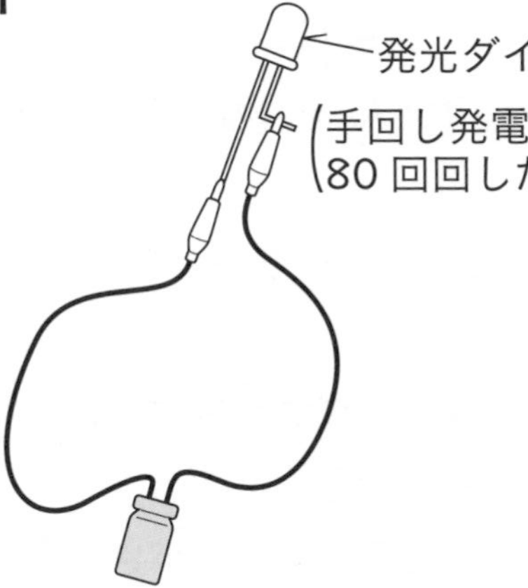

手回し発電機をたくさん回すほど，大きな電気がコンデンサーにたまったね。

(1) [　　]　(2) [　　]

仕上げテスト

なまえ　6年　組

答え→221ページ　月　日

時間 25分　合格 80点　得点　点

1 **図１のように，A炭酸水，Bうすい水酸化ナトリウム水よう液，Cうすいアンモニア水，Dうすい塩酸の４種類の液をビーカーに用意し，実験をしました。**〔広島大附中〕

図１

(1) A～Dの液のにおいを調べたところ，においのあるものが２つありました。それはA～Dのどれですか。(16点) １つ８　[　　] [　　]

(2) A～Dの液を１てきずつスライドガラスにとり，図２の矢印が示すように動かしながら熱しました。液を蒸発(じょうはつ)させると，スライドガラスにものが残るのはA～Dのどれですか。(8点)　[　　]

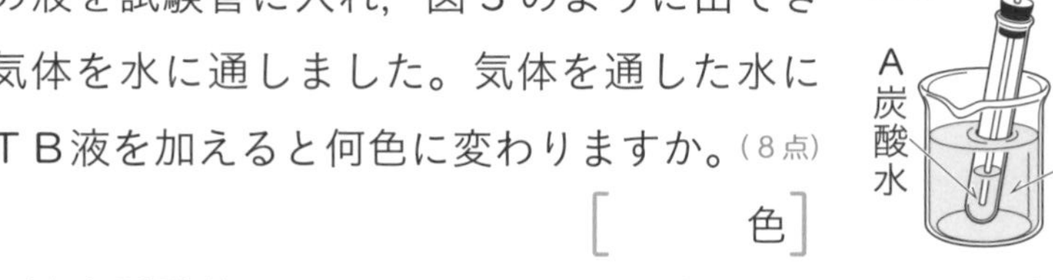

(3) Aの液を試験管に入れ，図３のように出てきた気体を水に通しました。気体を通した水にＢＴＢ液を加えると何色に変わりますか。(8点)　[　　色]

(4) Bの液を試験管にとり，アルミニウムを入れると，あわが出ました。このあわは何という気体ですか。(8点)　[　　]

(5) B，C，Dの液をそれぞれ別々の試験管にとり，石灰石(せっかいせき)を入れたところ，１つの試験管からあわが出ました。それはどの液ですか。記号を書きなさい。また，その気体のなまえを書きなさい。(16点) １つ８

記号 [　　]　気体 [　　]

チャレンジ
(6) (5)の気体の性質として適当なものを選びなさい。(10点)　[　　]

ア よく燃える。　**イ** 水にとけてアルカリ性を示す。

ウ 空気より重い。　**エ** ものをよく燃やすはたらきがある。

2 **人の呼吸(こきゅう)や血液のはたらきについて，次の問いに答えなさい。**

図１

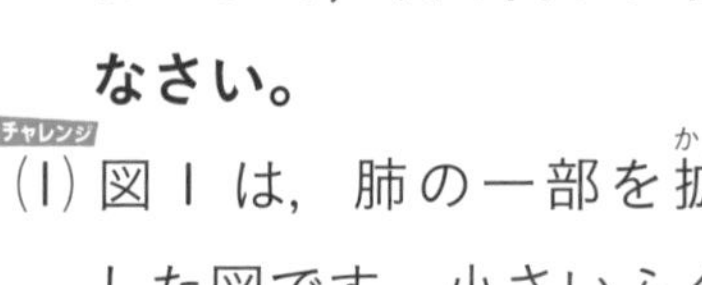
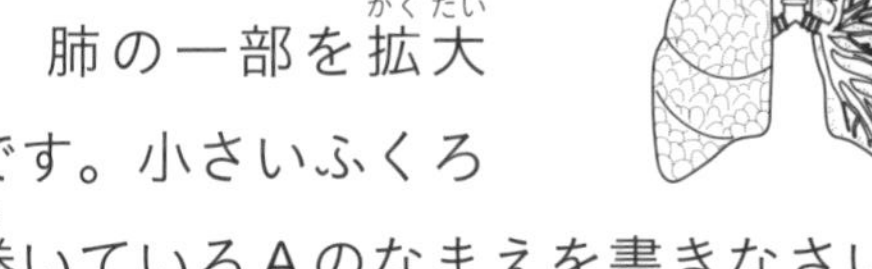

チャレンジ
(1) 図１は，肺の一部を拡大(かくだい)した図です。小さいふくろをとり巻(ま)いているAのなまえを書きなさい。(6点)　[　　]

(2) はく息について，正しく述べている文を２つ選びなさい。(10点) １つ５　[　　] [　　]

ア はく息には，酸素はふくまれていない。

イ はく息にふくまれている酸素は，二酸化炭素より多い。

ウ はく息にふくまれている二酸化炭素は，酸素より多い。

エ はく息には，水蒸気がふくまれている。

(3) 図２は，人の心臓(しんぞう)と血管のつながりをモデルで表しています。

① 酸素を多くふくむ血液が流れている部分をぬりつぶしなさい。(8点)

② **ア**と**イ**の矢印は，血液が流れる向きを表しています。BとCの血管の中を流れている血液の向きを**ア**，**イ**からそれぞれ選びなさい。

B [　　]　C [　　] (10点) １つ５

図２

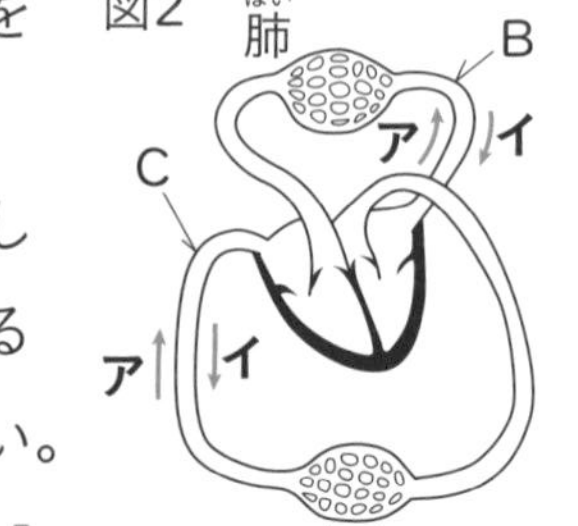

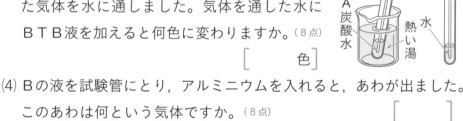

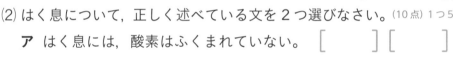

思考力トレーニング

理科 ⑯ 天気と食物れんさ

答え→221ページ　　月　　日

問題　次の図は，食べる・食べられる関係を表したものです。気体A，Bにそれぞれあてはまる気体を答えなさい。また，もしキツネがいなくなったとしたら，草やウサギの数はどのようになりますか。

目標時間　5分

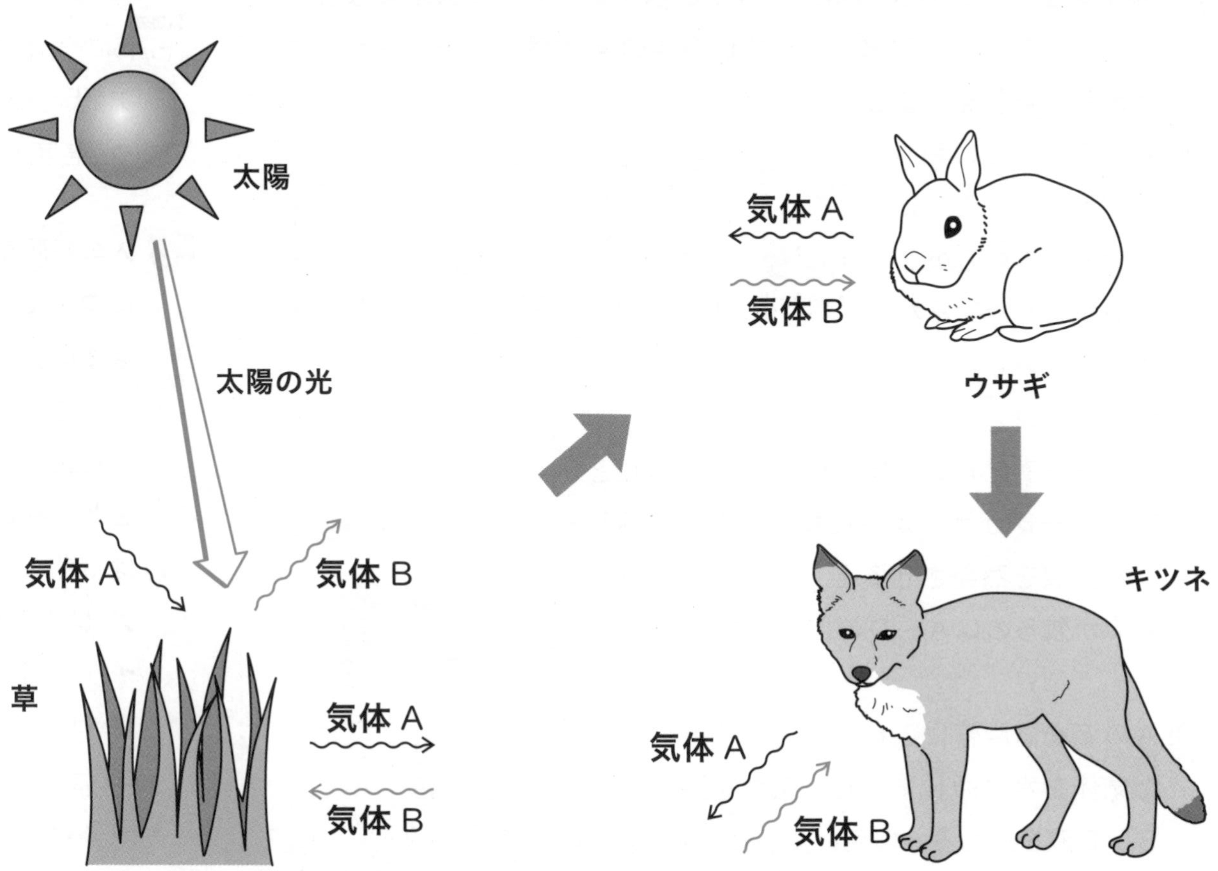

太陽の光があたっている間は，気体の出入りが呼吸(こきゅう)とは逆になるはたらきもしていたね。

太陽
太陽の光
気体A
気体B
草
気体A
気体B
ウサギ
気体A
気体B
キツネ
気体A
気体B

気体A [　　　]　気体B [　　　]

草やウサギの数 [　　　　　　　]

社会 1

わたしたちのくらしと憲法

なまえ　6年　組

答え→222ページ　月　日

時間 25分　合格 80点　得点　点

1 日本国憲法について，あとの問いに答えなさい。

(1) 次の説明文は，日本国憲法の３つの柱のうち何の説明ですか。あてはまることばを書きなさい。(18点) 1つ6

① 世界の平和を守るために，二度と戦争をしないこと。 [　　　]

② 国の政治をどのように進めていくかを最終的に決める力をもつのは国民であるということ。 [　　　]

③ 人が生まれながらにしてもつ権利を，永久の権利として保障すること。 [　　　]

(2) 次の国民の権利を何といいますか。あとのア～エからそれぞれ選び，記号を書きなさい。(18点) 1つ6

①[　　] ②[　　] ③[　　]

① 健康で文化的な生活を送ることができる。

② どんな考えでももつことができ，自由に研究することができる。

③ 政治に参加する。

ア 参政権　イ 思想や学問の自由

ウ 生存権　エ 職業を選ぶ自由

(3) 次の説明のうち，国民の義務にあてはまるものには○，あてはまらないものには×を書きなさい。(16点) 1つ4

① 子どもに教育を受けさせる。 [　　]

② 選挙で投票する。 [　　]

③ 働く人が団結する。 [　　]

④ 税金を納める。 [　　]

チャレンジ 2 日本国憲法について，あとの問いに答えなさい。(48点) 1つ8

(1) 国民主権についてまとめた次の図の①～③にあてはまることばを，あとのア～エからそれぞれ選び，記号を書きなさい。

①[　　] ②[　　] ③[　　]

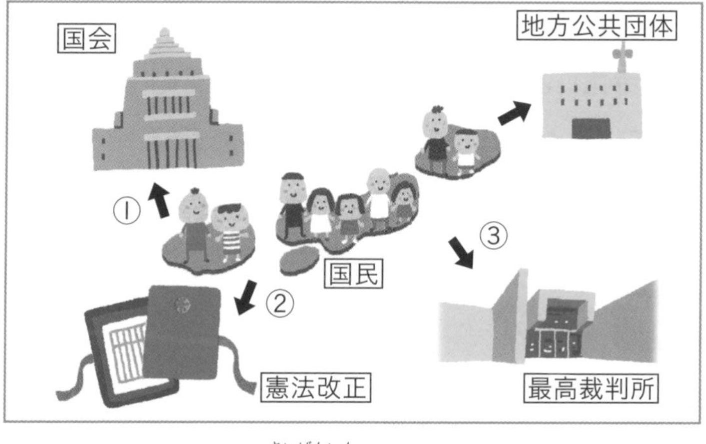

ア 国民投票　イ 裁判員制度

ウ 国民しん査　エ 選挙

(2) 天皇について，次の文の[　]にあてはまることばを書きなさい。

① 天皇は，日本の国および国民のまとまりの[　　　]であり，政治に関する権限はもたない。

② 天皇は，憲法に定められている仕事を，[　　　]の助言と承認にもとづいて行う。

(3) 日本が国として決めている，核兵器を「持たない，作らない，持ちこませない」という原則を何といいますか。

[　　　]

社会 ①

働いた日数の多い人

答え→222ページ

月　日

問題 次の４人の中で，2019年の１年間に働いた日数がもっとも多い人はだれですか。（１日のうち，働いた時間は同じで，祝日以外の日は土曜・日曜もすべて働き，２月は28日とします）。

目標時間 8分

□さん

それぞれの月が何日あるか，祝日が何日あるか，考えてみよう。

わたしは，２月・４月・７月の間，働きました。
Aさん

わたしは，２月・９月・10月の間，働きました。
Bさん

わたしは，３月・６月・８月の間，働きました。
Cさん

ぼくは，５月・11月・12月の間，働きました。
Dさん

社会 2

政治のしくみとはたらき ①

なまえ　6年　組

答え→222ページ　月　日

時間 25分　合格 80点　得点　点

1 国会について，あとの問いに答えなさい。 (40点) 1つ5

(1) 国会は，右の図のように2つの議院から成り立っています。これを見て，問いに答えなさい。

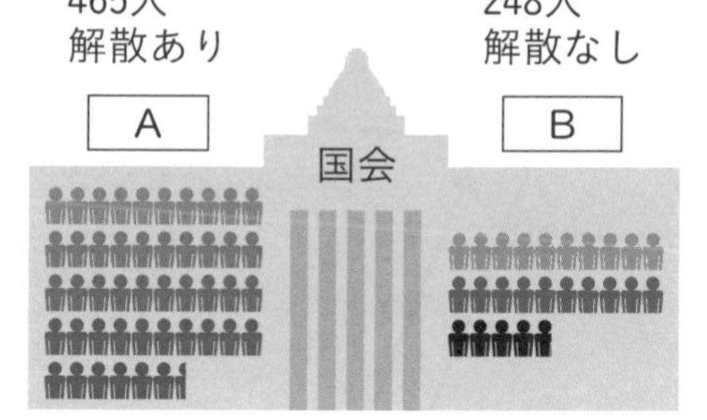

① 図中のA・Bの議院をそれぞれ何といいますか。

A［　　　］ B［　　　］

② 図中のA・Bの議院の議員の任期はそれぞれ何年ですか。

A［　　年］ B［　　年］

(2) 国会議員は選挙によって選ばれますが，選挙権は何才以上の国民にあたえられていますか。次の**ア**～**エ**から選び，記号で書きなさい。

［　　　］

ア 満16才以上　**イ** 満18才以上

ウ 満20才以上　**エ** 満22才以上

(3) 次のうち，国会のはたらきを3つ選び，記号で書きなさい。

［　　］［　　］［　　］

ア 法律(ほうりつ)を話し合って決める。

イ 外国と交渉(こうしょう)する。

ウ 裁判官(さいばんかん)を裁(さば)く裁判を行う。

エ 国会のしょう集を決める。

オ 国の予算を話し合って決める。

2 内閣(ないかく)について，あとの問いに答えなさい。 (32点) 1つ8

(1) 内閣について，次の文の［　］にあてはまることばを書きなさい。

・内閣の最高責任者である［①　　　　］は首相ともよばれ，［②　　　　］で指名される。

・内閣の一員である［③　　　　］大臣は，専門(せんもん)的な仕事を担当している。

(2) 内閣の構成員全員が参加して開かれる会議を何といいますか。

［　　　　］

チャレンジ

3 次の図は，内閣のしくみを示したものです。(1)～(4)は，どの省庁(しょうちょう)について説明したものですか。図中のア～サからそれぞれ選び，記号で書きなさい。 (28点) 1つ7

(1)［　　］ (2)［　　］ (3)［　　］ (4)［　　］

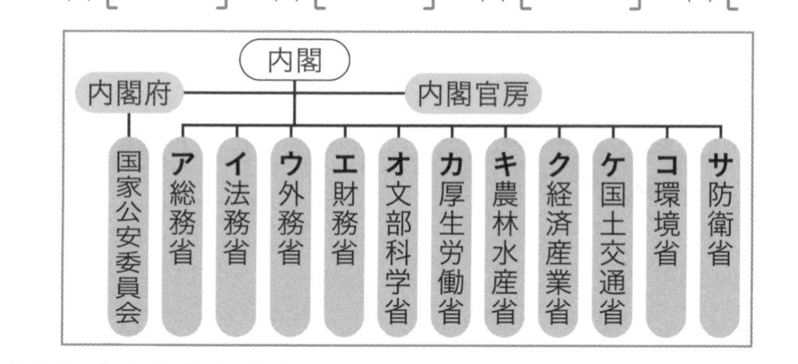

(1) 国の財政の仕事をする。

(2) 国民の健康や仕事に関する仕事をする。

(3) 道路や鉄道，港などに関する仕事をする。

(4) 外交や国際関係の仕事をする。

国の３つの機関の関係

答え→222ページ　月　日

問題　図中の(1)～(6)にあてはまる内容を，□の中からそれぞれ選び，記号で書きなさい。

目標時間　1分

それぞれの機関のはたらきから，考えよう！

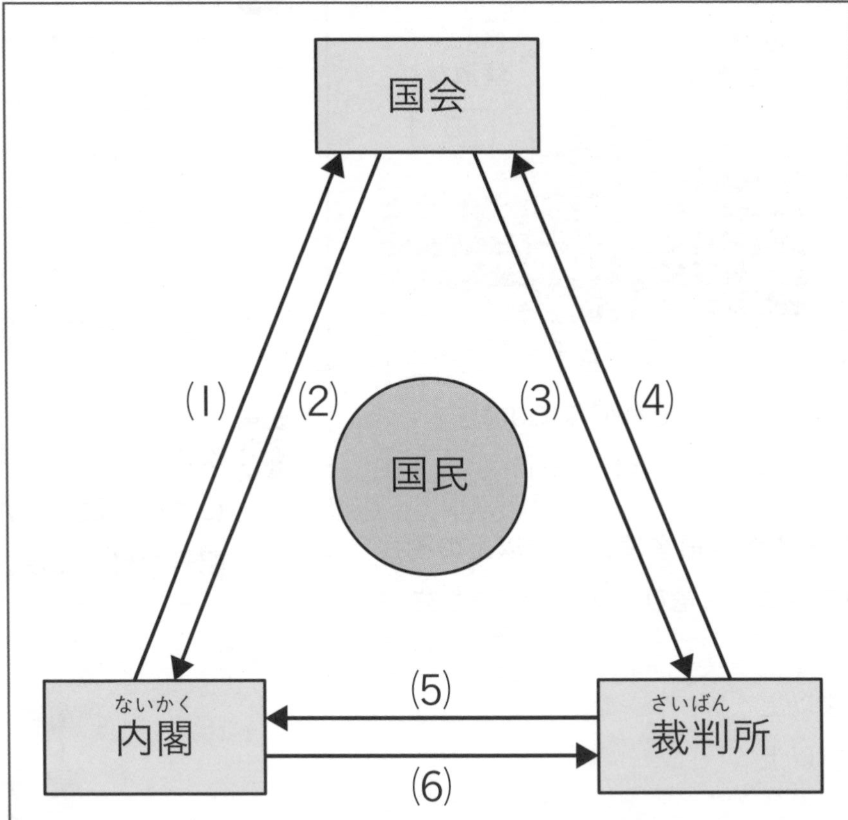

- **ア**　法律が憲法にい反していないか調べる。
- **イ**　内閣総理大臣を指名する。
- **ウ**　裁判官を裁判する。
- **エ**　衆議院を解散する。
- **オ**　最高裁判所の長官を指名する。
- **カ**　政治が憲法にい反していないか調べる。

(1) □　(2) □　(3) □
(4) □　(5) □　(6) □

社会 3

政治のしくみとはたらき ②

なまえ　6年　組

答え→222ページ　月　日

時間 25分　合格 80点　得点　点

1 **裁判について，あとの問いに答えなさい。** (64点) 1つ8

(1) 右の図は，裁判のしくみを示したものです。A～Dにあてはまる裁判所を，次の**ア**～**エ**からそれぞれ選び，記号で書きなさい。

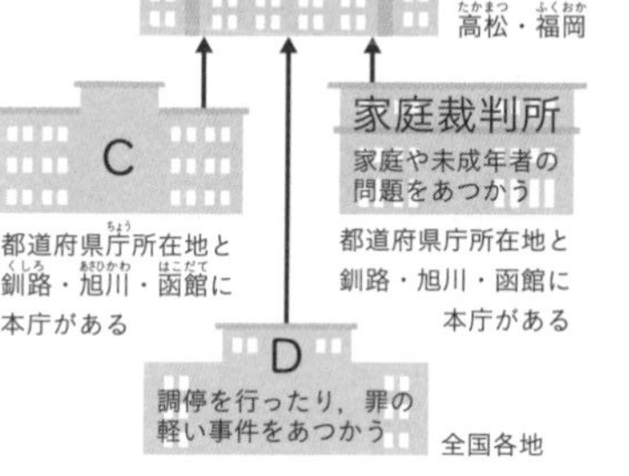

A［　　］ B［　　］
C［　　］ D［　　］

ア 最高裁判所　**イ** 簡易裁判所
ウ 高等裁判所　**エ** 地方裁判所

(2) 次の文の［　］にあてはまる数字・ことばを書きなさい。

判決に納得できない場合，［①　　］回まで裁判を受けることができる。これは，判決のまちがいを防ぎ，［②　　］を守るためである。

(3) 国民が裁判に参加する制度について，次の問いに答えなさい。

① この制度を何というか答えなさい。　［　　制度］

② この制度が始まった目的にあてはまらないものを，次の**ア**～**エ**から1つ選び，記号で書きなさい。　［　　］

ア 国民のさまざまな意見を裁判に生かすため。
イ 裁判官の人数を減らすため。
ウ 裁判のスピード化を図るため。
エ 国民が裁判に関心をもつようにするため。

チャレンジ

2 **あとの問いに答えなさい。** (36点) 1つ6

(1) 図中のA～Cには国会，内閣，裁判所のそれぞれのはたらきがあてはまります。そのはたらきを何といいますか。それぞれ漢字2字で答えなさい。

A［　　権］
B［　　権］
C［　　権］

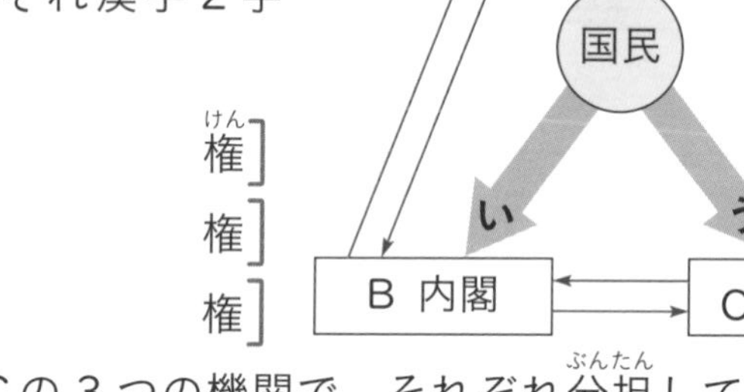

(2) 国の政治が，A～Cの3つの機関で，それぞれ分担して仕事がすすめられている理由を，次の**ア**～**ウ**から1つ選び，記号で書きなさい。　［　　］

ア 3つに分かれていると自由に仕事ができて，効率がよいから。
イ 国民の願いを受け入れる機関は，多いほうが便利だから。
ウ 権力が1つの機関に集中しないように，ほかの機関の力をおさえるようにするから。

(3) 図の**あ**～**う**は，国民とA～Cの3つの機関との関係を表しています。次のことがらは，**あ**～**う**のうちどれにあてはまりますか。

①［　　］ ②［　　］

① 判決に納得できないときは，裁判のやり直しを求めることができる。
② 国民は，自分たちの代表として議員を選ぶことによって，国の政治に参加していることになる。

算数　理科　社会　英語　国語　答え

税金クイズ

答え→222ページ　月　日

問題　税金がかかるお金はどれですか。

目標時間　3分

このなかに，所得税という税金がかかるものがあるよ。

ノーベル賞の賞金

宝くじの当選金

拾ったお金
（持ち主が現れず，拾った人が受け取るお金）

オリンピックで金メダルをとったときにしはらわれるお金（JOC加盟競技団体のみ）

社会 4

日本のあけぼの

なまえ　6年　組

答え→222ページ　月　日

時間 25分　合格 80点　得点　点

1 日本の大昔のくらしについて，次の問いに答えなさい。(42点) 1つ7

(1) A・Bの資料は，それぞれ何時代の資料と考えられますか。

A[　　　時代]　B[　　　時代]

(2) A・Bの資料に共通して見られる，Xの住居を何といいますか。

[　　　住居]

(3) 次の①〜③は，A・Bのどちらの時代について説明したものですか。A・Bで答えなさい。

① 石ぼうちょうを使うようになった。[　　]

② むらとむらとの間で，争いが起こるようになった。[　　]

③ 代表的な遺跡に三内丸山遺跡がある。[　　]

2 次の問いに答えなさい。(18点) 1つ6

(1) 次の文の[　]にあてはまる人名・ことばを書きなさい。

① 邪馬台国の女王である[　　　]は，中国に使いを送った。

② [　　　]は大和朝廷の王や豪族の墓で，全国につくられた。

(2) 渡来人によって伝えられたものではないものを，次のア〜エから1つ選び，記号で書きなさい。[　　]

ア 漢字　**イ** 鉄器　**ウ** 鉄砲　**エ** 仏教

チャレンジ

3 天皇中心の国づくりについて，次の問いに答えなさい。(40点) 1つ5

(1) 右は，聖徳太子が定めたものです。これを何といいますか。

[　　　]

> 一　人の和をとうとばなければなりません。
> 二　仏教をあつく信仰しなさい。

(2) 聖徳太子について，次の文の[　]にあてはまることば・人名を書きなさい。

① 能力によって役人の位を決める[　　　]のしくみをつくった。

② [　　　]を遣隋使として中国に送った。

(3) ①・②にあてはまる税を，あとの□の中から選び，答えなさい。

① 織物や地方の特産物を納める。[　　]

② 稲の収穫高の約3％を納める。[　　]

調　庸　租

(4) 聖武天皇は，ある寺に大仏をつくらせました。この大仏がある寺を，次のア〜エから1つ選び，記号で書きなさい。[　　]

ア 法隆寺　**イ** 延暦寺　**ウ** 東大寺　**エ** 唐招提寺

(5) 次の①・②の僧についての説明として正しいものを，あとのア・イからそれぞれ選び，記号で書きなさい。

① 行基[　　]　② 鑑真[　　]

ア 大仏づくりのために，全国の農民に協力をよびかけた。

イ 中国からわたってきて，日本に正式な仏教の生活規則を広めた。

思考力トレーニング　社会④　歴史クロスワード

答え→222ページ

月　日

問題　クロスワードを完成させなさい（答えはカタカナで，小さな文字は大きな文字で書きましょう）。そして，A〜Eをつないだときに出てくる人物の名前を答えなさい。

目標時間　10分

①	② E	■	③ C	④
■		⑤		
⑥	D	B	■	
	■	A	■	
⑦				

《タテのカギ》

② 江戸時代，○○○絵が人気に。

③ 明治時代初めに，○○改正が行われた。

④ 縄目の文様のある○○○○○土器。

⑤ 鎌倉時代，○○○○は禅宗（臨済宗）を伝えた。

⑥ 4世紀ごろにうまれた○○○政権（朝廷）。

《ヨコのカギ》

① 室町幕府3代将軍足利義満が保護した○○楽。

③ 廃藩置県により，地方に府○○などが派けんされた。

⑥ ○○○時代に米づくりが始まった。

⑦ 中国大陸や朝鮮半島などから日本列島へ移り住んだ○○○○○。

社会 5

貴族の世の中

なまえ　6年　組

答え→222ページ　月　日

時間 20分　合格 80点　得点 点

1 平安時代について，次の問いに答えなさい。（64点）1つ8

(1) 平城京から都が移された平安京は，今の何市にありますか。
[　　　市]

(2) 平安時代，貴族の中で強い勢力をもった藤原氏の祖先は大化の改新で活やくした人物です。この人物名を答えなさい。[　　　]

(3) 右の歌は，藤原氏が最も栄えていたときの人物がよんだものです。これについて，次の問いに答えなさい。

> この世をば　わが世とぞ思う
> もち月の　かけたることも
> なしと思えば

① この歌は，どのような気持ちをよんだものですか。次の**ア**～**エ**から1つ選び，記号で書きなさい。[　　　]

ア この世は，あの満月のように，いつまでも明るい。
イ この世は，わたしの思い通りにいかないものだ。
ウ この世は，わたしの思い通りになっている。
エ この世は，あの満月のように欠点がない。

② この人物の子で平等院鳳凰堂を建てた人物名を答えなさい。
[　　　]

(4) 貴族の生活について，正しいものには○，まちがっているものには×を書きなさい。

① 年中行事などの儀式をとり行っていた。[　　　]
② 能や狂言などを楽しんでいた。[　　　]
③ 蹴鞠や双六などを楽しんでいた。[　　　]
④ 農民といっしょに田畑で働いていた。[　　　]

2 平安時代の生活について，次の問いに答えなさい。（20点）1つ4

(1) 貴族は，右のような大きなやしきに住んでいました，このような建物を何造といいますか。
[　　　造]

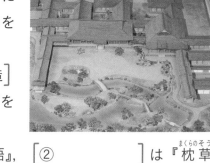

(2) 次の文の[　]にあてはまることばを書きなさい。

- [①　　　]は『源氏物語』，[②　　　]は『枕草子』を書いた。
- 平安時代にこのようなすぐれた文学作品が生み出されたのは，漢字をもとにした[③　　　]文字が発明されたためである。

(3) 平安時代には日本風の文化が栄えましたが，その原因の1つとなったできごとを，次の**ア**～**エ**から1つ選び，記号で書きなさい。
[　　　]

ア 仏教が伝えられた。　**イ** 国ごとに国分寺がつくられた。
ウ 遣隋使が停止された。　**エ** 遣唐使が停止された。

チャレンジ
3 平安時代のようすについて，正しいものには○，まちがっているものには×を書きなさい。（16点）1つ4

(1) 宮殿における女性の正装は束帯とよばれる。[　　　]
(2) 浮世絵とよばれる絵が描かれた。[　　　]
(3) 世の中に対する不安から，人々は死後に極楽浄土に行けることを願った。[　　　]
(4) 菅原道真は，平等院鳳凰堂という阿弥陀堂を建てた。[　　　]

社会⑤ 和歌の作者を問う問題

答え→222ページ　月　日

問題 右の和歌をつくった人物を，□の中から選んで書きなさい。

目標時間 1分

自分の権力(けんりょく)の大きさをじまんした歌だよ。

この世をば　わが世とぞ思う　もち月の
かけたることも　なしと思えば

藤原道長(ふじわらのみちなが)	聖徳太子(しょうとくたいし)	卑弥呼(ひみこ)

□

社会 6

鎌倉幕府と室町幕府

なまえ　6年　組

答え→223ページ　月　日

時間 25分　合格 80点　得点　点

1 鎌倉幕府にについて，次の問いに答えなさい。（40点）1つ8

(1) 右の図は，鎌倉時代の幕府と武士の関係を表しています。図の中のAにあてはまることばを**ア**～**ウ**から1つ選びなさい。［　　］

ア 主従　**イ** 農民　**ウ** ご恩

幕府（将軍）

領地を認めたり，てがらをたてた武士に領地を与えたりする。

A

奉公

幕府のために命がけで働く

武士（御家人）

(2) 守護や地頭のおもな仕事を**ア**～**エ**から1つずつ選びなさい。

守護［　　］　地頭［　　］

ア 京都で朝廷の仕事をする。

イ 農民がもっている刀や弓などを取りあげる。

ウ 軍事や警察の仕事をする。　**エ** 年貢の取りたてをする。

(3) 源氏の将軍が三代でたえたあと，執権として政治を行ったのは，何氏ですか。**ア**～**ウ**から1つ選びなさい。［　　］

ア 蘇我氏　**イ** 北条氏　**ウ** 足利氏

(4) 鎌倉幕府の勢力がおとろえたわけを**ア**～**ウ**から1つ選びなさい。［　　］

ア 元軍との戦いで多くの費用を使い，幕府の財政が苦しくなり，また家来に与える領地がなかったから。

イ 貴族や神社・寺が荘園をもつようになり，富をたくわえて，幕府に年貢を納めなかったから。

ウ 各地の守護大名が，自分の領地をもって勢力の拡大をはかったので，将軍の力が弱くなってきたから。

2 次の問いに答えなさい。

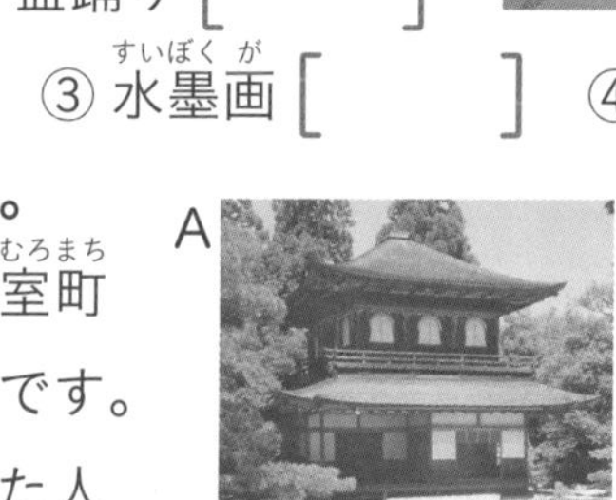

(1) 右の写真の建物のつくりを，何造といいますか。（8点）［　　造］

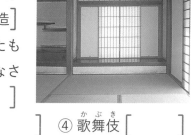

(2) この建物が建てられたころに始まったものに○，そうでないものに×を書きなさい。（12点）1つ3

① 盆踊り［　　］　② 米づくり［　　］　③ 水墨画［　　］　④ 歌舞伎［　　］

チャレンジ

3 次の問いに答えなさい。

A

B

(1) 右のA・Bの写真は，室町時代の代表的な建築物です。建築物の名まえと建てた人物の名まえを書きなさい。（20点）1つ5

建築物　A［　　］　B［　　］

人物　A［　　］　B［　　］

(2) AやBの建築物が建てられたころの世の中はどんなようすでしたか。①～④にAかBを書きなさい。（20点）1つ5

① 多くの守護大名が2つに分かれ，京都の町で11年間も争いが続いた。［　　］

② 足利氏が勢いを強め，諸国の守護大名をおさえて，幕府の力を全国におよぼした。［　　］

③ 貴族の中には，大名をたよって，住みなれた都を去っていく者もいた。［　　］

④ 幕府が中国（明）と貿易を行い大きな利益をあげた。［　　］

算数　理科　社会　英語　国語　答え

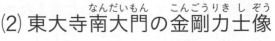

思考力トレーニング

社会 ⑥ 歴史まちがい探し

答え→223ページ

月　日

問題 ア・イのうち，正しいのはどちらですか。

目標時間 4分

(1) 東大寺の大仏

ア　イ

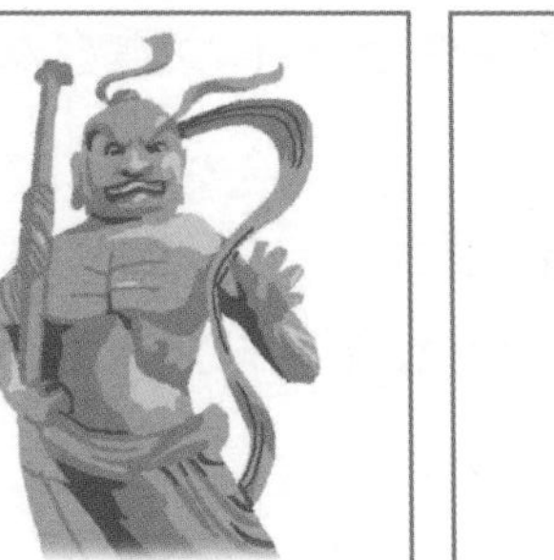

(2) 東大寺南大門の金剛力士像

ア　イ

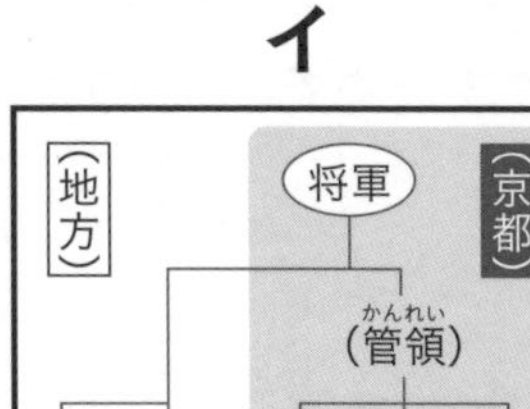

(3) 室町幕府の組織図

ア

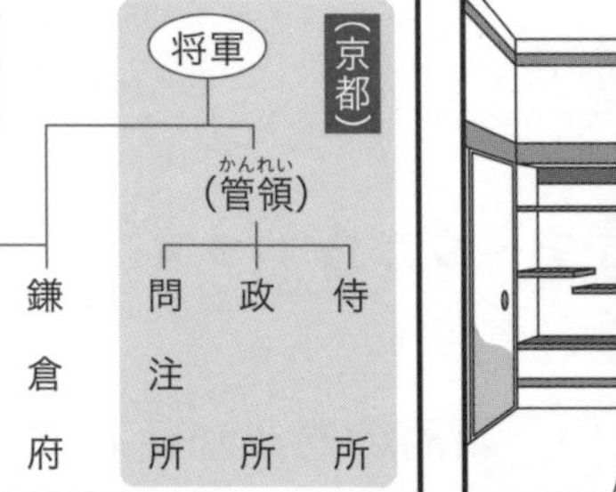

イ

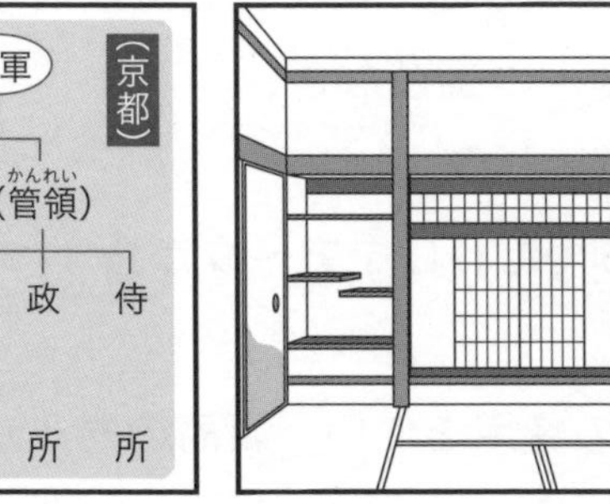

(4) 慈照寺東求堂の書院造

ア　イ

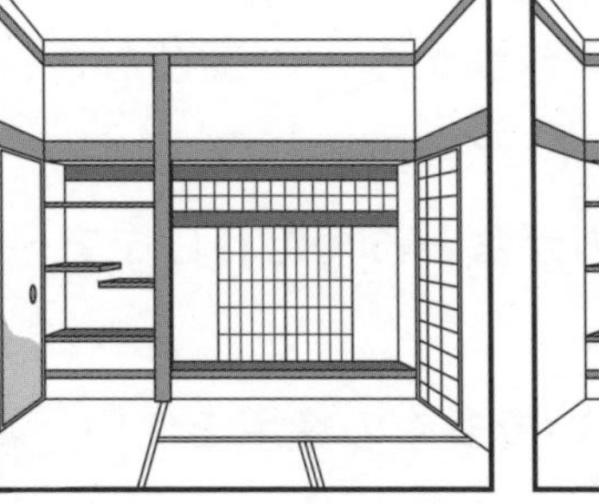

(1) □　(2) □　(3) □　(4) □

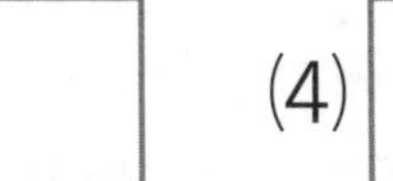

分からなかったら，
写真などを見直して
みよう。

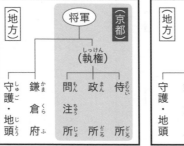

社会 7

3人の武将と全国統一

なまえ　6年　組

答え→223ページ　月　日

時間 25分　合格 80点　得点　点

1 次のア～ウの人物について，あとの問いに答えなさい。

ア　イ 　ウ 

(1) **ア～ウ**の人物の名まえをそれぞれ書きなさい。(15点) 1つ5

ア [　　　] **イ** [　　　] **ウ** [　　　]

(2) **ア～ウ**の人物を，天下統一をめざした順に並(なら)べかえなさい。(5点)

[　　→　　→　　]

(3) 次の句は，**ア～ウ**のどの武将(ぶしょう)のことをよんだとされていますか。**ア～ウ**の記号を書きなさい。(15点) 1つ5

① 鳴かぬなら　鳴かせてみせよう　ホトトギス [　　]

② 鳴かぬなら　鳴くまでまとう　ホトトギス [　　]

③ 鳴かぬなら　殺してしまえ　ホトトギス [　　]

(4) 次の文ともっとも関係の深い人物を，**ア～ウ**から1つずつ選び，記号を書きなさい。(24点) 1つ4

① 太閤検地(たいこうけんち)や刀狩(かたながり)を行った。 [　　]

② 江戸(えど)に幕府(ばくふ)を開いた。 [　　]

③ 2度にわたって朝鮮(ちょうせん)に出兵した。 [　　]

④ 鉄砲(てっぽう)を積極的に取り入れた戦術をとった。 [　　]

⑤ 楽市(らくいち)・楽座(らくざ)を行った。 [　　]

⑥ 士農工商をはっきりと分けた。 [　　]

チャレンジ 2 右の写真を見て，あとの問いに答えなさい。

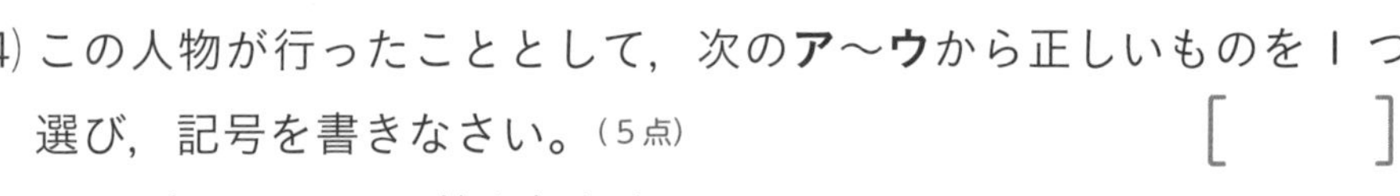

(1) この人物名を書きなさい。(5点)

[　　　]

(2) この人物は，外国から日本のどこに来ましたか。書きなさい。(6点)

[　　　]

(3) この人物が所属していた団体を何といいますか。書きなさい。(5点)

[　　　]

(4) この人物が行ったこととして，次の**ア～ウ**から正しいものを1つ選び，記号を書きなさい。(5点) [　　]

ア 日本にキリスト教を伝えた。

イ 日本に鉄砲を伝えた。

ウ 日本に新しい農業の方法を伝えた。

(5) 次の**ア～キ**の南蛮人(なんばんじん)との貿易品を，日本への輸入品(ゆにゅうひん)と，日本からの輸出品(ゆしゅつひん)に分け，それぞれ記号を書きなさい。(10点) 1つ5

輸入品 [　　　]

輸出品 [　　　]

ア 鉄砲　**イ** 火薬　**ウ** 毛織物(けおりもの)　**エ** 絹織物(きぬおりもの)　**オ** 時計

カ 銀　**キ** ガラス製品(せいひん)

(6) 南蛮人とは，どこの国の人々のことですか。書きなさい。

[　　　] [　　　] (10点) 1つ5

算数　理科　社会　英語　国語　答え

思考力トレーニング

社会 ⑦　建物シルエットクイズ

答え→223ページ　月　日

問題　次の4つのシルエットは，世界遺産(いさん)に指定されている建物を表しています。それぞれ何ですか。

目標時間　3分

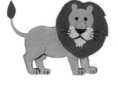

ヒントも見つつ，何の建物か考えてみよう。

(1)

ヒント　10円玉のデザイン。

(2)

ヒント　足利義満(あしかがよしみつ)が建てた。

(3)

ヒント　金剛力士像(こんごうりきしぞう)が置かれている。

(4)

ヒント　美しい白壁(しらかべ)。

(1)　　　(2)　　　(3)　　　(4)

社会 8

江戸幕府の政治

なまえ　6年　組

答え→223ページ　月　日

時間 25分　合格 80点　得点　点

1 江戸時代の政治について，あとの問いに答えなさい。

(1) 次の資料は，江戸時代につくられたきまりです。これを見て，各問いに答えなさい。(24点) 1つ8

- 将軍の許可なしに，大名の家どうしで結こんしてはいけない。
- 大名は，毎年4月に[　　]すること。近ごろは，[　　]の人数が多すぎるので，少なくすること。

① この決まりを何といいますか。[　　]

② [　　]に共通してあてはまることばを答えなさい。[　　]

③ [　　]の制度を定めた人物を次の**ア**～**ウ**から選び，記号を書きなさい。[　　]

ア 徳川家康　**イ** 徳川家光　**ウ** 徳川秀忠

(2) 次の①～③にあてはまる大名の種類を，[　　]からそれぞれ選びなさい。(18点) 1つ6

①[　　] ②[　　] ③[　　]

① 徳川家の親せきの大名

② 古くからの徳川家の家来の大名

③ 関ヶ原の戦いの後に徳川家に従った大名

外様	譜代	親藩

(3) 上の①～③のうち，その多くが江戸から遠いところに配置されたのは，どの大名ですか。番号で答えなさい。(4点) [　　]

チャレンジ

2 右のグラフは，ある時期の江戸時代の身分ごとの人口の割合をしめしたものです。次の①～③にあてはまるものを，グラフ中のア～ウからそれぞれ選び，記号で書きなさい。 (24点) 1つ8

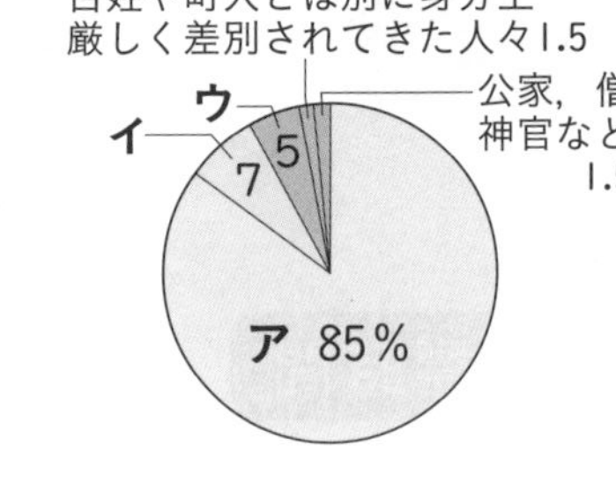

① 武士　② 百姓　③ 町人

①[　　] ②[　　] ③[　　]

3 江戸時代の貿易について，あとの問いに答えなさい。

(1) 次の文の[　]にあてはまることばを書きなさい。(12点) 1つ6

① 江戸幕府は，最初，[　　]という許可状を大名や商人にあたえて，貿易を行っていた。

② 東南アジア各地に[　　]とよばれる日本人の町がつくられた。

(2) 次のうち，正しいものには○，まちがっているものには×を書きなさい。(12点) 1つ4

① 幕府をたおそうとして，島原・天草一揆がおこった。[　　]

② 幕府は，キリストの像を踏ませる絵踏みを行った。[　　]

③ 貿易は，横浜の港に限って貿易を行うことを認めた。[　　]

(3) 幕府が貿易を行うことを認めた国を，次の**ア**～**エ**から2つ選び，記号を書きなさい。(6点) 1つ3 [　　]・[　　]

ア スペイン　**イ** オランダ　**ウ** 中国　**エ** イギリス

思考力トレーニング

社会 ⑧　歴史推理クイズ

答え→223ページ　月　日

問題　お皿を割ったのはだれですか。

目標時間　3分

あてはまらない人に×をうつと分かりやすいよ。

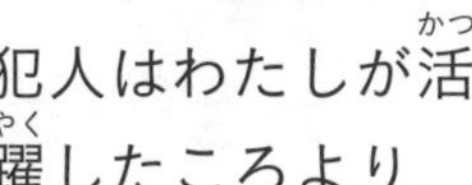

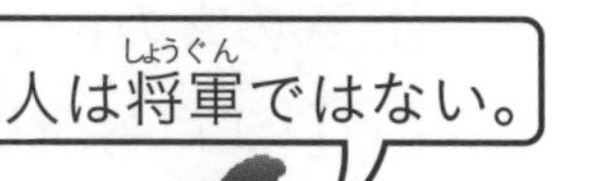

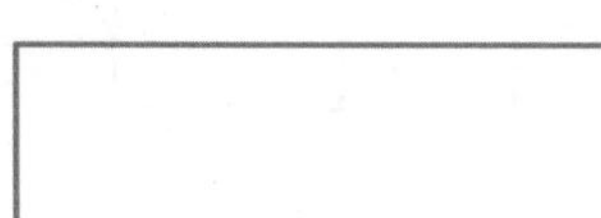

足利義満「わしが貿易を始めた国を犯人は攻めようとした。」

足利尊氏「孫の言うとおりだ。」

織田信長「割った奴はさっさと名乗り出るがいい。」

藤原道長「犯人は幕府を開いた人物のとなりにいる。」

源頼朝「犯人は将軍ではない。」

豊臣秀吉「犯人の名は、わしの口からは言えん。」

徳川家康「だれが犯人かは知らんが、わかるまでじっくり待つとするわ。」

源義経「犯人はわたしが活躍したころより、あとの世の人物だ。」

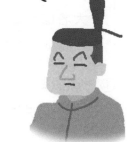

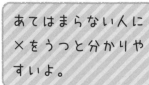

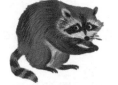

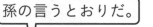

社会 9

江戸時代の文化

なまえ　6年　組

答え→223ページ　月　日

時間 25分　合格 80点　得点　点

1 江戸時代の文化について，あとの問いに答えなさい。

(1) 江戸時代に栄えた都市のうち，商業が発達し「天下の台所」とよばれた都市を，次の**ア**～**ウ**から1つ選び，記号を書きなさい。(5点)

ア 江戸　**イ** 京都　**ウ** 大阪　［　　］

(2) 次の文の［　］にあてはまることばを書きなさい。(16点) 1つ8

① 芝居小屋で行われた，［　　　　］とよばれる演劇が人気を集めた。

② ［　　　　］とよばれる多色刷りの版画が多くの人に親しまれた。

(3) 次の①～③にあてはまる人物を，次の**ア**～**ウ**からそれぞれ選び，記号を書きなさい。(18点) 1つ6

① 人形浄瑠璃の脚本などを書いた作家。［　　］

② 東海道の名所風景をえがいた画家。［　　］

③ 右の絵をえがいた画家。［　　］

ア 葛飾北斎　**イ** 歌川広重　**ウ** 近松門左衛門

(4) (3)の①の作家が書いた作品について説明した文として正しいものを次の**ア**～**エ**から1つ選び，記号を書きなさい。(5点)［　　］

ア 武士の一族が栄えた後，ほろんでいくようすをえがいた。

イ 貴族のくらしや心の動きを，こまやかに表現した。

ウ 町人の生き生きとしたすがたや，義理人情をえがいた。

エ 宮廷の生活や自然の変化についてえがいた。

チャレンジ

2 次の文は，江戸時代に活やくした人物の自己しょうかい文です。これを読んで，あとの問いに答えなさい。(56点) 1つ7

A	わたしは，前野良沢たちといっしょにオランダ語の医学書をほん訳し，『　　』と名付けて出版しました。
B	わたしは，全国を測量し，正確な日本地図をつくりました。
C	わたしは，日本古来の考え方を大切にする学問を研究し，『　　』という書物を完成させました。

(1) A～Cの人物を，次の**ア**～**ウ**からそれぞれ選び，記号を書きなさい。

A［　　］　B［　　］　C［　　］

ア 本居宣長　**イ** 伊能忠敬　**ウ** 杉田玄白

(2) AとCの□にあてはまる書物名をそれぞれ答えなさい。

A［　　　　］　C［　　　　］

(3) 次の①・②の説明にあてはまる学問をそれぞれ何といいますか。

① Aのオランダを通じて日本に伝わった，ヨーロッパの新しい知識や技術を学ぶ学問。

② Bの日本古来の考え方を大切にする学問。

①［　　　　］　②［　　　　］

(4) 江戸時代に全国各地に開かれ，百姓や町人の子どもたちが読み・書き・そろばんなどを学んだところを何といいますか。

［　　　　］

歴史文化迷路

答え→223ページ　月　日

問題　スタートからゴールまで進みなさい。ただし，カードの内容が表すもっともふさわしい時代が室町時代のときは「⬅」，安土・桃山時代のときは「⬇」，江戸時代のときは「➡」へ進みます。

目標時間　3分

何の写真なのかも分かるようにしておこう。

社会 10

開国と明治維新

なまえ　6年　組

答え→223ページ　月　日

時間 25分　合格 80点　得点　点

1 次の年表を見て，あとの問いに答えなさい。

年代	できごと
1853年	①[　　]が4せきの軍艦を率いて来航し開国を求める
1854年	②[　　]を結び，アメリカと国交を開く
1858年	③[　　]を結び，アメリカとの貿易を始める
1867年	15代将軍の④[　　]が政権を朝廷に返す

(1) 年表中の①・④にあてはまる人物名をそれぞれ答えなさい。

①[　　　　]　④[　　　　]　(20点) 1つ10

(2) 年表中の②・③にあてはまる条約名を，次のア・イからそれぞれ選び，記号を書きなさい。(10点) 1つ5　①[　　]　②[　　]

ア 日米和親条約　**イ** 日米修好通商条約

(3) 幕府をたおすために活やくした次の①〜④の人物は，どの藩の出身ですか。あとの**ア**〜**ウ**からそれぞれ選び，記号を書きなさい。(20点) 1つ5

① 大久保利通　② 西郷隆盛　③ 坂本竜馬　④ 木戸孝允

①[　　]　②[　　]　③[　　]　④[　　]

ア 長州藩　**イ** 薩摩藩　**ウ** 土佐藩

2 次の問いに答えなさい。(20点) 1つ10

(1) 明治時代になってからの人々のくらしの変化について，正しいものを次の**ア**〜**カ**からすべて選び，記号を書きなさい。[　　]

ア ざんぎり頭　**イ** ラジオ放送　**ウ** 郵便制度の開始

エ 牛なべの流行　**オ** 給食の開始　**カ** 太陽暦の採用

(2) (1)のような変化は，とくに何とよばれましたか。[　　　　]

3 明治時代の政治について，あとの問いに答えなさい。(30点) 1つ5

チャレンジ

(1) 右の資料は，1868年に明治天皇の名で出した政治の方針です。これを何といいますか。

[　　　　]

> 一　政治のことは，会議を開き，みんなの意見を聞いて決めよう。
> 一　みんなが心を合わせ，国の政策を行おう。

(2) 次の①〜③にあてはまることばを，あとの**ア**〜**エ**からそれぞれ選び，記号を書きなさい。

① 藩をはい止して県や府を置き，政府が任命した役人に治めさせるようにしたこと。[　　]

② ヨーロッパの国々に追いつくため，工業をさかんにし，強い軍隊をもつこと。[　　]

③ 官営工場をつくるなど，近代的な工業をさかんにするために行った政策。[　　]

ア 廃藩置県　**イ** 版籍奉還　**ウ** 殖産興業　**エ** 富国強兵

(3) 国の収入を安定させるために，土地に対する税のしくみを改めたことを何といいますか。[　　　　]

(4) 徴兵令の内容として正しいものを，次の**ア**〜**ウ**から1つ選び，記号を書きなさい。[　　]

ア 20才以上の男女に軍隊に入ることを義務づけた。

イ 20才以上の男子に軍隊に入ることを義務づけた。

ウ 18才以上の男子に軍隊に入ることを義務づけた。

思考力トレーニング

社会 ⑩

征夷大将軍まちがい探し

答え→223ページ　月　日

問題 次の中で，征夷大将軍（せいいたいしょうぐん）になっていない人物に ◯ をつけなさい。３人います。

目標時間 5分

征夷大将軍になった
人を消していって，
残った人だよ。

足利義教（あしかがよしのり）　足利義勝（よしかつ）　徳川綱吉（とくがわつなよし）　徳川家継（いえつぐ）

源 義経（みなもとのよしつね）　徳川家定（いえさだ）

足利義政（よしまさ）　足利義尚（よしひさ）　源頼家（よりいえ）

徳川慶喜（よしのぶ）　徳川秀忠（ひでただ）

藤原頼経（ふじわらのよりつね）　足利義昭（よしあき）　徳川家茂（いえもち）

足利義量（よしかず）　源実朝（さねとも）　足利義詮（よしあきら）

坂上田村麻呂（さかのうえのたむらまろ）　藤原道長（みちなが）　足利義満（よしみつ）

徳川吉宗（よしむね）　徳川家康（いえやす）　足利義持（よしもち）　徳川家宣（いえのぶ）

足利義澄（よしずみ）　徳川家綱（いえつな）　藤原頼嗣（よりつぐ）　豊臣秀吉（とよとみひでよし）

源頼朝（よりとも）　徳川家光（いえみつ）　足利尊氏（たかうじ）

社会 11

憲法の発布と日清・日露戦争

なまえ　6年　　組

答え→223ページ　　月　　日

時間 25分　合格 80点　得点　　点

1 あとの問いに答えなさい。(30点) 1つ5

(1) 次の文の[　]にあてはまることばを書きなさい。

1877年，政府の改革に不満をもつ鹿児島の[①　　　　]たちが西郷隆盛を中心に起こした戦争を[②　　　　]という。

(2) 各地に広まった，国会を開き，憲法をつくることなどを求める動きを何といいますか。　[　　　　]

(3) 次の①～③にあてはまる人物を，あとの**ア～ウ**からそれぞれ選び，記号を書きなさい。

① ヨーロッパにわたり，ドイツなどの憲法を学んだ。　[　　]

② 国会を開くように求める署名を政府に提出した。　[　　]

③ 国会の開設に備えて，立憲改進党をつくった。　[　　]

ア 大隈重信　**イ** 伊藤博文　**ウ** 板垣退助

2 大日本帝国憲法について，あとの問いに答えなさい。(20点) 1つ5

(1) 大日本帝国憲法で，国を治める主権をもつのは天皇，国民のうち，どちらとされましたか。　[　　　　]

(2) 大日本帝国憲法について，次のうち，正しいものには○，まちがっているものには×を書きなさい。

① 天皇が国民にあたえるという形で発布された。　[　　]

② 帝国議会は，衆議院と参議院からなっていた。　[　　]

③ 帝国議会の議員を選ぶ権利をあたえられたのは，25才以上のすべての男女だった。　[　　]

3 条約改正について，次の文の[　]にあてはまることば・人名を，あとのア～エからそれぞれ選び，記号を書きなさい。(16点) 1つ4

①[　　]を認めていたため，外国人が日本国内で罪をおかしても，日本の法律ではさばくことができなかった。	⇒	1894年，外務大臣②[　　]がなくすことに成功した。
外国からの輸入品にかける税金を自由に決めることができる③[　　]が認められていなかった。	⇒	1911年，外務大臣②[　　]が回復に成功した。

ア 領事裁判権　**イ** 関税自主権　**ウ** 小村寿太郎　**エ** 陸奥宗光

①[　　]　②[　　]　③[　　]　④[　　]

チャレンジ

4 あとの問いに答えなさい。

(1) 次のうち，日清戦争に関することにはA，日露戦争に関することにはBを書きなさい。(16点) 1つ4

① 朝鮮の内乱をきっかけとして始まった。　[　　]

② 日本海での戦いで東郷平八郎が活やくした。　[　　]

③ 戦争の結果，日本は賠償金を得た。　[　　]

④ 与謝野晶子が戦場の弟を思う詩を発表した。　[　　]

(2) 次の①～③にあてはまる人物を，あとの**ア～ウ**からそれぞれ選び，記号を書きなさい。(18点) 1つ6

① 破傷風の治りょうの方法を発見した。　[　　]

② 赤痢菌を発見し，その治りょう薬をつくることに成功した。　[　　]

③ 原因不明の黄熱病の研究をした。　[　　]

ア 志賀潔　**イ** 北里柴三郎　**ウ** 野口英世

思考力トレーニング

社会⑪ お札クイズ

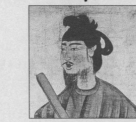

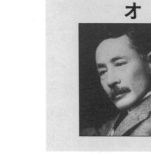

答え→224ページ　月　日

問題 ア～クのうち，お札のデザインに使われたことがないのは，だれですか。

目標時間 3分

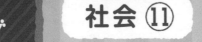

ア～クのうち，使われたことのない人物は，1人だけだよ。

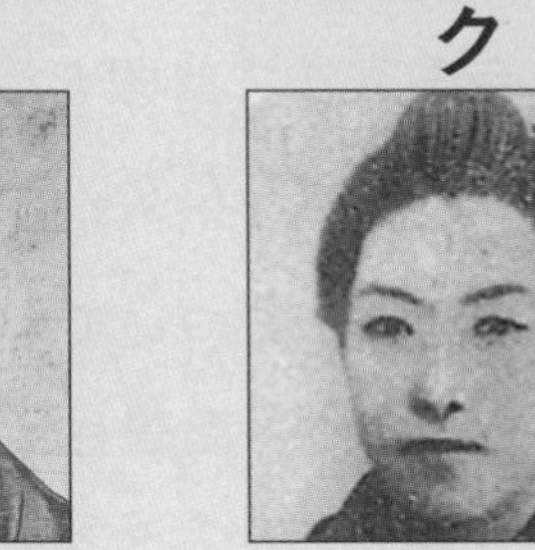

ア　イ　ウ　エ

オ　カ　キ　ク

社会 12

戦争への道

なまえ　　6年　　組

答え→224ページ　　月　　日

時間 25分　合格 80点　得点　　点

チャレンジ

1 次の年表を見て，あとの問いに答えなさい。(30点) 1つ5

年　代	できごと
1931年	満州にいた日本軍が中国軍をこうげきする………A
1932年	満州国ができる………B
1933年	日本が[　]をだっ退する………C
1937年	日中戦争が始まる………D

(1) 年表中のAが原因となっておこったできごとを何といいますか。
[　　　　]

(2) 年表中のBについて，満州国の位置を，地図中のア～エから1つ選び，記号を書きなさい。[　　]

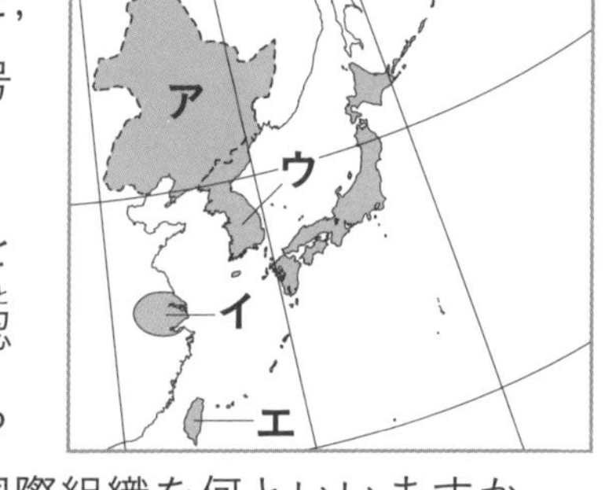

(3) 年表中のCについて，日本は満州国を独立させましたが，ある国際機関が認めなかったため，日本はその組織からだっ退しました。[　]にあてはまる国際組織を何といいますか。
[　　　　]

(4) 年表中のDの日中戦争について，正しいものには○を，まちがっているものには×を書きなさい。

① 日本軍と中国軍がシャンハイの近くでしょうとつしたことから始まった。[　　]

② 日本軍は戦争を早く終わらせようとして首都をせめた。[　　]

③ 日本軍はせん領したペキンで，ほりょにした兵士など，多くの人の命をうばった。[　　]

2 あとの問いに答えなさい。(70点) 1つ7

(1) 次の①・②の戦争をそれぞれ何といいますか。
①[　　　　]　②[　　　　]

① 1939年，ヨーロッパから世界に広がった戦争

② 1941年，日本軍がハワイの真珠湾にあったアメリカ軍基地をこうげきしたことなどから始まった戦争

(2) 日本が同盟を結んだヨーロッパの国を，次のア～エから2つ選び，記号を書きなさい。[　　][　　]

ア イギリス　**イ** フランス　**ウ** イタリア　**エ** ドイツ

(3) 戦争中のくらしについて，正しいものには○を，まちがっているものには×を書きなさい。

① 中学生も勉強をせず，工場で働くようになった。[　　]

② 空しゅうがはげしくなると，都市部の小学生は地方へ集団でそ開した。[　　]

③ 米や野菜，衣類なども配給制となり，国から配られた。[　　]

④ 戦争反対の人は自由に意見をいうことができた。[　　]

(4) 1945年，次の①・②の日にアメリカ軍によって原子爆弾が落とされた都市を，地図中のア～エからそれぞれ選び，記号を書きなさい。

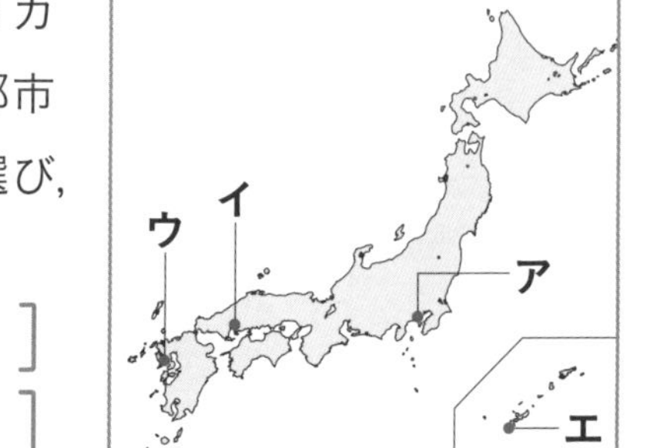

① 8月6日　[　　]

② 8月9日　[　　]

歴史新聞クイズ

答え→224ページ　月　日

問題　次の新聞の写真に入る人物はだれですか。

目標時間　1分

この新聞が，何の事件のことを書いたものか考えてみよう。

歴史新聞

クーデター！○○首相暗殺

海軍将校一団が首相官邸で!!

暗殺された○○首相

ア　原（はら）　敬（たかし）　イ　犬養毅（いぬかいつよし）　ウ　大隈重信（おおくましげのぶ）　エ　東条英機（とうじょうひでき）

社会 13

現代の日本

なまえ　6年　組

答え→224ページ　月　日

時間 25分　合格 80点　得点　点

1 戦後の日本について，あとの問いに答えなさい。(25点) 1つ5

(1) 第二次世界大戦後，日本はアメリカを中心とする何軍にせん領されましたか。 [　　　]

(2) 戦後のおもな改革について，正しいものには○を，まちがっているものには×を書きなさい。

① 1946年11月3日，新しい日本国憲法がし行された。 [　　]

② 女性の参政権が認められた。 [　　]

③ 政党が解散させられた。 [　　]

④ 小作農家も農地をもてるようになった。 [　　]

2 戦後の国際社会について，あとの問いに答えなさい。(25点) 1つ5

(1) 世界の平和を守るため，1945年につくられた国際組織を何といいますか。 [　　　]

(2) 日本がアメリカ・イギリスなど48か国と平和条約を結んだ都市を，次のア～ウから1つ選び，記号を書きなさい。 [　　]

ア ワシントン　**イ** ニューヨーク　**ウ** サンフランシスコ

(3) (2)の平和条約と同時にアメリカとの間で結ばれた条約を何といいますか。 [　　　]

(4) 次の文の[　]にあてはまる国名を書きなさい。

日本の支配から解放された朝鮮は，北部の[①　　　]と南部の[②　　　]に分かれて対立した。

3 次のグラフは，電化製品のふきゅうのようすを示したものです。これを見て，あとの問いに答えなさい。(50点) 1つ5

チャレンジ

※1963年以前は都市，それ以降は全世帯
(「家計消費の動向」ほか)

(1) グラフ中の①・②にあてはまる電化製品を，次のア～ウからそれぞれ選び，記号を書きなさい。

①[　　]　②[　　]

ア 電気洗たく機

イ 白黒テレビ

ウ 電気冷蔵庫

(2) 1960年代後半からふきゅうし始めた，乗用車，クーラー，カラーテレビをあわせて何といいますか。 [　　　]

(3) 次の文の[　]にあてはまることばを書きなさい。

1964年，アジアで初となる[①　　　]が開かれ，東京と大阪の間では[②　　　]が開通した。

(4) グラフの電化製品が急速にふきゅうした1960年代に，日本はめざましい経済の発展をとげました。このことを何といいますか。 [　　　]

(5) 1960～70年代について，正しいものには○を，まちがっているものには×を書きなさい。

① 1960年，政府は国民所得倍増計画を発表した。 [　　]

② 1968年には国民総生産額が世界1位となった。 [　　]

③ 水俣病などの公害が発生した。 [　　]

④ 1972年，沖縄が日本に返かんされた。 [　　]

算数　理科　社会　英語　国語　答え

思考力トレーニング　社会⑬

歴史の色あて問題

答え→224ページ　月　日

問題　次の各問題の□にあてはまる色を下から選びなさい。(同じ色を何度選んでもかまいません)。

目標時間　5分

① 冠位十二階で，冠に使われた色は□・□・□・□・□・□と考えられています。

② 弥生時代，大陸から鉄器や□銅器が伝わりました。

③ 因幡の□うさぎ。

④ 室町時代，足利義満は□閣，足利義政は□閣を建てました。

⑤ 徳川家康は海外渡航者に□印状をあたえました。

⑥ □年海外協力隊。

⑦ オリンピックの象徴である五輪のマークに使われている色は□・□・□・□・□です。

青　赤　白　朱　金　銀　黒　緑　紫　黄

①・⑦が分からない場合は，本やインターネットなどで調べてみよう。

社会 14

日本と関係の深い国々

なまえ　6年　組

答え→224ページ　月　日

時間 25分　合格 80点　得点　点

1 アメリカ・韓国・オーストラリア・サウジアラビアについて，あとの問いに答えなさい。

(1) それぞれの国の首都を答えなさい。(20点) 1つ5

アメリカ［　　］　韓国［　　］

オーストラリア［　　］　サウジアラビア［　　］

(2) それぞれの国を，右の地図の**ア**〜**キ**から選びなさい。(20点) 1つ5

アメリカ［　　］

韓国［　　］

オーストラリア［　　］

サウジアラビア［　　］

(3) 次の日本の輸入品のグラフは，どの国からのものと考えられますか。記号を書きなさい。(20点) 1つ5

(2019/20年版「日本国勢図会」)

アメリカ［　　］　韓国［　　］

オーストラリア［　　］　サウジアラビア［　　］

2 右の写真を見て，次の問いに答えなさい。(20点) 1つ4

(1) 写真はアメリカでいちばん人口の多い都市です。都市の名まえを書きなさい。

［　　］

(2) (1)の都市について，次の［　］にあてはまることばを書きなさい。

市内には［①　　］ビルが建ち並び，世界の国々の大会社の事務所がある。また，［②　　］の本部もあって，世界各国の外交官が活やくするなど，世界の国々の［③　　］や経済に大きなえいきょうをあたえている。一方で，［④　　］差別や貧富の差などの問題も残っている。

チャレンジ

3 次の文は，下のどの国の子どもたちのことを述べていますか。記号で答えなさい。(20点) 1つ4

(1) 正月など祭日には民族衣装のチマ・チョゴリを着る。［　　］

(2) 学校では，アラビア語の勉強をする。［　　］

(3) 教室では，人種や民族のちがう友達が，いっしょに勉強している。［　　］

(4) かつて，人口のふえすぎを防ぐために，「一人っ子政策」がとられていた。［　　］

ア サウジアラビア　**イ** 中国　**ウ** 韓国　**エ** アメリカ

国旗クイズ

答え→224ページ　月　日

問題　次の２人の国の国旗をア～クからさがしなさい。

目標時間　１分

(1) ＿＿＿　(2) ＿＿＿

(1)は日本の西，(2)は日本の南にある国だよ。

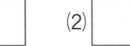

(1)

わたしの国の首都はソウルです。
わたしの国のことばで「こんにちは」は「안녕하세요. アンニョンハセヨ」と言います。

(2)

ぼくの国の首都はキャンベラです。
ぼくの国のことばで「こんにちは」は「Hello, ハロー」と言います。

ア　イ　ウ　エ　オ　カ　キ　ク

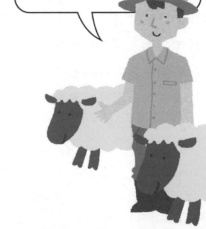

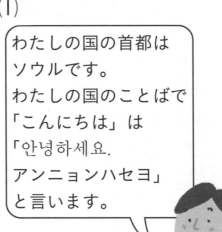

社会 15

世界の平和と国際連合

なまえ　6年　組

答え→224ページ　月　日

時間 25分　合格 80点　得点　点

1 国際連合について，あとの問いに答えなさい。(48点) 1つ8

(1) 右の資料は，国際連合の組織の目的や精神をまとめたものです。これを何といいますか。［　　］

> 世界の平和と安全を守り，国と国との争いは，話し合いによって解決する。

(2) 国際連合の加盟国数を，次のア～エから1つ選び，記号を書きなさい（2019年現在）。［　］

ア 51か国　イ 101か国

ウ 193か国　エ 237か国

(3) 教育・科学・文化を通じて平和な社会をつくることを目的とする国際機関をカタカナで何といいますか。［　　］

(4) (3)が行っている活動を，次のア～エから1つ選び，記号を書きなさい。［　］

ア うえで苦しむ子どもたちに給食の支えんを行う。

イ 予防接種を受けられるようにする。

ウ 世界のかん境を守る運動を行う。

エ 世界の高れい者の健康を守る。

(5) 次の文の［　］にあてはまることばを書きなさい。

① ［　　］は，国際社会で争いがおこったときに，戦争の広がりを防いだりする活動であり，日本の自衛隊も派けんされたことがある。

② 戦争やふん争などの危険からのがれるため，自分の国をはなれた人を［　　］という。

2 地球かん境問題について，あとの問いに答えなさい。(28点) 1つ7

(1) 二酸化炭素などの温室効果ガスの増加が原因で，地球の気温が上しょうする現象を何といいますか。［　　］

(2) 次の①～③にあてはまるかん境問題を何といいますか。あとのア～ウからそれぞれ選び，記号を書きなさい。

①［　］②［　］③［　］

① 開発のために木がばっ採されて，森林面積が減っていくこと。

② 森林や草地，農地だったところがあれ地になっていくこと。

③ 自動車や工場から出るガスが雨にとけて降り，森林がかれたり，湖の魚が死んだりすること。

ア 熱帯雨林の減少　イ さばく化　ウ 酸性雨

チャレンジ 3 国際社会について，あとの問いに答えなさい。(24点) 1つ8

(1) 自分の知識や技術を生かしたいという意欲をもった人たちを，発展と上の国などに派けんする国際協力活動を何といいますか。［　　］

(2) 次の①・②のアルファベットでの名前を，あとのア～エからそれぞれ選び，記号を書きなさい。

① 困っている国の人々の生活を向上させるため，政府が行うえん助。

② 各国の政府や国連から独立して活動を行う民間の団体。

①［　］②［　］

ア JICA　イ NGO　ウ ODA　エ AMDA

国連機関スケルトン

答え→224ページ 月　日

問題 □中のアルファベットをつないで，スケルトンを完成させなさい（アルファベットの入る方向は上から下か，左から右のいずれかです）。残った国際機関はどれですか。

目標時間 8分

Iから始まる4文字の国連機関はどれかな。まず，そこから始めよう。

■	U	N	I	C	E	F
■	■	■		■	■	
■						
■		■		■	■	■
			■	■	■	
■		■	■	■	■	
■		■				O

UNICEF（ユニセフ）は国連児童基金の略称（りゃくしょう）です。

FAO　（国連食糧農業機関）
IAEA　（国際原子力機関）
ILO　（国際労働機関）
IMF　（国際通貨基金）
UNESCO　（国連教育科学文化機関）
UNHCR　（国連難民高等弁務官事務所）
WIPO　（世界知的所有権機関）
WHO　（世界保健機関）

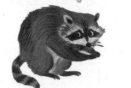

残った国際機関 [　　　　]

仕上げテスト

なまえ　6年　組

答え→224ページ　月　日

時間 25分　合格 80点　得点　点

1 日本国憲法や政治について，あとの問いに答えなさい。(35点) 1つ5

(1) 日本国憲法の３つの原則は，基本的人権の尊重，平和主義とあと１つは何ですか。[　　]

(2) 日本国憲法で定められている基本的人権のうち，次のように定められている人権を何といいますか。

健康で文化的な最低限度の生活を営む権利　[　　]

(3) 次の①〜③は，どこのはたらきで実現されますか。あとの**ア〜ウ**からそれぞれ選び，記号を書きなさい。

① 国の法律を決めたり，予算を決めたりする。[　　]

② 法律にもとづいて問題を解決し，国民の権利を守る。[　　]

③ 法律や予算をもとに，実際に政治を行う。[　　]

ア 内閣　**イ** 国会　**ウ** 裁判所

(4) 次の文の[　]にあてはまることばを書きなさい。

内閣は内閣総理大臣と[①　　]で構成され，国会は衆議院と[②　　]からなる。

2 国際社会について，あとの問いに答えなさい。(15点) 1つ5

(1) 次の①・②の国際連合の機関をそれぞれカタカナで何といいますか。

①[　　]　②[　　]

① 世界的に貴重な文化財や自然を世界遺産に登録する。

② 世界の子どもたちが平和で健康な生活ができるように活動する。

(2) 次の文の[　]にあてはまることばを書きなさい。

地球温暖化の原因となっているのは，二酸化炭素などの[　]ガスである。[　　]

チャレンジ

3 次の年表を見て，あとの問いに答えなさい。(50点) 1つ5

(1) 年表中の①〜④にあてはまることばや人物名を答えなさい。

①[　　]

②[　　]

③[　　]

④[　　]

年代	できごと
604	①[　　]が十七条の憲法を定める
	↕ A
752	東大寺の大仏がつくられる
	↕ B
1192	②[　　]が征夷大将軍となる
	↕ C
1221	③[　　]の乱がおこる
	↕ D
1404	足利義満が日明貿易を行う
	↕ E
1590	④[　　]が全国を統一する
	↕ F
1867	徳川慶喜が朝廷に政権を返す
	↕ G
1904	日露戦争がおこる
	↕ H
<u>1945</u>	太平洋戦争が終わる

(2) 人物名とそれに関連するものの正しい組み合わせを，次から２つ選び，記号で書きなさい。[　　][　　]

ア 紫式部―『源氏物語』

イ 鑑真―法隆寺

ウ 雪舟―浮世絵

エ 本居宣長―国学

(3) 次の①〜③のできごとは，年表中のA〜Hのうちどこにあてはまりますか。記号で書きなさい。

① 応仁の乱がおこり，戦国時代が始まる。[　　]

② 藤原氏が摂政・関白となって政権をにぎる。[　　]

③ 内閣制度がつくられ，大日本帝国憲法が発布される。[　　]

(4) 下線部の1945年に広島に原子爆弾が落とされたときに残った，世界遺産に登録されている建物を何といいますか。[　　]

社会 ⑯ 社会クロスワード

答え→224ページ　　月　　日

問題 クロスワードを完成させなさい（答えはカタカナで，また，小さな文字は大きな文字で書いてください）。

目標時間 7分

①		②	③	
	■	④		■
⑤	⑥	■	■	⑦
⑧		⑨		
	■		■	

《タテのカギ》

① 天台宗(てんだい)を開いた人物。
② 卑弥呼(ひみこ)のことは『〇〇』倭人伝(わじんでん)に書かれている。
③ 三重(みえ)県西部は昔，〇〇の国と呼ばれていた。
⑥ 平清盛(たいらのきよもり)は，中国の〇〇という国と貿易をした。
⑦ 豊臣秀吉(とよとみひでよし)の〇〇〇がり。
⑨ 平安京(へいあんきょう)は〇〇の都をまねた。

《ヨコのカギ》

① 衆議院(しゅうぎいん)と〇〇〇〇〇。
④ 琵琶(びわ)湖がある〇〇県。
⑤ 明治(めいじ)時代の〇〇改正。
⑧ 十七条の憲法(けんぽう)を定めたのは，し〇〇〇〇〇いし。

ヨコの②は，明治時代の初期の政策だよ。

英語 1

自己(じこ)しょうかい

なまえ　6年　組

答え→225ページ　月　日

時間 20分　合格 80点　得点　点

1 (　)内のアルファベットを並(なら)べかえて英単語を完成させなさい。

(15点) 1つ5

(1) 話す (a, e, s, k, p)

(2) くだもの (i, u, t, r, f)

(3) 教科 (j, c, u, s, e, b, t)

2 次の英文が表す最も適切な日本語を選び，記号で答えなさい。

(15点) 1つ5

(1) I am from Tokyo. [　　]

ア 私(わたし)は東京に住んでいます。　イ 私は東京にいます。

ウ 私は東京出身です。

(2) I'm good at soccer. [　　]

ア 私はサッカーが得意です。　イ 私はサッカーがきらいです。

ウ 私はサッカーが好きです。

(3) Where is my cat? [　　]

ア これは私のネコですか。　イ 私のネコはどこですか。

ウ あなたはどこの出身ですか。

3 日本語に合う英文になるように，＿＿にあてはまる英単語を□から選んで書きなさい。(30点) 1つ10

(1) 私のなまえは山田なおみです。

My name ＿＿＿＿ Yamada Naomi.

(2) 私はテニスをします。

I ＿＿＿＿ tennis.

(3) 私は料理をすることができます。

I can ＿＿＿＿.

play
cook
is

4 チャレンジ 次の質問に対する正しい答えを下から選んで，記号で答えなさい。

(40点) 1つ10

(1) When is your birthday? [　　]

(2) What sport do you like? [　　]

(3) What is your favorite color? [　　]

(4) What animals do you like? [　　]

ア I like swimming.
イ I like pandas.
ウ My birthday is August 15th.
エ My favorite color is red.

英語 ①　自己しょうかいをする

答え→225ページ　月　日

問題 1　イラストが表す自己しょうかい文を選び，記号を○で囲みなさい。

目標時間　4分

Takeshi

ア I am Takeshi.
I play baseball.
I like dogs.

イ I'm Takeshi.
I play basketball.
I have a dog.

ウ My name is Takeshi.
I like basketball.
I have a rabbit.

問題 2　3つのパズルを組み合わせて意味の通る英文を3つ作りなさい。同じ英単語を2度使ってもかまいません。

目標時間　4分

speak　Osaka.
I　from　soccer.
I'm
play　English.

英語 2

日本の文化

なまえ　6年　組

答え→225ページ　月　日

時間 20分　合格 80点　得点　点

1 **次の絵に合う英単語を，□から選んで書きなさい。**（30点）1つ10

(1) すっぱい

(2) 苦い

(3) あまい

sweet
sour
bitter

2 **次の英文が表す最も適切な日本語を選び，記号で答えなさい。**（20点）1つ10

(1) You can enjoy fireworks.　[　　]

ア あなたは花火をすることができます。
イ あなたは花火を見ることができます。
ウ あなたは花火を楽しむことができます。

(2) The temple is very popular in Japan.　[　　]

ア その城(しろ)は日本でとても人気があります。
イ その寺は日本でとても人気があります。
ウ その寺は日本でとても有名です。

3 **日本語に合う英文になるように，＿＿にあてはまる英単語を（　）から選んで書きなさい。**（30点）1つ10

(1) 日本へようこそ。

Welcome ＿＿＿＿ Japan.　(to, in)

(2) 日本にはしょうぎがあります。

We ＿＿＿＿ *shogi* in Japan.　(are, have)

(3) それはわくわくします。

It's ＿＿＿＿ .　(delicious, exciting)

チャレンジ

4 **次の絵の人物が話していることを英語で書きなさい。**（20点）1つ10

(1) あなたは何の食べ物が好きですか。

(2) 私(わたし)は納豆(なっとう)が好きです。

(1) ＿＿＿＿ do you like?

(2) ＿＿＿＿ *natto*.

算数　理科　社会　英語　国語　答え

日本の文化をしょうかいする

答え→225ページ 月　日

問題 1　次の絵に合う行事のなまえと季節をそれぞれ選び，線で結びなさい。

目標時間　4分

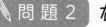

 ・	・ the Snow Festival ・	・ autumn/fall
 ・	・ the Star Festival ・	・ spring
 ・	・ *otsukimi* ・	・ summer
 ・	・ *hanami* ・	・ winter

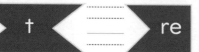

snow は「雪」，
star は「星」という
意味だよ。

問題 2　右から欠けたアルファベットを選んで，日本語に合う英単語を完成させなさい。

目標時間　4分

(1) 文化

(2) 伝統的な

人物しょうかい

なまえ　6年　組

答え→225ページ　月　日

時間 20分　合格 80点　得点　点

1 次の絵に合う英単語（句）を下から選び，記号で答えなさい。（30点）1つ10

(1)  [　　]

(2)  [　　]

(3)  

[　　]

ア tennis racket
イ math
ウ carrot

2 次の日本語に合う英文になるように並（なら）べかえ，記号で答えなさい。（20点）1つ10

(1) 私（わたし）はネコが好きです。　[　　→　　→　　].

ア cats
イ I
ウ like

(2) 私は新しいコンピューターが欲（ほ）しいです。　[　　→　　→　　].

ア a new computer
イ want
ウ I

3 日本語に合う英文になるように，＿＿にあてはまる英単語(句)を（　）から選んで書きなさい。（30点）1つ10

(1) これはだれですか。

＿＿＿＿ is this?（What, Who）

(2) かの女は歌が得意です。

＿＿＿＿ good at singing.（He is, She is）

(3) かれはすばらしいです。

＿＿＿＿ great.（He is, She is）

チャレンジ

4 次の絵の人物が話していることを英語で書きなさい。（20点）1つ10

(1) 

私は英語を勉強します。

I ＿＿＿＿.

(2) 

私はスパゲッティを食べます。

＿＿＿＿ spaghetti.

算数　理科　社会　英語　国語　答え

思考力トレーニング

英語 ③ 自己(じこ)しょうかいを聞く

答え→225ページ

月　　日

問題　次の人物が得意なことを下の絵から選んで○で囲みなさい。

目標時間　5分

can はできること，
can't はできないこと
を表すよ。

(1)

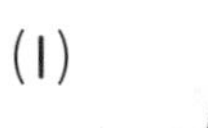

I'm Takeshi.
I can play the piano well.
I can't swim.

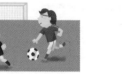

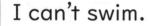

(2)

I'm Kumi.
I'm good at cooking.
I can't ride a unicycle.

英語 4

自分の住む町

なまえ　6年　組

答え→225ページ　月　日

時間 20分　合格 80点　得点　点

1 次の絵に合う英単語になるように，＿＿にあてはまるアルファベットを□から選んで書きなさい。(50点) 1つ10

(1) 

books ＿＿ ore

(2) 

pa ＿＿ k

(3) to ＿＿ n

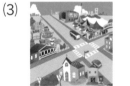

t　r　l　q　w

(4) 

a ＿＿ uarium

(5) 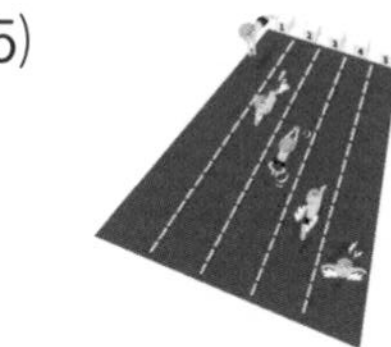

swimming poo ＿＿

2 日本語に合う英文になるように，＿＿にあてはまる英単語を□から選んで書きなさい。(30点) 1つ10

want is am can

(1) 私(わたし)の市はすてきです。

My city ＿＿＿＿ nice.

(2) 私たちはつりを楽しむことができます。

We ＿＿＿＿ enjoy fishing.

(3) 私は私の町に大きいスタジアムが欲(ほ)しいです。

I ＿＿＿＿ a big stadium in my town.

チャレンジ

3 あなたは下の絵の町に住んでいるとします。絵に合う内容になるように英語で書きなさい。(20点) 1つ10

(1) We ＿＿＿＿ a convenience store.

(2) We ＿＿＿＿ a zoo.

算数　理科　社会　英語　国語　答え

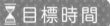

自分の住む町のしょうかいをする

問題　次の，あさひ町をしょうかいしている文に合う絵を１つ選び，線で結びなさい。

目標時間　5分

Welcome to Asahi Town!

We have a station and a hospital.
We don’t have an amusement park.

あさひ町に「あるもの」と「ないもの」が説明されているよ。

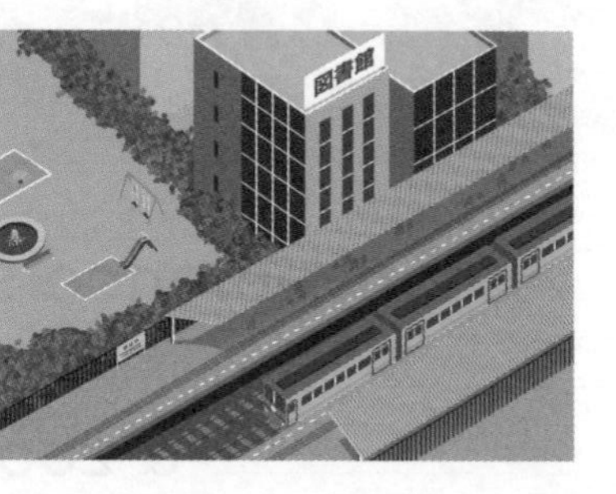

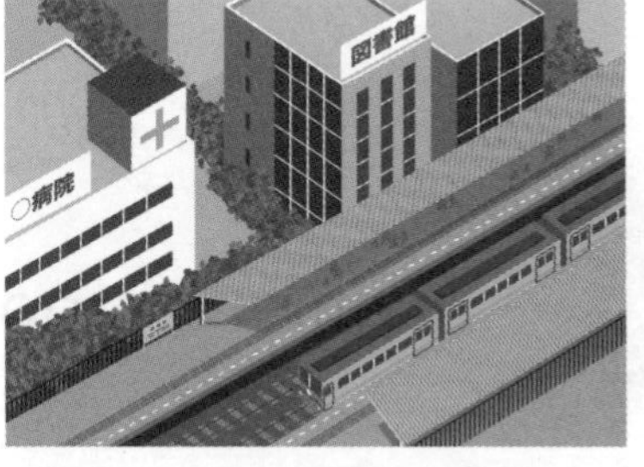

自分の思い出

なまえ　6年　組

答え→226ページ　月　日

時間 20分　合格 80点　得点　点

1 (　)内のアルファベットを並べかえて，英単語を完成させなさい。(30点) 1つ10

(1) 湖 (e, k, a, l)

(2) 山 (i, o, n, m, a, n, u, t)

(3) 休み (c, a, a, t, v, n, o, i)

2 次の英語が表す日本語を下から選び，記号で答えなさい。(20点) 1つ5

(1) school trip [　　]

(2) field trip [　　]

(3) music festival [　　]

(4) graduation ceremony [　　]

ア 音楽祭
イ 修学旅行
ウ 卒業式
エ 遠足

3 日本語に合う英文になるように，＿＿にあてはまる英単語を□から選んで書きなさい。(20点) 1つ10

(1) あなたのいちばんの思い出は何ですか。

What's ＿＿＿＿ best memory?

(2) 私は大きなイヌを見ました。

I ＿＿＿＿ a big dog.

my	your	see	saw

チャレンジ

4 次の表に合う内容になるように英語で書きなさい。(30点) 1つ10

なまえ	行った場所	楽しんだこと	感想
健	京都	寺院めぐり	おもしろかった
由衣	山	ハイキング	楽しかった

Ken

(1) I ＿＿＿＿ to Kyoto.

Yui

(2) I ＿＿＿＿ hiking.

(3) It ＿＿＿＿ fun.

英語 ⑤ 日記を書く

答え→226ページ　月　日

問題　次の絵日記に合う英文になるように，＿＿にあてはまる英単語を書きなさい。

目標時間　5分

8月11日　はれ

今日は、お父さんとお母さんといっしょに、海へ行きました。

はまべでいちご味のかき氷を食べました。冷たくてとてもおいしかったです。

(1) I ＿＿＿＿ to the sea.

(2) I ＿＿＿＿ shaved ice.

(3) It ＿＿＿＿ delicious.

思い出を文で表すときは，過去形にするよ。

将来(しょうらい)の夢や職業

1 次の英語が表す絵を下から選び，記号で答えなさい。(30点) 1つ10

(1) astronaut [ ]

(2) pilot [ ]

(3) dentist [ ]

ア 

イ 

ウ 

チャレンジ

2 次の加奈(かな)が書いた英文を読んで，内容に合っていれば○を，異(こと)なっていれば×を書きなさい。(20点) 1つ10

I want to be a figure skater.
I can skate well.
I often enjoy skating.

(1) 加奈はフィギュアスケートの選手になりたい。 [ ]

(2) 加奈はあまりスケートをしない。 [ ]

3 次の対話文が成り立つように，＿＿にあてはまる英単語を□から選んで書きなさい。(50点) 1つ10

(1) あなたは何になりたいですか。
＿＿＿＿ do you want to be?

(2) 私(わたし)はピアニストになりたいです。
I want to ＿＿＿＿ a pianist.

(3) 私はピアノをひくことが得意です。
I'm ＿＿＿＿ at playing the piano.

(4) それはいいですね。
＿＿＿＿ nice!

(5) がんばって。
Good ＿＿＿＿.

That's	What	be	good	luck

思考力トレーニング　英語⑥

将来(しょうらい)なりたい職業

答え→226ページ　月　日

問題　次の人物がなりたい職業を右の絵から選び，線で結びなさい。

目標時間　8分

I want to be a vet.
I like animals.

I want to be a singer.
I'm good at singing.

I want to be a great tennis player.
I can play tennis well.

I want to be a florist.
I love flowers.

なりたい職業は
I want to be ～. で表すよ。

英語 7

中学校でやってみたいこと

なまえ　6年　組

答え→226ページ　月　日

時間 20分　合格 80点　得点　点

1 次の絵に合う英語を下から選び，記号で答えなさい。(30点) 1つ10

(1) (2)

(3)

[　　] [　　] [　　]

ア volleyball team　イ art club
ウ calligraphy club

2 次の英文が表す最も適切な日本語を選び，記号で答えなさい。(30点) 1つ10

(1) What do you want to do? [　　]
ア あなたは何になりたいですか。
イ あなたは何が欲(ほ)しいですか。
ウ あなたは何がしたいですか。

(2) Mr. Tanaka is an English teacher. [　　]
ア 田中先生は私(わたし)の先生です。　イ 田中先生は英語の先生です。
ウ 田中先生は英語の先生ではありません。

(3) Saki is good at singing. [　　]
ア 早紀(さき)は歌が得意です。　イ 早紀は音楽が好きです。
ウ 早紀はよく楽器をひきます。

3 次の絵の人物になったつもりで，話していることを英語で書きなさい。(20点) 1つ10

私は英語をいっしょうけんめい勉強したいです。
私は友だちをたくさん作りたいです。

(1) I want ________ English hard.

(2) I ________ many friends.

チャレンジ 4 次の絵の人物が話していることを英語で書きなさい。(20点) 1つ10

(1) あなたは何部に入りたいですか。

(2) 私はサッカー部に入りたいです。

(1) ________ do you want to join?

(2) ________ the soccer team.

算数　理科　社会　英語　国語　答え

思考力トレーニング

英語 ⑦

答え→226ページ　月　日

中学校でやりたい部活動

問題　次のシルエットが表す部活動とそれに所属する人物をそれぞれ選び，線で結びなさい。

目標時間　5分

brass band　　basketball team　　track and field team　　badminton team

I can jump high and run fast.
I enjoy the club in the field.

I'm good at music.
I want to be a professional musician.

英語 8

仕上げテスト

なまえ　6年　組

答え→226ページ　月　日

時間 20分　合格 80点　得点　点

1 次の質問に対する正しい答えを下から選んで，記号で答えなさい。(30点) 1つ10

(1) What is your favorite subject?　[　　]
ア My favorite subject is math.
イ I like red.　ウ It is fun.

(2) What food do you have in Japan?　[　　]
ア We have the Star Festival.
イ We have a big park.
ウ We have *tempura*.

(3) Who is she?　[　　]
ア She is great.　イ She is my sister.
ウ It was cold.

2 次の対話文の(　)にあてはまる英単語(句)を下から選んで，記号を○で囲みなさい。(20点) 1つ10

(1) A：Do you play soccer?
B：Yes. I'm good at (　　　) soccer.
ア enjoy　イ eating　ウ make　エ playing

(2) A：What's your best memory?
B：My best memory is my school trip.
I (　　　) Hokkaido.
ア go　イ go to　ウ went　エ went to

3 日本語に合う英文になるように，＿＿にあてはまる英単語を書きなさい。(30点) 1つ10

(1) 私(わたし)たちの町には図書館がありません。
We ＿＿＿＿ have a library in our town.

(2) 私はカレーライスを食べました。
I ＿＿＿＿ curry and rice.

(3) かれは英語を話すことができます。
He ＿＿＿＿ speak English.

チャレンジ
4 次の対話文が成り立つように，＿＿にあてはまる英語を書きなさい。(20点) 1つ10

(1) ＿＿＿＿＿＿＿＿
be?

(2) I ＿＿＿＿＿＿＿＿ a vet.
I like animals.

算数　理科　社会　英語　国語　答え

英語 ⑧ 英作文パズル

答え→226ページ　月　日

問題　意味の通る英文になるように，スタートから．（ピリオド）のあるゴールまで線でたどりなさい。

目標時間　5分

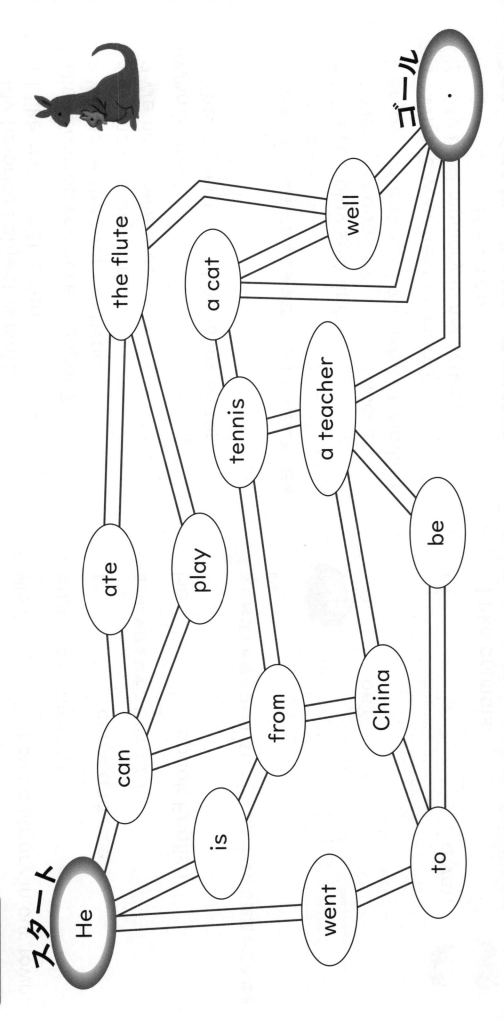

スタート
He
can
ate
the flute
play
is
from
tennis
a cat
went
a teacher
well
China
to
be
ゴール
.

国語 1 漢字の読み書き①

なまえ 6年 組

時間 20分 合格 80点 得点 点

答え→227ページ

月 日

1 次の――線の漢字の読みがなを書きなさい。(60点)一つ4

(1) 納税は国民の義務だ。[ ]

(2) 純真な気持ちを大切にしよう。[ ]

(3) 遠足が雨で延期になった。[ ]

(4) 今日も大漁だ。[ ]

(5) こわれる寸前だ。[ ]

(6) 筋道を立てて話す。[ ]

(7) 好きな俳優に会う。[ ]

(8) 鋼鉄のようにかたい。[ ]

(9) 険しい道のりを行く。[ ]

(10) 宿題を済ませてから遊ぶ。[ ]

(11) 医師の指示に従って薬を飲む。[ ]

(12) 城を築く。[ ]

(13) お年寄りを敬う。[ ]

(14) 矢を射る。[ ]

(15) 服が縮む。[ ]

2 次の――線のかたかなは同じ漢字を使う。その漢字を下に書きなさい。(20点)一つ4

(1) アラう／セン顔 □

(2) ツクる／ソウ作 □

(3) マド／車ソウ □

(4) イタダキ／チョウ上 □

(5) サガす／タン検 □

3 次のかたかなの部分を漢字で書きなさい。(20点)一つ4

(1) 公園のイタる所に花がさく。[ ]

(2) 列をミダす。[ ]

(3) 外出をミトめる。[ ]

(4) お金がアマる。[ ]

(5) 自分の目をウタガう。[ ]

漢字の形に注意して書こう。

思考力トレーニング

国語①

熟語(じゅくご)パズル①

答え→227ページ

月　日

問題

□に漢字一字を入れて、矢印の向きに熟語(じゅくご)を完成させなさい。ただし、横方向は音読み、縦(たて)方向は訓読みをする熟語になります。

目標時間　5分

(1)

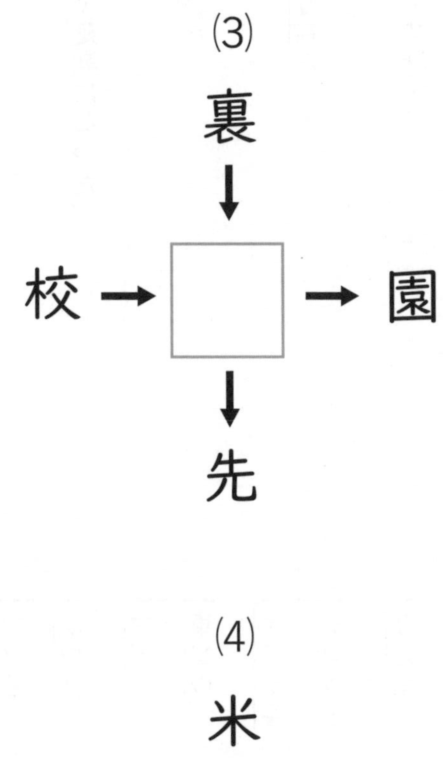

(2)

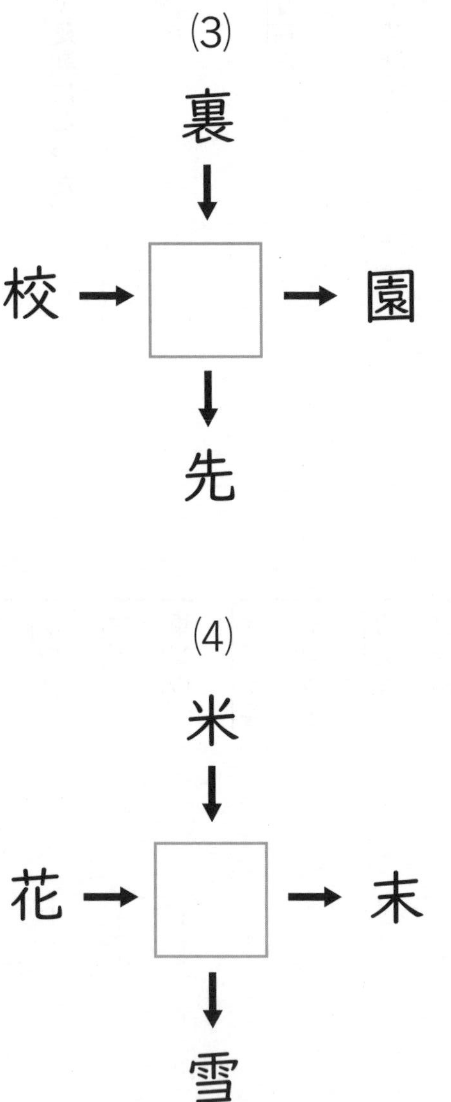

(3)

(4)

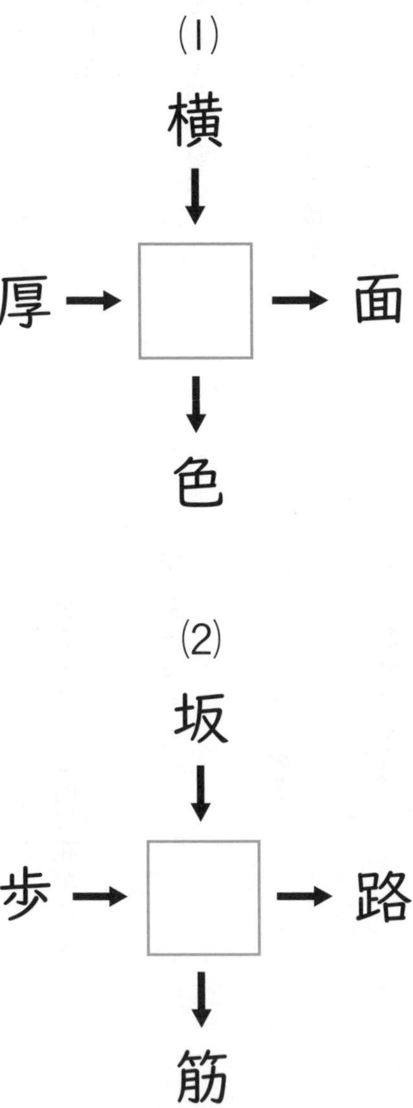

縦方向に訓読みから考えてみよう。

国語 2

漢字の読み書き②

なまえ　6年　組

時間 20分　合格 80点　得点　点

答え→227ページ

月　日

1 次の――線のかたかなを漢字に直しなさい。（60点）一つ4

(1) 私の父はテンケイ的な公務員だ。［　］

(2) 走ったので、コキュウが激しくなった。［　］

(3) 限られた時間をユウコウに使う。［　］

(4) リッパな作品ができあがった。［　］

(5) 景気はカコウ線をたどる。［　］

(6) エイヨウのバランスを考える。［　］

(7) 話のヨウテンをまとめる。［　］

(8) 言葉をオギナう。［　］

(9) 人選をアヤマった結果だ。［　］

(10) 商店が軒をツラねる。［　］

(11) 道路に出るとアブない。［　］

(12) 知人をタズねる。［　］

(13) 贈り物をトドける。［　］

(14) 自由に意見をノべる。［　］

(15) つり糸をタらす。［　］

2 次の――線の漢字に読みがなを書きなさい。（16点）一つ2

(1) 鏡に姿を映す。［　］
映画を見る。［　］

(2) 気持ちを奮い立たせる。［　］
サッカーの試合に興奮する。［　］

(3) 父は厳しい。［　］
厳重に取りあつかう。［　］

(4) 意見が異なる。［　］
異議を申し立てる。［　］

3 次の文には一字ずつまちがった字が使われています。まちがった字に――線を引き、それぞれ正しく直した字を［　］に書きなさい。（24点）一つ6

(1) 姉は、気性予報士になるために必死で勉強している。

(2) 日本では、自己主帳ばかりしていると仲間に敬遠される。

(3) 登山をする時には、万が一に供えて用意をしなければならない。

(4) 今年の全国高校野球大会は、観衆に感動を残して平幕した。

(1)［　］ (2)［　］ (3)［　］

(4)［　］

〔女子聖学院中―改〕

共通する部首

答え→227ページ　月　日

問題　次の各組の漢字の一部分に共通してつく部首を答えなさい。

目標時間　5分

(1) 広　同　戋　十 → [　　]

(2) 夫夫　分　斤斤　壬 → [　　]

(3) 平　冓　蒦　射 → [　　]

(4) □朮□　□圭□　□韋□ → [　　]

国語 3

漢字の読み書き ③

なまえ 6年 組

時間 20分　合格 80点　得点 点

答え→227ページ

月 日

1 次の――線の漢字の読みがなを書きなさい。（10点）一つ2

(1) 銀行に預金がある。
(2) 今年は暖冬だ。
(3) 川の流域に住んでいる。
(4) 冷たい清水がわいている。
(5) 山の中腹まで登った。

〔多摩大目黒中―改〕

2 次の――線のかたかなを漢字に直しなさい。（18点）一つ3

(1) 妹がスナバで遊ぶ。
(2) 法でサバく。
(3) ゼンリョウな行い。
(4) 王様がタンジョウする。
(5) セイジツに対応する。
(6) ザッシを読む。

3 次の言葉と同じ意味を表す言葉をあとの□から選び、漢字に直しなさい。（20点）一つ4

(1) 値段　(2) 指名
(3) 再生　(4) 進歩
(5) 負担

にんめい　おもに　じょうたつ
ふっかつ　かかく

4 次の言葉と反対の意味を表す言葉をあとの□から選び、漢字に直しなさい。（10点）一つ2

(1) 現実　(2) 大陸
(3) 質問　(4) 集合
(5) 雨天

かいさん　おうとう　せいてん
かいよう　りそう

5 次の文中で使われている漢字に誤りがなければ○を、誤りがあれば×を書きなさい。さらに、誤っている漢字をぬき出し、正しい漢字に直しなさい。（20点）一つ4

(1) 大洋を航海する魚船。
(2) 以外なできごとに驚く。
(3) 友人にノートを返す。
(4) 図書館から本を貸りる。
(5) 国語の成積が上がった。

6 次の――線のかたかなを漢字に直しなさい。（22点）一つ2

(1) イシを示す。／イシが固い。
(2) 昔からのカンシュウ。／カンシュウが集まる。
(3) 成功をカクシンする。／技術カクシンを図る。
(4) 遠足にソナえる。／仏前に花をソナえる。
(5) 税金をオサめる。／国をオサめる。／服をタンスにオサめる。

三字熟語づくり

答え→227ページ

月　日

問題　次の文が説明している三字熟語を、あとの□の漢字を組み合わせて答えなさい（漢字は一度ずつしか使えません）。

目標時間　7分

(1) 主人や家人の外出中、居残って家を守ること。また、その人のこと。

(2) 賛成者が最も多い意見や議案を、そのグループや会議などの全員の一致した意見として見なすやり方のこと。

(3) 長く持ちこたえる力。運動などを長く続けられる体力や筋力のこと。

(4) 新しいものを、自分の考えでつくり出すこと。

守　力　決　性　多　番
久　創　留　持　数　造

(1)をしたことはあるかな？
一人だとドキドキするね。

国語 4

慣用句・ことわざ

なまえ　6年　組

時間 20分　合格 80点　得点　点　月　日

答え→227ページ

1 次の(1)〜(5)の意味を表す表現として最も適当なものを、あとからそれぞれ一つずつ選び、記号で答えなさい。（20点）一つ4

(1) 勝つ　[　　]
(2) おどろく　[　　]
(3) 努力する　[　　]
(4) あきらめる　[　　]
(5) 心配する　[　　]

ア 身を粉にする　イ 白星を挙げる
ウ 手を下す　エ さじを投げる
オ 心に掛ける　カ 肝をつぶす

〔自修館中〕

2 次の(1)〜(5)までの言葉に最も関係の深い言葉を、あとからそれぞれ一つずつ選び、記号で答えなさい。（20点）一つ4

(1) おどろく　[　　]
(2) 決意する　[　　]
(3) 忠告する　[　　]
(4) 油断する　[　　]
(5) 用意する　[　　]

ア ねこに小判　イ 目が高い
ウ ころばぬ先の杖　エ 寝耳に水
オ 目と鼻の先　カ かっぱの川流れ
キ 腹をかためる　ク 良薬は口に苦し
ケ 二枚舌を使う

〔修道中〕

3 次のことわざの意味として正しいものを選び、記号に○をつけなさい。（20点）一つ5

(1) 泣きっつらにはち
　ア 困ったところに、また、困ったことが重なった。
　イ はちにさされて泣いた。
　ウ はちを追うには、泣けばよい。

(2) どんぐりの背くらべ
　ア 太っていれば、背のことなど考えなくてもよい。
　イ 同じようなものばかりだ。
　ウ 自分に合ったことだけすればよい。

(3) 石の上にも三年
　ア 石の上に三年すわっていれば、時代おくれになる。
　イ しんぼうが大切。
　ウ 石を三年みがけば、光ってくる。

(4) 急がば回れ
　ア 急ぐときは、危なくても近道を行くのがよい。
　イ 急ぐときは、遠回りでも安全な道を行くほうがよい。

4 次の上の段は、手に関係のある言葉を集めたものです。その説明や意味にあたるものを下の段から選び、記号で答えなさい。（40点）一つ4

(1) 手が上がる　[　　]　ア だまされてしまう。
(2) 手に乗る　[　　]　イ やり方をかえる。
(3) 手が空く　[　　]　ウ 仲よくなる。
(4) 手を焼く　[　　]　エ いいかげんにする。
(5) 手をかえる　[　　]　オ そのことから関係をなくしてしまう。
(6) 手をにぎる　[　　]　カ 手間がかかる。
(7) 手をぬく　[　　]　キ ひまになる。
(8) 手がこむ　[　　]　ク もてあます。
(9) 手を貸す　[　　]　ケ 手伝う。
(10) 手を引く　[　　]　コ 上達する。

体の一部を使った言葉

答え→227ページ

月　日

問題

次の各組の□に入る体の一部を表す漢字を答えなさい。

目標時間　5分

(1)
- 異□同音（多くの人が、同じことを言うこと）
- □がすべる

(2)
- □尾一貫（初めから終わりまで、一つの方針でやり通すこと）
- □を長くする

(3)
- 竜□蛇尾（初めは勢いがよいが、終わりはふるわなくなること）
- □をかかえる

(4)
- 厚□無恥（あつかましくて、恥知らずであること）
- □が広い

(5)
- 岡□八□（まわりから見ている方がよくわかること）
- □に余る

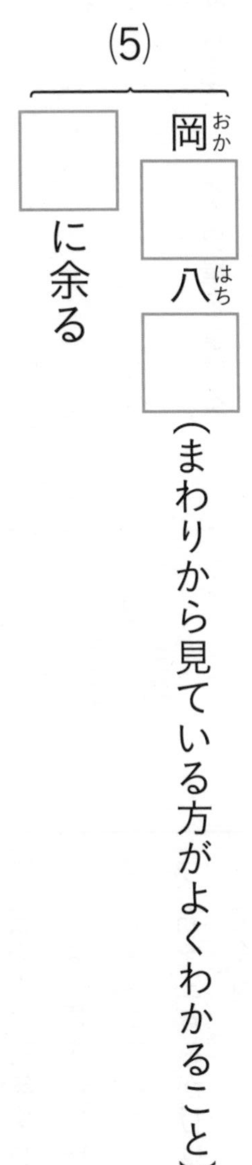

あてはまる体の一部はすべて上半身だよ。

国語 5 言葉のきまり ①

なまえ 6年 組

時間 20分　合格 80点　得点 点

答え→227ページ

月 日

1 次の文の――線の言葉と同じ使い方をしているものをあとからそれぞれ一つずつ選び、記号で答えなさい。 (8点)一つ4

(1) 公園のベンチにすわる。 [　]

ア 私の好きなのは、読書です。
イ 母の作ったお弁当を食べる。
ウ 中国語の辞書がある。
エ 君も行くのです。

(2) 冬が過ぎて、春が来た。 [　]

ア 行こうが行くまいが、あなたの自由です。
イ 行ったが、会えなかった。
ウ ちょっとつごうが悪いのですが。
エ これは母が若(わか)いころの写真だ。

2 次の――線「られる」の意味をあとからそれぞれ一つずつ選び、記号で答えなさい。 (20点)一つ5

(1) 先生にほめられる。 [　]
(2) この服はまだ着られる。 [　]
(3) 先のことが案じられる。 [　]
(4) お客さんが来られる。 [　]

ア 動作が自然に起こるという意味。
イ ほかをうやまう意味。
ウ ほかから動作を受ける意味。
エ 動作ができるという意味。

3 次の――線「ようだ(ような)」の意味をあとからそれぞれ一つずつ選び、記号で答えなさい。 (12点)一つ4

(1) 夢のようだ。 [　]
(2) 兄のような人になりたい。 [　]
(3) 顔色が悪いようだ。 [　]

ア 不確かな断定の意味。
イ 実際にないことの意味。
ウ 実際にあることを表す意味。

4 次の文の――線の語の意味と同じものを、あとからそれぞれ一つずつ選び、記号で答えなさい(同じ記号を二度使用してもよい)。 (20点)一つ4

(1) いっしょによせがきを書こう。 [　]
(2) 私がそうじしましょう。 [　]
(3) たぶん雨になるだろう。 [　]
(4) ぼくは六時に起きよう。 [　]
(5) 大人になればわかるだろう。 [　]

ア 今度こそは勝てよう。
イ 今日こそ手紙を書こう。
ウ いっしょに歌おう。

〔共立女子第二中〕

5 次の――線の品詞(ひんし)をあとからそれぞれ一つずつ選び、記号で答えなさい(同じ記号は二度使用しないこと)。 (32点)一つ4

今日は、私が首を長くして待った中学校の入学式だ(1)。桜の花が学校全体をおおうように鮮(あざ)やかに咲(さ)いている。そして(2)、校舎の三階(3)の窓には、太陽の光が差し込(こ)み、近くには鳥のさえずりが聞こえる(4)。私の心は、すべての情景が刻(きざ)まれ、穏(おだ)やかだ(5)。何年過ぎたとしてもこの(6)日のことは、決して(7)忘(わす)れることはない(8)だろう。

(1) [　]　(2) [　]　(3) [　]
(4) [　]　(5) [　]　(6) [　]
(7) [　]　(8) [　]

ア 動詞　**イ** 形容詞　**ウ** 形容動詞
エ 名詞　**オ** 助動詞　**カ** 副詞
キ 連体詞　**ク** 接続詞

〔明治学院中―改〕

6 ==線「ときには」は、次のア～オのどこにかかっていますか。記号で答えなさい。 (8点)

ときには　話に(ア)　つられて(イ)　声を(ウ)　出して(エ)　笑ったりもした(オ)。 [　]

〔横浜共立学院中〕

思考力トレーニング

国語 ⑤

熟語クロスワードパズル ①

答え→227ページ　月　日

問題　次の熟語クロスワードパズルを完成させなさい。

目標時間　7分

				日			
□	費	□		□	用	漢	字
化		務		生			
器		□	名	□	□		
官					物		
		□	立	公	□		
		語					
		辞					
		□	型	的			

縦と横がそれぞれ熟語になるようにね。

国語 6 言葉のきまり②

なまえ　6年　組

時間 20分　合格 80点　得点　点

答え→227ページ

月　日

1 **次の――線「らしい」、「ようだ」と同じ意味で使われているものをあとからそれぞれ一つずつ選び、記号で答えなさい。**（20点）一つ10

(1) 人々は私のことを「科学者」だとは思ってくれてはいないらしい。
- ア 若い人らしい活発さがない。
- イ このところ雨らしい雨が降らない。
- ウ 山の向こうは雨らしい。
- エ かわいらしい人形をだいていた。

(2) この映画はかなり好評のようだ。
- ア 外は、雨が降ったようであった。
- イ 富士山のような形の山がそびえていた。
- ウ 時間におくれないように家を出た。
- エ この調子なら勝てるような気がする。

〔巣鴨中―改〕

2 **次の――線「られる」、「ない」と同じ使われ方をしているものをあとからそれぞれ一つずつ選び、記号で答えなさい。**（20点）一つ10

(1) お客さまが帰られる。
- ア そのきのこは食べられる。
- イ 先生が来られる。
- ウ 母の身が案じられる。
- エ 人に助けられる。

(2) この村には旅館が一軒しかない。
- ア 教室には、今、わたししかいない。
- イ 雨なので、家でしか遊べない。
- ウ きょう、ぼくは算数の勉強しかしない。
- エ お金はもうこれしかない。

〔ノートルダム清心中―改〕

3 **次の会話文のAを目上の人の言葉、Bを君自身の言葉と考えた場合、――線の一箇所に言葉づかいとして不適切な箇所があります。その番号を書き、適切な言葉に直しなさい。**（20点）

A「ごめんください。お父さんは(1)おいでになりますか。」

B「はい、(2)いらっしゃいます。」

A「それでは、ちょっと(3)お目にかかりたいと(4)申し上げてください。」

番号［　］［　］

〔浅野中〕

4 **敬語（尊敬語）の中には、特別な言い方があります。次の言葉は、それぞれどういう言い方になりますか。**（20点）一つ5

例 いる・行く・来る　［いらっしゃる］

(1) 食べる

(2) ねる

(3) みる

(4) 言う

5 **次の(1)～(4)の――線の中で、ほかのものと使い方が異なるものをそれぞれ一つずつ選び、記号で答えなさい。**（20点）一つ5

(1)
- ア 音はかすかだ。
- イ この絵は見事だ。
- ウ ここは学校だ。

(2)
- ア 相手のことばかり心配している。
- イ 今来たばかりだ。
- ウ 彼は寝てばかりいる。

(3)
- ア 来月はたぶん雪が降るだろう。
- イ 未解決の問題がたぶんにある。
- ウ あの人はたぶん帰ってこないかもしれない。

(4)
- ア 母からの手紙をもらう。
- イ 父に本を買ってもらう。
- ウ 彼に来てもらうことにした。

〔愛知淑徳中〕

思考力トレーニング

国語⑥

熟語(じゅくご)パズル②

答え→228ページ

月　日

問題　□に漢字一字を入れて、矢印の向きに熟語(じゅくご)を完成させなさい。

目標時間　5分

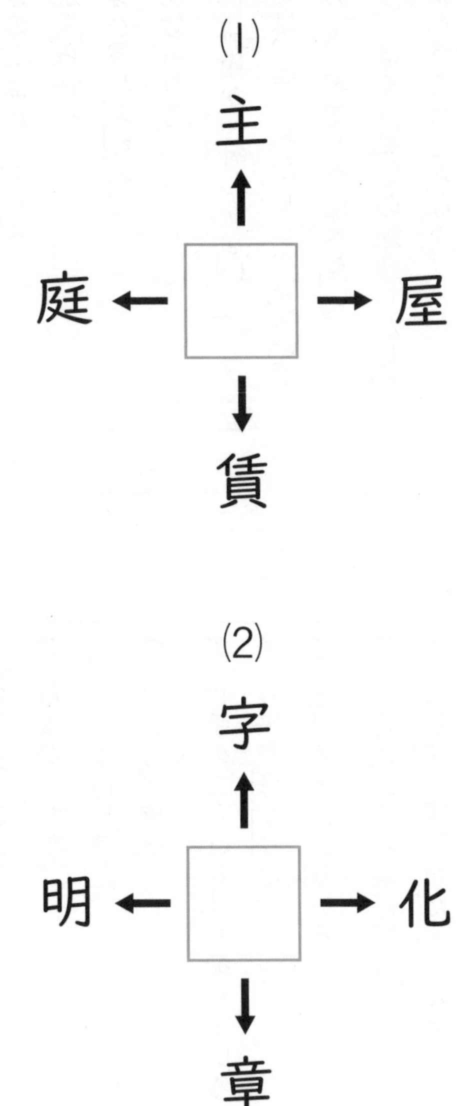

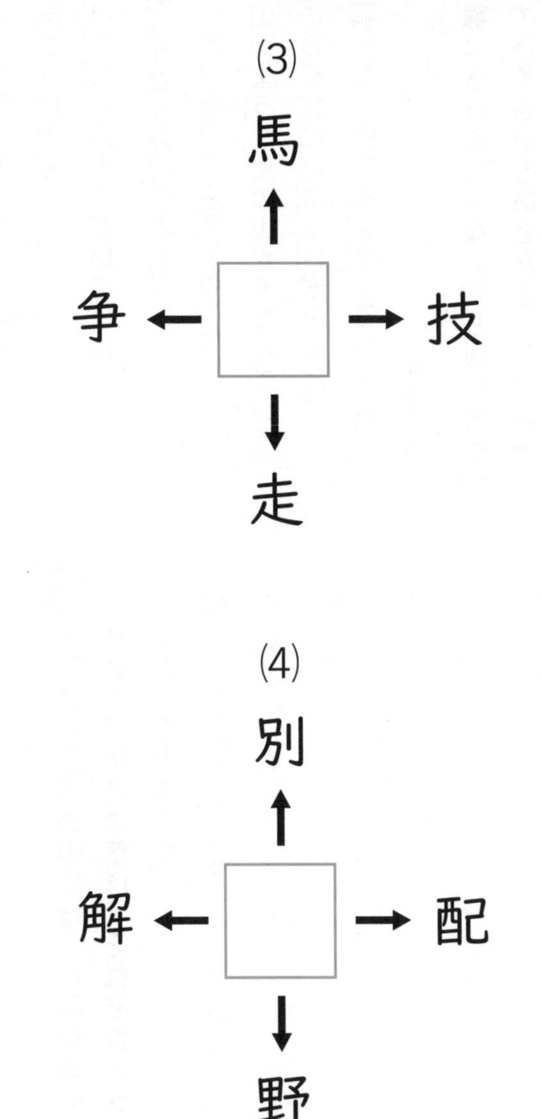

〔奈良女子大附中―改〕

真ん中に入る漢字の読み方は一つじゃないよ。

国語 7

熟語の成り立ち

なまえ　6年　組

時間 20分　合格 80点　得点　点

答え→228ページ

月　日

1 次の熟語の組み合わせとして正しいものをあとから選び、記号で答えなさい。（30点）一つ3

(1) 道路［　］　(2) 明暗［　］
(3) 尊敬［　］　(4) 人造［　］
(5) 温泉［　］　(6) 出社［　］
(7) 日照［　］　(8) 室内［　］
(9) 売買［　］　(10) 決心［　］

ア 似た意味を組み合わせたもの
イ 反対の意味を組み合わせたもの
ウ 上の字が下の字を修飾するもの
エ 下の字が上の字の目的となるもの
オ 主語と述語の関係にあるもの

2 次の熟語と似た意味をもつ熟語、反対の意味をもつ熟語をあとの□から選び、漢字に直して書きなさい。（30点）一つ3

(1) 容易＝［　］
(2) 永久＝［　］
(3) 方法＝［　］
(4) 原因＝［　］
(5) 大切＝［　］
(6) 全体↕［　］
(7) 客観↕［　］
(8) 例外↕［　］
(9) 賛成↕［　］
(10) 派手↕［　］

じゅうよう　げんそく　はんたい
ぶぶん　じみ　しゅかん　りゆう
えいえん　かんたん　しゅだん

3 次の□に「未」「不」「非」のいずれかを入れて三字の熟語を完成させなさい。（18点）一つ3

(1) □常識　(2) □平等
(3) □安定　(4) □常勤
(5) □開発　(6) □自然

4 次の三字の熟語の組み合わせとして正しいものをあとから選び、記号で答えなさい。（18点）一つ3

(1) 小劇場［　］　(2) 外国語［　］
(3) 近代的［　］　(4) 雪月花［　］
(5) 陸海空［　］　(6) 新記録［　］

ア 二字の語の前に一字を組み合わせたもの
イ 二字の語の後ろに一字を組み合わせたもの
ウ 一字の語の集まりで成り立つもの

5 次の四字の熟語の組み合わせと同じ組み合わせの熟語をあとの□からすべて選びなさい。（4点）一つ2

(1) 朝令暮改［　］
(2) 花鳥風月［　］

春夏秋冬　紙飛行機　絶体絶命
海水浴場　有名無実　東西南北

思考力トレーニング

国語 ⑦

足し算熟語づくり

答え→228ページ

月　日

問題　次の漢字を組み合わせて熟語を完成させなさい。

目標時間　7分

(1) 目＋田＋各＋少＝□□

(2) 門＋方＋口＋言＝□□

(3) 次＋各＋木＋貝＝□□

(4) 口＋衣＋口＋制＋口＝□□

(5) 立＋言＋日＋成＋心＝□□

国語 8

部首とその意味

なまえ　6年　組

答え→228ページ

時間 20分　合格 80点　得点　点　月　日

1 次の漢字の部首をあとから選び、記号で答えなさい。（24点）一つ2

(1) 続［　］　(2) 進［　］
(3) 草［　］　(4) 届［　］
(5) 窓［　］　(6) 説［　］
(7) 照［　］　(8) 利［　］
(9) 困［　］　(10) 府［　］
(11) 延［　］　(12) 術［　］

ア くさかんむり　**イ** ゆきがまえ
ウ れっか　**エ** しんにょう
オ くにがまえ　**カ** いとへん
キ まだれ　**ク** あなかんむり
ケ りっとう　**コ** しかばね
サ ごんべん　**シ** えんにょう

2 次の漢字に共通する部首の名前を書き、その部首の意味をあとから選び、記号で答えなさい。（16点）一つ4

(1) 持　提　拾［　・　］
(2) 胸　胃　肺［　・　］
(3) 動　功　効［　・　］
(4) 買　賛　費［　・　］

ア お金を意味する部首
イ 手を意味する部首
ウ 力を意味する部首
エ 肉体を意味する部首

3 次の二つの熟語(じゅくご)は、共通する部首をもっています。□にその漢字を、［　］に部首名を書きなさい。（20点）一つ4

(1) □(しゅく)舎・□(じっ)験［　］
(2) □(なみ)木・□(げ)山［　］
(3) □(ざっ)誌・□(なん)関［　］
(4) □(しゃ)会・幸□(ふく)［　］
(5) 地□(いき)・□(じ)主［　］

4 次の部首名を書きなさい。（20点）一つ2

(1) 疒［　］　(2) 亠［　］
(3) 气［　］　(4) 癶［　］
(5) 礻［　］　(6) 耒［　］
(7) 犭［　］　(8) 冫［　］
(9) 欠［　］　(10) 歹［　］

5 次の漢字の中で部首のちがうものを選び、書きなさい。（20点）一つ5

(1) 間　開　聞［　］
(2) 相　材　札［　］
(3) 常　堂　帯［　］
(4) 初　複　補［　］

思考力トレーニング

国語⑧　つくりの同じ漢字

答え→228ページ

月　日

問題　次の□に異なるへんを書き入れ、ちがう漢字を完成させなさい。

目標時間　5分

(1) □殳　□殳　□殳

(2) □金　□金　□金

(3) □戠　□戠　□戠

(4) □反　□反　□反　□反

(5) □竟　□竟

(6) □昜　□昜　□昜　□昜

(7) □攵　□攵　□攵　□攵　□攵

(7)は小学校で習う漢字だけでも10字以上あるよ。

国語 9 チャレンジテスト 1

なまえ　6年　組

時間 20分　合格 80点　得点　点

答え→228ページ

月　日

1 次の□に適当な漢字を入れて熟語をつくり、その読み方を［　］に書きなさい。（16点）一つ4

(1) □能性［　　］
(2) □生日［　　］
(3) □天順延［　　］
(4) 不言□行［　　］

2 次のひらがなを漢字に直しなさい。（36点）一つ3

(1) じょうはつ［　　］
(2) ひはん［　　］
(3) きけん［　　］
(4) ゆうびん［　　］
(5) ざせき［　　］
(6) はってん［　　］
(7) ぎろん［　　］
(8) こしょう［　　］
(9) まいご［　　］
(10) けんぽう［　　］
(11) しょち［　　］
(12) そうじゅう［　　］

3 漢字の使い方が正しいほうの記号に、○をつけなさい。（18点）一つ3

(1) ア 義務　イ 議務
(2) ア 設明　イ 説明
(3) ア 専門　イ 専問
(4) ア 郡衆　イ 群衆
(5) ア 構堂　イ 講堂
(6) ア 半径　イ 半経

4 故事成語「他山の石」の意味・用法ともに正しい文を次から一つ選び、記号で答えなさい。（10点）

［　　］

ア 相手チームのミスは他山の石だ。こちらが気にする必要ないよ。

イ 今回のテストでA君は百点満点だ。彼の努力を他山の石として僕もがんばらなくちゃ。

ウ 他山の石の出来事だよ。放っておいた方がいい。

エ 彼らの失敗を他山の石として、僕らはミスのないようにしなくちゃいけない。

オ 力を合わせれば、他山の石でもきっと価値のあるものになるさ。

〔山手学院中〕

5 次のことわざと似たような意味をもつことわざをあとからそれぞれ一つ選び、記号で答えなさい。（10点）一つ2

(1) 弘法にも筆の誤り［　　］
(2) 虻蜂取らず［　　］
(3) 月とすっぽん［　　］
(4) 豚に真珠［　　］
(5) 寝耳に水［　　］

ア 馬の耳に念仏
イ 藪から棒
ウ 河童の川流れ
エ 提灯に釣鐘
オ 二兎を追うものは一兎をも得ず

〔国本女子中―改〕

6 次の漢字の部首と同じ部首をもつ漢字をあとの□から選びなさい。また、部首の名前も答えなさい。（10点）一つ5

(1) 灯［　・　］
(2) 広［　・　］

灰　畑　席　店

漢字の計算 ①

答え→228ページ

月　日

問題 例にならって、漢字の足し算・引き算の式を作りなさい。

目標時間 5分

例　羽＋白＝習　　射－寸＝身

(1) □＋□＝□

(2) □－□＋□＝□

(3) □－□－□＋□＝□

まず、いくつかのパーツが組み合わさった漢字を思いうかべてから考えてみよう。

国語 10 文章の組み立てを考えて読む

なまえ　6年　組

時間 20分　合格 80点　得点　点

答え→228ページ

月　日

1 **次の文章を読んで、あとの問いに答えなさい。**

植物に心はあるか。

「心的なもの」はあるでしょうね、きっと。

僕は植物マニアでもあるのですが、やはり植物にはあまりにも反応がないので、ときどき世話することに飽きちゃうときがあります。そうすると花が咲かないんですね。鉢植えを買った者の義務ですから。ところが、その植物に対して興味がなくなった時点で、①いつもと同じ世話をしているのに、しおれたり花が咲かなかったり、どうも調子が悪くなってくるんです。

植物の意志としては、やはり「動物と仲良くしたい」なんじゃないでしょうか。

はじめに植物があって、動物は発生したのです。植物が光合成をして大気中に酸素が増えたおかげで②動物が進化できたわけで、そういった意味では、植物は動物の□なんです。動物は、植物から蜜や果実などの栄養をもらいますが、非常にゆっくりとしか動けない植物の代わりにこまごま動き、③植物の役に立つことをして恩返しをしています。いろんな生き物が、お互いに助け合って成立しているのが、地球のシステムなんです。

（野村潤一郎「サルが食いかけでエサを捨てる理由」）

(1) ——線①「いつもと同じ世話を……悪くなってくるんです」とありますが、筆者が考えている理由として最も適当なものを次から選び、記号で答えなさい。（10点）

ア 義務感だけで世話をしているから。
イ 世話の仕方をまちがえてしまったから。
ウ 周囲の動物の恩返しがなくなったから。
エ 植物に人間と仲良くする気がなくなったから。

［　　］

(2) ——線②「動物が進化できたわけ」とありますが、その「わけ」とはどのようなことですか。（20点）

［　　　　］

(3) □にあてはまる語として最も適当なものを次から選び、記号で答えなさい。（10点）

ア 師　**イ** 弟　**ウ** 母　**エ** 子

［　　］

(4) ——線③「植物の役に立つことをして」とありますが、A動物は植物に対し、B植物は動物に対し、どのように役立っていますか。それぞれ文中の言葉を使って説明しなさい。（40点）一つ20

A［　　　　］

B［　　　　］

(5) この文章を二つに分けるとき、後半が始まる段落の初めの五字を答えなさい。（20点）

［　　　　　］

〔三輪田学園中—改〕

ローマ字並(なら)べかえ

答え→228ページ　月　日

問題

次の絵が表すものを、ローマ字を使って正しく書き表しなさい（マスの数に合う書き方で答えること）。また、□のマスの字を組み合わせて言葉を完成させなさい。

目標時間　7分

(1)

□□□□□□□□

(2)

□□□□□□□□□

(3)

□□□□□□□

のばす音の表し方に注意しよう。

できた言葉

□□□□□□□

国語 11

情景をとらえて読む

なまえ　6年　組

時間 20分　合格 80点　得点　点

答え→228ページ

月　日

1 次の文章を読んで、あとの問いに答えなさい。

　離れの部屋にはサンペイ君はいなかった。たぶん川に行ったのだと思って博士はいつものポイントに向かった。はたして、サンペイ君は一人で釣り糸を垂れていた。

「やあ、ハカセ君」サンペイ君は後ろ向きのまま言った。

「福ちゃんと仲直りしたほうがいいと思うよ」博士はいきなり核心に切り込んだ。

「やつはぼくが気に入らないのだよ。瓢箪池のヌシのことだって、やつは信じようとしないからね。こっちはおじさんが釣りかけて、糸を切られるのをこの目で見ているのだ。ヌシはぜったいにいるのだ」

「ぼくはクラスのみんなにサンペイ君のこと、もっと知ってほしいんだよ。こんなにすごいし、おもしろいのに、みんな全然知らないんだ」

「そんなことはいいのだよ、ハカセ君。ぼくたちは遠くにいくのだから、小さな教室にかかわることはないのだ」

「でも、みんなと仲良くやれた方が、楽しいじゃないか。サンペイ君はおかしい。なんか逃げてるみたいだ」

　言ってしまった後で、博士ははっとして口に手を当てた。

　サンペイ君の肩が震えていた。水面の浮きにアタリが来ているのに、竿を動かそうともしない。

　博士は話しかけられずに、じっと背中を見ていた。

　しばらくしてサンペイ君が大きく息を吸い込んだ。

　背中を向けたまま、「ハカセ君、帰ってくれたまえよ」と威圧的に言った。

　博士はそのまま［A］と家路についた。

　博士は一人きりだった。

（　a　）

　相変わらずクラスのみんなとは話せなかったし、サンペイ君も博士と視線が合うのを避けていた。だから、学校では一人きり。以前にもまして、たくさんの本を読み、いろいろ考えたり、煮詰まったり。

（　b　）

　それでも、なんとか耐えられた。［B］に耐えることって、ひょっとするとサンペイ君が博士に教えてくれたちょっとした技術かもしれなかった。博士は家の近くの川で釣りをすることを覚えたし、自宅の水槽でタナゴも飼い始めた。友達がいなくても、本と釣り竿があればそれなりに満ち足りていられたのだ。

　釣りっていい。辛いことを忘れられる。どうして釣りを始めたのか聞かれたら、たぶん博士はそう答えただろう。

（　c　）

（川端裕人「今ここにいるぼくらは」）

(1) ［A］に入る言葉を次から選び、記号で答えなさい。（20点）

ア そわそわ　**イ** あっさり

ウ とぼとぼ　**エ** つかつか

［　　］

(2) 次にあげる部分は、（　a　）〜（　c　）のどこに入れるのがよいですか。最もふさわしいものを選び、記号で答えなさい。（40点）

　ぼくがいるべき場所はここじゃない。そんな感覚がよみがえってきて、お腹の中をぐるぐると巡っていた。

［　　］

(3) ［B］にうまくあてはまるように、七〜八字の言葉を入れなさい。（40点）

国語 ⑪ 余分な送りがな並(なら)べかえパズル

答え→229ページ

月　日

問題　次の文から余分な送りがなをぬき出し、組み合わせて言葉を完成させなさい。

目標時間　7分

(1) かれは、厳びしい父親に育てられた。［　　］

(2) 中への出入りを固く禁んじる。［　　］

(3) 明きらかな誤りを見つける。［　　］

(4) 改ためて本人の意志を確かめる。［　　］

(5) 明日に備えて、体調を整のえる。［　　］

(6) 努力を重ねて、学問を修さめる。［　　］

(7) 戦いに敗ぶれたチームが、球場を立ち去った。［　　］

(8) 結果を伝えると、妹はとても喜こんだ。［　　］

文字を組み合わせるときは、あまり使わない字に着目しよう。

国語 12 要旨・要点を読み取る

答え→229ページ

なまえ　6年　組

時間 20分　合格 80点　得点　点

月　日

1 次の文章を読んで、あとの問いに答えなさい。

　出てくるわ、くるわ、その量の多さにぼくはびっくりしてしまった。最も多いのは、山から流れ出す沢の周りだ。雨がふったときには水が滝になって流れる石ころ道を、アカテガニが押し合いへしあいおりてきていた。あまりに多いので、元気のいいカニは、前のものをふみこえて進んでくる。ぼくは手をのばして、中の一匹をつかまえてみた。簡単だ。たやすくつかまえられる。かつて三浦半島の実験所の近くで見たものとはまるで違う。①本来なら、アカテガニは、人の近づく姿を見ただけで逃げまどうはずだ。それなのに、人がいようといまいと、おかまいなしで海へと急ぐ。そればかりか、人が手を触れたとき、初めてわずかに逃げようと試みるだけだ。ぼくは、②何か強い衝動にかられて行動しているのだな、としみじみ思った。

　海辺へおりてみた。③産んだ。産んでいる。岩が重なる海辺へ着いたアカテガニは、足の先をしっかり岩にかけて、水を探し、中に入って体を固定した。そして満ちてくる潮の上をわたってくるゆるやかな波がぶつかると、激しく体をふった。二度、四度、……十度。そしてまた五度、六度。まるで痙攣でもするかのように、ぶるぶるっ、ぶるぶるっと体をふるわせた。そのたびに、おなかにつめた卵が、パッと海中に散って引き波にさらわれていった。④中には、潮だまりで産んでいるものがあった。水に体をひたす動作が刺激になり、痙攣が訪れるのだ。だから、も寄りの潮だまりで産卵を済ませ、さっさと引き上げていくちゃっかりものもいた。

《中略》

　その夜ぼくは、なかなか眠れなかった。アカテガニの不思議な行動がちらついて、考えることが山ほどあった。⑤アカテガニは大潮の日を知っている。しかも、潮が満ちてくる数時間前から行動し、卵が広がりやすいようにするのだから、時間さえ知っているのだ。そのときは、日ごろの臆病ささえかなぐりすてる。

（畑　正憲「アカテガニの大行進」）

(1) ——線①を別の言い方で表している部分を、最後の段落からぬき出しなさい。（20点）

［　　　　］

(2) ——線②とはどんなものですか。最も適当なものを次から選び、記号で答えなさい。（20点）

［　　］

ア 人につかまらずになんとかして生きのびようとする強い思い。

イ できるだけ多く産卵して子供をこの世に残そうとする強い思い。

ウ 群れからはぐれずに一緒に行動しようとする強い思い。

エ 一刻も早く、アカテガニの好きな海へ着こうとする強い思い。

(3) ——線③は、アカテガニの産卵の情景を述べています。この表現から、あなたが思い浮かべる情景を答えなさい。（20点）

［　　　　］

(4) ——線④とありますが、アカテガニは、どういうところで、どのように産卵しますか。文中の言葉を使って説明しなさい。（20点）

［　　　　］

(5) ——線⑤とありますが、アカテガニは大潮の日を選んで産卵しています。それはなぜだと考えられますか。その理由を説明しなさい。（20点）

［　　　　］

〔聖ヨゼフ学園中―改〕

熟語あみだくじ ①

答え→229ページ　月　日

問題 次のあみだくじに線を一本加えて上と下の漢字をつなぎ、熟語を完成させなさい（あみだくじは下か左右にしか進めません）。

目標時間 5分

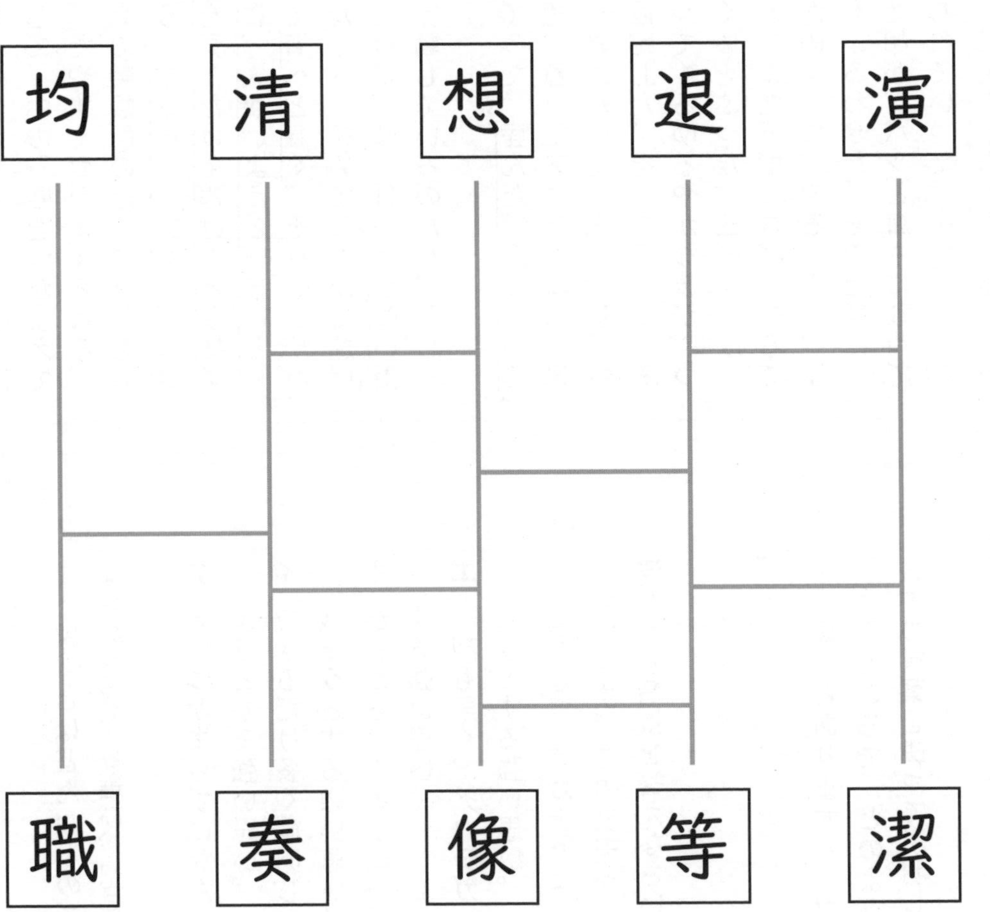

まず、あみだくじをやってみて、熟語にならないものを見つけよう。

国語 13 必要な細部を読み取る

なまえ　6年　組

時間 20分　合格 80点　得点　点

答え→229ページ

月　日

1 次の文章を読んで、あとの問いに答えなさい。

　土の道を探しても、とりわけ都市では、よほどでなければ見つけにくくなりました。それだけわたしたちの日常のなかに、ありのままの自然が見えにくくなってきているということがあります。それとともに、ふだんのわたしたちのことばから、自然について語る語彙※、ヴォキャブラリーがどんどん減っているのではないかと疑われるのです。

　［A］「雨」。①秋の雨についてだけ言っても、「秋雨」「長雨」「愁雨」あるいは「霧雨」「小糠雨」「霖雨」「宿雨」など、日本語はいろいろな言い方をしてきました。

　［B］、どうでしょうか。今は雨を言いあらわすのに、どれくらいのヴォキャブラリーを、わたしたちは使っているでしょうか。

　どんなにひどい雨のときも「大雨」「豪雨」「暴風雨」とか「凄い雨」「たくさんの雨」という程度の言い方しかしなくなっているので、「土砂降り」あるいは「横なぐり」というようなことばも、もうあまり聞かれなくなっています。

　今日、銀杏並木の美しい黄葉を見ました。重なりあった銀杏の葉が実にさまざまに異なった微妙な色合いを映して、日の光りのなかに揺れていて、②その黄葉の見事さは思わず息を呑むほどでしたが、目はそのさまざまに違う色合いを認識していても、さて、ことばで、その黄の織りなす美しいさまざまな黄色をどれだけ言いあらわせるだろうと考えると、難しいのです。

　③十二色のクレヨンの色ぐらいしか色彩のヴォキャブラリーをもたなければ、黄葉の美しさをなすさまざまな黄も、結局、ただ黄色とだけしか言えないだろうなあと思う。

（長田弘「すべてきみに宛てた手紙」）

※語彙＝ある人が使用する言葉のまとまり。ヴォキャブラリーのこと。

(1) ［A］・［B］に入る最も適当な言葉を次からそれぞれ選び、記号で答えなさい。（30点）一つ15

A［　　］　B［　　］

ア けれども　イ そして　ウ さらに
エ たとえば　オ つまり

(2) ――線①とありますが、「秋の雨」について、かつての日本人はなぜこのようにいろいろな言い方をしてきたのですか。その理由として最も適当なものを次から選び、記号で答えなさい。（20点）

［　　］

ア 昔の日本人は、漢字についての知識を豊富に持っている民族だったから。
イ 外来語が入ってくる前の日本語は、まだその豊かさを保っていたから。
ウ 秋は雨の多い季節であり、その降り方にもいろいろなものがあるから。
エ 日本人の生活は、自然との深い結びつきの中で営まれていたから。

(3) ――線②とありますが、最近の「わたしたち」は「黄葉の見事さ」をどのように表現していると筆者は考えていますか。次の文に入る最も適当な言葉を、文中から四字でぬき出しなさい。（25点）

［　　　　］とだけ表現している。

(4) ――線③とありますが、これはどのようなことをたとえたものですか。「こと。」につながるように、――線③より前の文中から二十五字以上三十字以下でぬき出し、初めと終わりの五字を答えなさい。（25点）

［　　　　　］～［　　　　　］こと。

〔成城中―改〕

思考力トレーニング

国語⑬ 正しい漢字迷路

答え→229ページ　月　日

問題　漢字で正しく書き表した言葉を選んで、スタートからゴールまで迷路を進みなさい（迷路は上下・左右に進めます）。

目標時間　7分

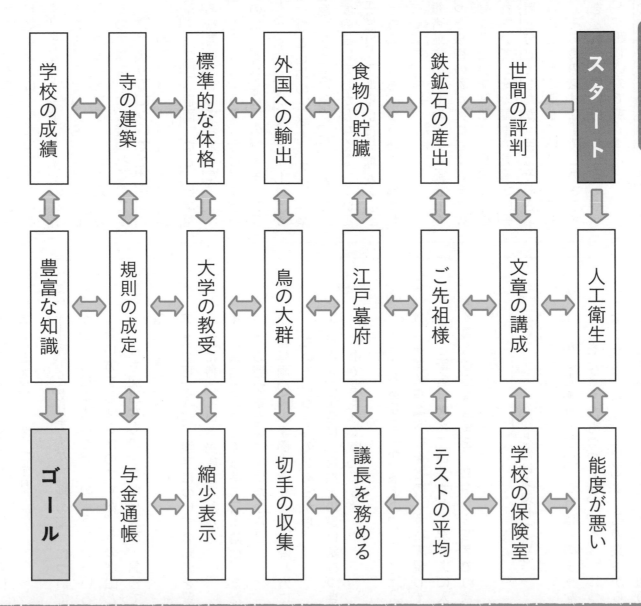

スタート	世間の評判	鉄鉱石の産出	食物の貯臓	外国への輸出	標準的な体格	寺の建築	学校の成績
人工衛生	文章の講成	ご先祖様	江戸墓府	鳥の大群	大学の教受	規則の成定	豊富な知識
能度が悪い	学校の保険室	テストの平均	議長を務める	切手の収集	縮少表示	与金通帳	ゴール

字形の似た字に注意しよう。

算数
理科
社会
英語
国語
答え
国語
14
チャレンジテスト 2
なまえ
6年　組
時間 20分
合格 80点
得点　点
答え→229ページ
月　日

1 次の文章を読んで、あとの問いに答えなさい。

人中でよそいきのお芝居ができないのは、私たち日本人の性質にあります。

それは他人にたいして無愛想であるということで、そして、先に述べたように、それは他人にたいしてちょっとした会釈がうまくできないということに通じるのです。

新幹線や航空機のなかでとなり合った人に軽く会釈して席に着く。病院の待合室で空いている椅子に腰掛けるときかすかに頭を下げてすわる。また、エレベーターに乗るとき、「開」のボタンを押してくれた人に、すみませんという気持ちで会釈する。こんななにげない仕草が、いまはなかなか実行できないのです。

無愛想な時代です。

さらにいえば、他人を拒絶してにらみつけるような時代です。

ことわざにあるように「　」ですから、ちょっとした出会いも「多少」の縁と心得て、お互いにやわらかい笑顔で接したいものです。

（斎藤茂太『「いい人」が損をしない人生術』）

(1) ――線「私たち日本人の性質」を、筆者は一言で言い表しています。その言葉を文中からぬき出しなさい。(15点)

［　　　　］

(2) 　に入ることわざを次から選び、記号で答えなさい。(10点)

［　　］

ア 袖振り合うも多生の縁
イ 縁は異なもの味なもの
ウ 会うは別れのはじめなり
エ 親しき仲にも礼儀あり

(3) あとの文が入るのはどこですか。直前の八字で答えなさい（句読点も一字に数えます）。(20点)

［　　　　　　　　］

とくに都会においてはことさらです。

2 次の文章を読んで、あとの問いに答えなさい。

4月3日　曇り

巣のなかで母フクロウは、四つの卵に体温がまんべんなくゆきわたるよう、腹の下でくちばしを使って転卵する。そのたびに、卵にむかって母親の啼く声が、①マイクを伝わって聞こえてきた。卵に話しかけていたのである。

これに対して、やがて卵からの返事も聞かれるようになった。母親が「ゴッゴッゴッゴッ……」と語りかけると、卵から「ビフィー　ビフィー……」と返事がしたのである。親子の会話は日増しに増えていった。

そして、一羽めのヒナが、今日誕生した。

ヒナは卵の中でくちばしの先端についたヤスリを使い、自らの力で殻を破って出てくる。内側からコツコツと二〜三日もの時間をかけて、卵にヒビを赤道のように一周入れたのち、出てくる。

卵を抱き続けていた母親にとって、卵の内側からヒナのうがつ振動は、母性本能を刺激する②命のサインにちがいない。

（宮崎学「森の365日―宮崎学のフクロウ谷日記」）

(1) ――線①「マイクを伝わって聞こえてきた」とありますが、何が聞こえてきたのですか。文中からぬき出しなさい。(15点)

［　　　　］

(2) ヒナはどのようにして殻を破るのですか。(20点)

［　　　　］

(3) ――線②「命のサイン」とは、何のことですか。文中からぬき出しなさい。(20点)

［　　　　］

答え→229ページ 月 日

暗号の解読

問題 次の暗号を解読し（読みは音・訓どちらでもよい）、正しく読み取れている人を答えなさい。また、正しく使っている漢字に○をつけなさい。

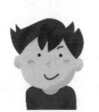

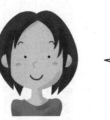

目標時間 7分

足他、追似礼野径格ヲ実講巣留。
前因、多紀名美似ー留武苦路戸
群手ヲ持ッ手、
浅住辞似、開眼野当大前似修号巣留古都。
絶態似血告葉志内庫徒！

知息備花医院貝

田中さん「2日後にとうとうやるんだね。」

山口さん「展望台に集まるのか。楽しみだな。」

大石さん「集まるのは午前中だね。」

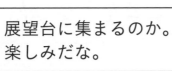

森本さん「もちものは3つだね。」

正しく読み取れている人 ［　　　　］さん

国語 15

説明文・論説文を読む ①

なまえ　6年　組

答え→229ページ

時間 20分　合格 80点　得点　点　月　日

1 次の文章を読んで、あとの問いに答えなさい。

不運なことが一つもないという運にめぐまれたら、あの小さなトチの木は、いつか大きな木になるでしょう。もっと運にめぐまれたら、若木に育ち、トチの木は①ひとかかえも、ふたかかえもある巨木に育ち、たくさんのトチの実をつけて、大地に落ちたその実からまたたくさんの稚樹が芽生えます。

森を歩いていると、いろいろな木の稚樹に出会います。ホオノキなんかは、まだ赤ん坊のくせに、ちゃんと大きな葉をつけていて、なんだかおかしくなります。いつか樹齢八〇〇年と言われるイチョウの木の苗木をもらってきて鉢に植えていたことがありますが、②割ばしの半分ほどもないこの木が、やがて小さいながらにイチョウのあの葉をつけ、 A になるとその葉が黄葉して落ちるのを、ほほえましく見ていたものです。

森のなかのそれら無数の幼い木が、③全部巨木になるはずがありません。それぞれの幼木にこのさきどんな運命が待っているのか、それを思うと森はドラマに満ち満ちた世界です。生存競争の激しいドラマではなく、生存運の B ドラマです。

森を歩いていて、ぼくはしばしば立ちどまり、しゃがみこみ、木にもたれ、目を閉じ、④森のドラマに耳を傾け、時の過ぎるのを忘れそうになります。

（高田 宏「木のことば　森のことば」）

(1) ――線①「ひとかかえ」とは、どのようにして計ることですか。次から選び、記号で答えなさい。(10点)　[　　]

ア 両手を広げて
イ 大またで歩いて
ウ 人ひとり使って
エ 手のひらでなぞって

(2) ――線②「小さいながら」とありますが、この「ながら」と同じ使い方のものを次から選び、記号で答えなさい。(20点)　[　　]

ア 歩きながら食べる
イ 昔ながらの風景
ウ 知っていながら知らんふり
エ われながらあきれる

(3) A に入る季節を、漢字で答えなさい。(10点)　[　　]

(4) ――線③とありますが、なぜ「ありません」と言い切れるのですか。次から選び、記号で答えなさい。(20点)　[　　]

ア 人間が森に入りこむと木は長生きできないから。
イ 黄葉して葉が落ちると木も死んでしまうから。
ウ 運にめぐまれた木だけが成長するから。
エ 順番に大きな木に育つことになっているから。

(5) B に入る言葉を次から選び、記号で答えなさい。(20点)　[　　]

ア 静かな　**イ** ごくわずかな
ウ のんびりとした　**エ** 強い

(6) ――線④「森のドラマに耳を傾け(る)」とはどうすることですか。次から選び、記号で答えなさい。(20点)　[　　]

ア 森の中の小さな出会いをじっと見つめること。
イ 森の中の苗木の成長を研究しようとすること。
ウ 森の中の様々な音を興味深く聞こうとすること。
エ 森の中のできごとを感じ取ろうとすること。

思考力トレーニング

国語 ⑮

漢字の計算 ②

答え→229ページ

月　日

問題　例にならって漢字の計算をして、□にあてはまる漢字を書きなさい。

目標時間　5分

例　貝＋加＝賀　　健－人＝建

(1) 拾－合＋舎＝□

(2) 立＋日＋日＝□

(3) 公＋糸＋心＝□

(4) 聖－耳＋月－口＋亡＝□

(5) 音読－売＋正－立＋月＝□□

右につけたり
上につけたり
動かしてみると
いいよ。

国語 16

説明文・論説文を読む ②

なまえ　6年　組

時間 20分　合格 80点　得点　点

答え→229ページ

月　日

1 次の文章を読んで、あとの問いに答えなさい。

私がシルクロードの旅に出た三十年ほど前には考えられなかったほど、今は外国の至る所で日本製品を見つけることができるし、老若男女を問わず多くの日本人と行き交う。

①「日本人はどこに行っても、日本人だ。」

こんな批判とも皮肉ともとれる意見を外国人から耳にすると、日本人が[A]の存在のようにあまり意識していない「日本文化の特質」とはいったいどういうものなのだろうかと考えてしまう。

日本はせまい島国だとよくいわれる。

《中略》

この南北に細長い国土をせまいと感ずるかどうかはさておき、日本国籍を有しているというだけで日本という国について理解していることにはならない。

私も同じで、②理解しているかと問われれば、自信を持ってうなずくことはできない。

③その特質を語るに際して、まず「自然」ということについて述べてみたい。

「あの人はいつも自然体でいい」とか「君の行動は自然体だよ」という言い方がある。日本人の意識のなかでは、「[B]」という言葉は好ましい言葉としてとらえられてきた。

自然の摂理に反するおかしな行為に対して、日本人は「自然体」という表現を頻繁に使う。この言葉は、日本語の熟語のなかで日本人の[C]観を物語るキーワードにすらなっている。

（平山郁夫「生かされて生きる」）

(1) 第一段落で筆者が述べようとしている内容に合うものを次から選び、記号で答えなさい。（10点）

ア 日本と世界のつながりは増えている。
イ 日本人は海外旅行が好きすぎる。
ウ 日本は世界の文化を取り入れている。
エ 日本は世界を理解しようとしている。

(2) ――線①「日本人はどこに行っても、日本人だ」とは、どういうことですか。次から選び、記号で答えなさい。（20点）

ア 日本人はどこの国へ行ってもその国の人にはなれない。
イ 日本人はどこの国へ行っても日本の文化をくずそうとしない。
ウ 日本人はどんな国の人といっしょにいても、すぐ見つけられてしまう。
エ 日本人はどんな国にいても批判を受けてしまいがちである。

(3) ――線②「理解しているか」とは何についてですか。文中からぬき出しなさい。（20点）

(4) ――線③「その特質」とは何の特質ですか。文中からぬき出しなさい。（10点）

(5) [A]に入る語を次から選び、記号で答えなさい。（20点）

ア 自然　**イ** 空気　**ウ** 自己　**エ** 風景

(6) [B]・[C]に共通して入る漢字二字の語を、文中からぬき出しなさい。（20点）

〔大阪女学院中―改〕

熟語クロスワードパズル ②

答え→230ページ

月　日

問題　次の熟語クロスワードパズルを完成させなさい。

目標時間　5分

		農						
□	鋼	□		芸			非	
道		生		能			常	
模		□	婦	□	□		事	
型					□	習	□	度
					技			
			大	手	□			

わかるところからうめていこう。

国語 17 説明文・論説文を読む ③

なまえ　6年　組

時間 20分　合格 80点　得点　点

答え→230ページ

月　日

1 次の文章を読んで、あとの問いに答えなさい。

　おわりの一節（魯迅の「故郷」）を全文引用してみましょう。

「まどろみかけたわたしの目に、海辺の広い緑の砂地が浮かんでくる。その上の紺碧の空には、金色の丸い月が懸かっている。思うに希望とは、もともとあるものともいえぬし、ないものともいえない。それは地の道のようなものである。もともと地上に道はない。歩く人が多くなれば、それが道になるのだ。」

　魯迅をよむようになる前から、私は道というものが気になっていました。道はいったい、どうしてできるのか。だれが道をつくるのか。また、人はかならずできあがった道を歩かねばならぬものなのか。

　魯迅の考えはこうです。道は人がつくるものである。そして、道は最初は、道のなかったところへ人が歩くことによってつくられるものである。

　道は人類の生活とともにあるでしょう。どんな山のなかにも道はあります。その道を私たちが歩くということは、何千年のむかしからの祖先のおかげをこうむっていることです。

　[A]、もし私たちが、できあがった道だけを歩くとしたら、あたらしい道はできません。それでは人類の進歩はとまってしまいます。やはり、だれかが思いきって、道のない、いばらばかりの原っぱをつっきってみる①冒険が必要です。まず歩いてみなければならない。道があるから歩くのではなくて、歩くことによって道をつくらなければならない。いや、道をつくる、つくらぬは二の次にして、ともかく一歩ふみ出してみなければならない。

　これはたいへん勇気のいることです。道のあるところを歩くのはやさしいが、道のないところへ足をふみ入れようとすると、②全身が緊張して、心臓がドキドキしたり、冷や汗がながれたりします。

　魯迅は③道ということを深く考えた人です。道は人がつくるものである。[B]、そう考えて、考えたばかりではなく、たいへんな勇気をふるって実行に進み出た人なのです。

（竹内 好「忘れられないことば」）

(1) [A]に入る言葉を次から一つ選び、記号で答えなさい。（20点）　[　　]

ア そして　イ また
ウ あるいは　エ しかし

(2) ——線①「冒険」に必要なものは何ですか。文中からそれを表す言葉をぬき出しなさい。（20点）
[　　　　]

(3) ——線②「全身が緊張して、心臓がドキドキしたり、冷や汗がながれたり」するのはなぜですか。次から最も適当なものを選び、記号で答えなさい。（20点）　[　　]

ア 危険や失敗をおそれているから。
イ 勇気をふるい起こしているから。
ウ 未知のものに出会えそうだから。
エ 自分だけでひとりぼっちだから。

(4) ——線③「道」とは、魯迅の考えでは何をたとえた言葉ですか。文中からそれを表す言葉をぬき出しなさい。（20点）
[　　　　]

(5) [B]に入る文を次から一つ選び、記号で答えなさい。（20点）　[　　]

ア だれかが歩かなくては道はできない
イ 人はできあがった道を歩くべきである
ウ 先祖のおかげをこうむるものである
エ どのようにしてつくったのだろうか

〔京都女子中―改〕

熟語パズル ③

答え→230ページ
月　日

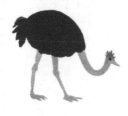

問題
□に漢字一字を入れて、矢印の向きに熟語を完成させなさい。

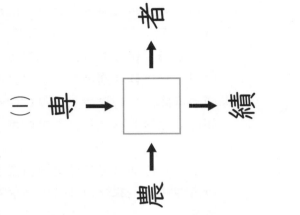

目標時間 5分

(1)
専 → □ → 績
農 → □ → 者

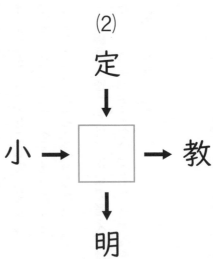

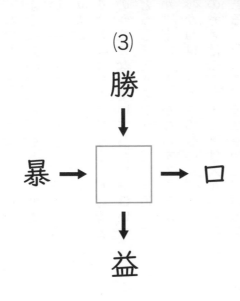

(2)
定 → □ → 明
小 → □ → 教

(3)
勝 → □ → 益
暴 → □ → 口

(4)
乗 → □ → 雨
下 → □ → 参

〔多摩大目黒中―改〕

思いつく熟語からあてはめてみよう。

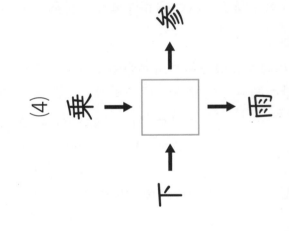

国語 18

説明文・論説文を読む ④

なまえ　6年　組

時間 20分　合格 80点　得点　点

答え→230ページ

月　日

1 次の文章を読んで、あとの問いに答えなさい。

昔の人は、自然に従った生活をしていたから、神の与え給うた忘却作用である睡眠だけで、充分、頭の掃除ができた。ところが、いまの人間は、情報過多といわれる社会に生きている。どうしても不必要なものが、頭にたまりやすい。夜のレム睡眠くらいでは、処理できないものが残る。これをそのままにしておけば、だんだん頭の中が混乱し、常時、「忙しい」状態になる。ノイローゼなども、そういう原因から起る。

かつては、忘れてはいけない、忘れてはいけない、と言っていられた。倉庫として頭を使った。中が広々していたからである。①このごろは入れるものが多くなったのに、スペースには限りがある。その上、倉庫だけでなく工場としてものを創り出さなくてはいけない。場ふさぎがごろごろしているのは不都合である。

忘れる努力が求められるようになる。

Ａ　これまで、多くの人はこんなことは考えたこともないから、さあ、忘れてみよ、と言われても、さっさと忘れられるわけがない。しかし、入るものがあれば、出るものがなくてはならない。入れるだけで、出さなくては、爆発してしまう。

Ｂ　食べものを食べる。消化して吸収すべきものを吸収したら、そのこりは体外へ排泄する。食べるだけで、排泄しなければ、糞づまりである。これまでの、倉庫式教育は、うっかりしていると、この糞づまりをつくりかねなかった。どんどん摂取したら、どんどん排泄しないといけない。忘却はこの不可欠な排泄に当る。目のかたきにするのは大きな誤りである。

勉強し、知識を習得する一方で、不要になったものを、処分し、整理する必要がある。何が大切で、何がそうでないか。これがわからないと、古新聞一枚だって、整理できないが、いちいち②それを考えているひまはない。自然のうちに、直観的に、あと必要そうなものと、不要らしいものを区分けして、新陳代謝をしている。

頭をよく働かせるには、この"□"ことが、きわめて大切である。頭を高能率の工場にするためにも、どうしてもたえず忘れて行く必要がある。

（外山滋比古「思考の整理学」）

(1) ——線①とありますが、「このごろ」「入れるものが多くなった」のはなぜですか。文中の言葉を使って、十五字以上二十字以内でまとめなさい。（30点）

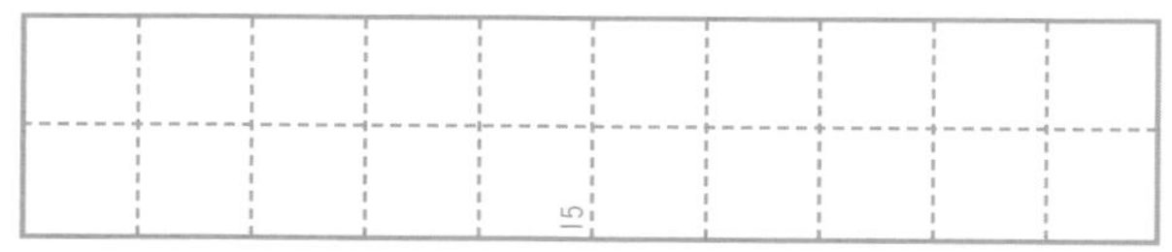

(2) 文中のＢで示した段落は、Ａで示した段落とどのような関係にありますか。次から一つ選び、記号で答えなさい。（20点）〔　　〕

ア　Ａをまとめた上で、予想される反論をＢで示している。

イ　Ａで原因を示し、続けてＢで結果を明らかにしている。

ウ　Ａとは全く異なる内容に移り、Ｂで話題を転換している。

エ　Ａの内容を受けて、根拠となるたとえをＢで展開している。

(3) ——線②が指しているのは何ですか。文中からぬき出しなさい。（20点）

〔　　　　〕

(4) □に入る言葉を文中から三字でぬき出しなさい。（30点）

〔北鎌倉女子学園中—改〕

数字を使った言葉 ①

答え→230ページ　月　日

問題

次の□にあてはまる漢数字を書き入れなさい。また、すべての数字を足した数を、算用数字で答えなさい。

目標時間 5分

(1) □里霧中（むちゅう）

(2) 石の上にも□年

(3) □転び□起き

(4) 人のうわさも□□□日

(5) □石□鳥

(6) □□歩□歩

すべて合計した数 □□□

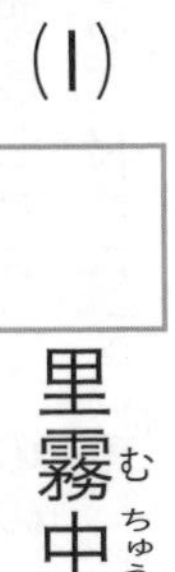

意味がわからないものは
辞書で調べておこう。

国語 19 物語を読む ①

なまえ　6年　組

時間 20分　合格 80点　得点　点

答え→230ページ

月　日

1 次の文章を読んで、あとの問いに答えなさい。

短い手紙だった。

『お元気ですか？

急に引っ越すことになりばたばたしていて連絡が遅れました。喧嘩したままでイヤだったけど、どうも、電話ができませんでした。

また、会えるといいね。

それじゃ、お元気で』

なんて、そっけない。目を合わさずに、いやいやしゃべっている言葉みたいだ。

私は胸がぎゅうぎゅうした。

喧嘩は、つまらない喧嘩だった。この公園で、自転車の練習をした時、広一くんが、あんまりイクジナシの臆病者の鈍になったので私はかんしゃくをおこしたのだ。最高の男の子が、最低の男の子に変わるなんて、まったく許せなかった。

その喧嘩以来、私たちは会っていない。

私のかんしゃくなんて夏の夕立みたいで、しょっちゅうなのに、広一くんは、雷にやられたイチョウの木のように燃えてコゲて怒って傷ついてしまった。

私は、手紙を封筒に戻して、あたりを見まわした。美男でも美女でもないカップルは、手をつないで池のほうへ歩いていた。赤とグレーのスタジャン、赤と緑のチェックのハーフ・コート。色のない十二月の景色の中で彼らは、とても暖かく見えた。

男の子たちとコリーは、キャッチボールをしている。

私は、早く大人になりたいと思った。

大人になれば、つまらない喧嘩をしたり、つまらない手紙をもらったりしないだろう。こんな冬の日にぴったりの好きな色のコートを買って、一番好きな人と手をつないで風の中を一日中だって歩ける。

進は手紙の内容を聞いてこなかった。一人でさっさと返事を書いて出してしまい、私はノケモノにされたような気がした。

だって、返事なんて、何を書くのよ。

――引っ越しちゃって残念です。喧嘩のことはもういいです。また、会えるといいね――

――引っ越しちゃって残念です。喧嘩のことはゴメンナサイ。また、会えるといいね――

「また、会えるといいね」なんて、つまんない言葉。だって、隣の県じゃない。そう思ったら、ほんとに会いにくればいいのよ。

私は返事を書けずにイライラした。

（佐藤多佳子「サマータイム」）

(1) 文中に出てくる手紙は、だれからのものですか。（30点）

［　　　　］

(2) 手紙を受け取った「私」の心情を表している部分を、文中から十字でぬき出しなさい。（30点）

［　　　　　　　　　　］

(3) ――線のときの「私」の心情の説明として最も適当なものを次から選び、記号で答えなさい。（40点）

ア 手紙をもらったからには、返事を出すのが礼儀だと思う。でも、あまりにもそっけない手紙なので返事の書きようがなく、広一くんに礼儀しらずと思われるのも腹立たしくてイライラしてしまう。

イ 手紙をくれた広一くんの本心がわからないので、広一くんは私のことを嫌いになってしまったのかもしれないと思う。私にとっては大事な友だちだったのに、こんなことになってしまってイライラしてしまう。

ウ 返事が届かなければ広一くんは私がまだ怒っていると思うだろう。でも、あの喧嘩は私にも責任があり、広一くんに謝りたい気持ちがある。そのことが伝えられない自分にイライラしてしまう。

［　　］

〔神奈川大附中―改〕

思考力トレーニング

国語 ⑲

漢字画数迷路（めいろ）

答え→230ページ

月　日

問題

十画以上の漢字だけを通ってスタートからゴールまで迷路（めいろ）を進みなさい（迷路は下か左に進めます）。

目標時間　5分

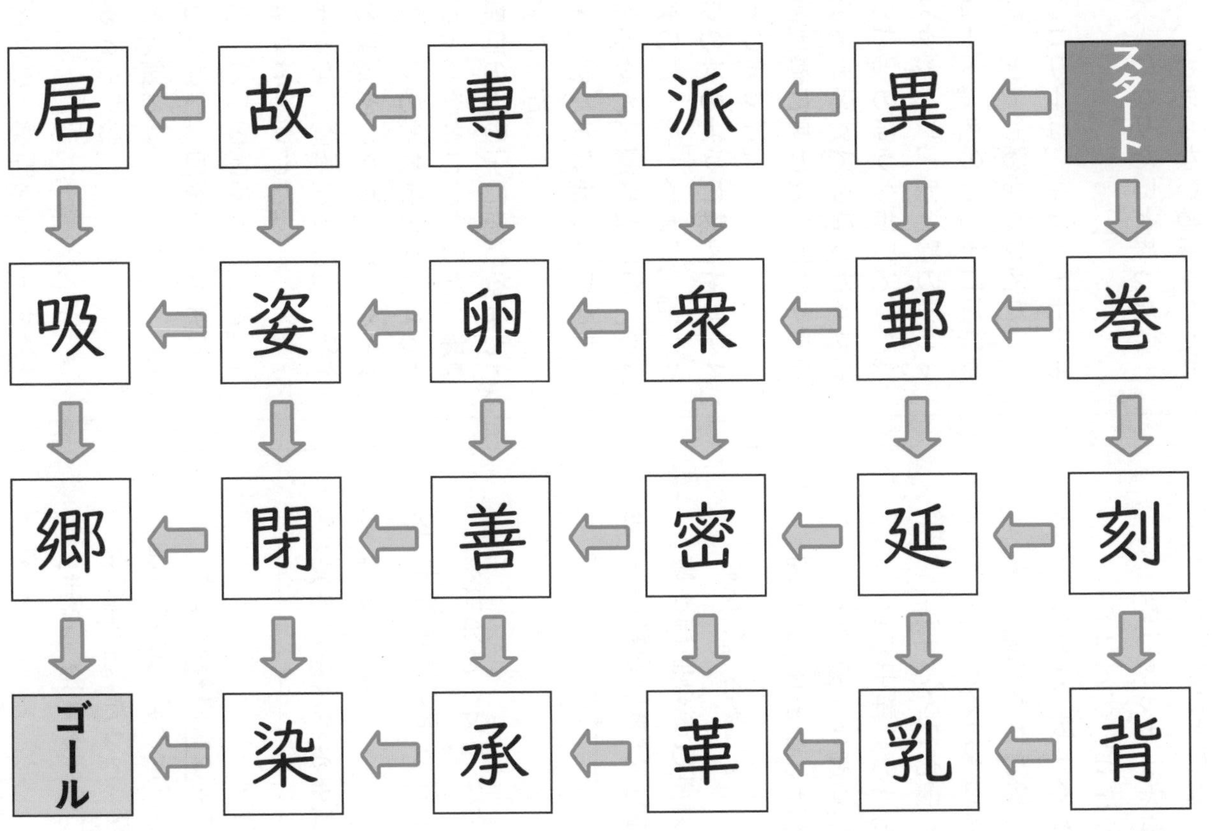

いつもまちがえるものを覚えておこう。

国語 20 物語を読む ②

なまえ 6年 組

時間 20分 合格 80点 得点 点

答え→230ページ

月 日

1 次の文章を読んで、あとの問いに答えなさい。

夕暮れもまぢかいころ、幸枝は学校から帰ってくる。小さな借りあげ社宅のドアをあける。

すると、いつものように幸枝の足もとにすりよってくる、ふわりとあたたかい生きものの感触。ねこのジローである。

「ジロー！」

幸枝はカバンを①投げすてるなり、すぐさまジローをだきあげる。エメラルド色のジローの眼が細くかげり、幸枝の腕のなかでのどを鳴らす。

じつはジローは、三月ばかりまえ、幸枝がごみのしまつをしようと、勝手口のドアをあけたとき、するりともぐりこんできた迷いねこである。

それはしとしとと梅雨じめる夜のことだった。②どこをどうやってたどりついたものか、黒い毛なみも③さしてぬれてはおらず、しなやかな四つ足のうらもぬぐったかのようにきれいであった。

いったいどうやって歩いてきたんだろう。家にはいるまえに、ジローはまず、礼儀正しく、じぶんの舌で足うらを掃除したのだろうか。

頭から足のさきまで、まっ黒くろの黒ねこであったが、ねこにしては、小さいちょぼんとした口もとがかわいらしかった。ようやく子ねこからぬけだしたばかりというところらしい。

「まるでおまえ、④忍術使いみたいだね。」足うらをたしかめてみて、幸枝はひとりでにねこに話しかけていた。

⑤それとも雨のふるまえから、ここへはいろうと、戸口のあくのを待っていたのだろうか。夕がた焼いたイワシのにおいでもかぎつけてやってきたのだろうか。

（生源寺美子「少女たちの季節―青い木の実たち」）

(1) ――線①「投げすてる」とありますが、なぜ投げすてたのですか。最も適当なものを次から選び、記号で答えなさい。(20点)

ア 家に帰ってきてほっとしたから。
イ 重いカバンをはやく手放したかったから。
ウ ねこをだきたかったから。
エ なんとなくいらいらしていたから。

［　　］

(2) ――線②「どこをどうやって」の「やって」を別の言葉に置きかえます。最も適当なものを次から選び、記号で答えなさい。(20点)

ア 鳴いて　イ 通って
ウ ぬれて　エ なめて

［　　］

(3) ――線③「さして」の意味を次から選び、記号で答えなさい。(20点)

ア 大変　イ 少しも
ウ とても　エ たいして

［　　］

(4) ――線④「忍術使いみたいだね」とありますが、なぜそう言ったのですか。次から選び、記号で答えなさい。(20点)

ア 雨にぬれず足をよごさず歩いてきたから。
イ 全身をなめてきれいにしていたから。
ウ 忍術使いのように全身がまっ黒だから。
エ どうやって家に来たのかわからないから。

［　　］

(5) ――線⑤「それとも」は、どこの部分を受けて、「それとも」と言っていますか。一文でぬき出し、初めと終わりの五字を答えなさい（句読点も一字に数えます）。(20点)

［　　　　　］～［　　　　　］

〔和洋国府台女子中―改〕

熟語パズル ④

答え→230ページ

月　日

問題

例にならって、となりあう二字ずつがすべて熟語となるように、次の□にそれぞれ漢字一字を入れなさい。熟語は矢印の向きに読むものとします。

目標時間　5分

例

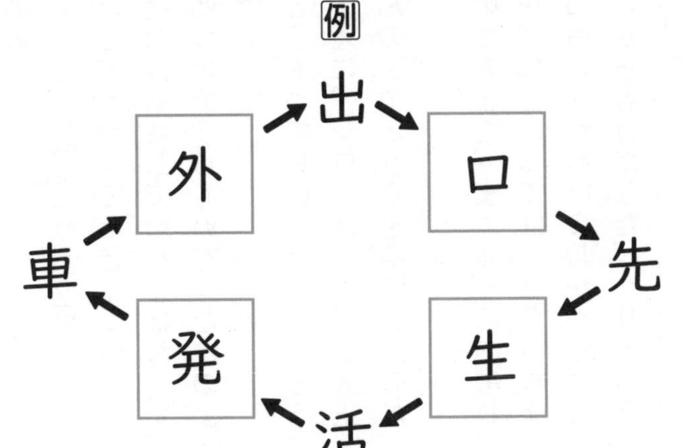

(1)

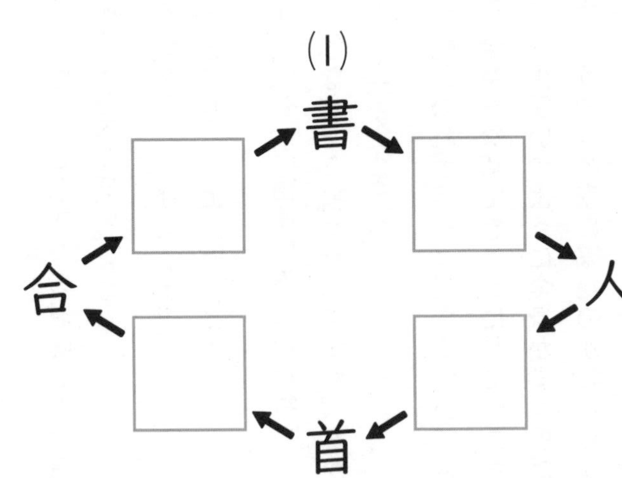

(2)

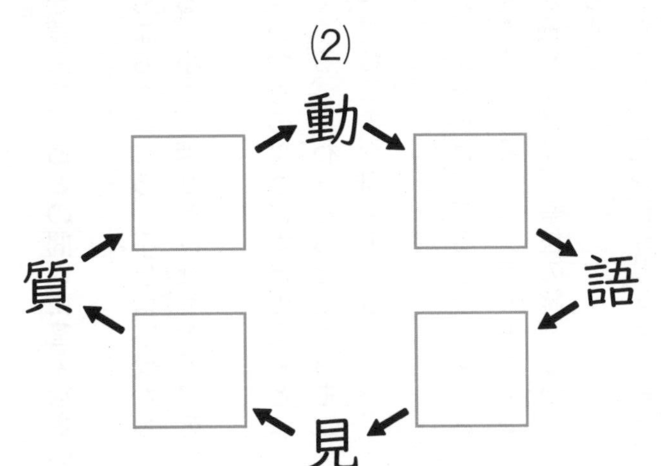

(3)

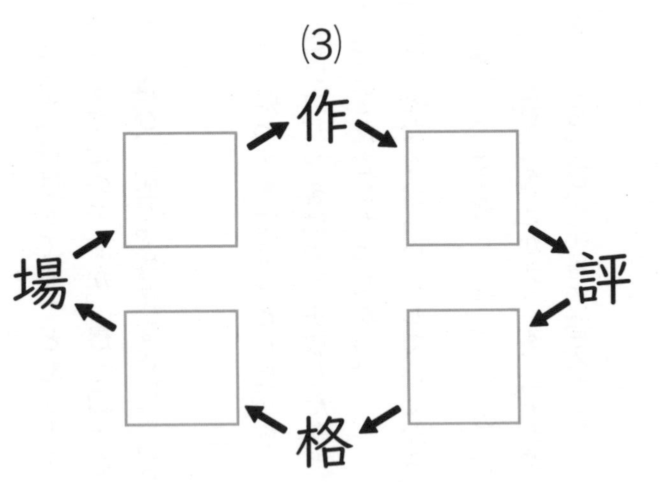

国語 21 物語を読む ③

なまえ　6年　組

答え→230ページ　月　日

時間 20分　合格 80点　得点　点

1 次の文章を読んで、あとの問いに答えなさい。

（野球選手を夢見る修は、母親が黒の※紋付をつぶして作ったユニフォームで、学級対抗のソフトボールの試合に出た。）

その試合でレフトに飛んで来たフライは五球もあったが、いずれも修はボールを捕れなかった。バッターに立っても打てず、三振とピッチャーゴロのノーヒットに終った。

バッターボックスに立つたびに相手側から「黒バッタ」「黒バッタ」の野次が飛び、上がってしまったせいもある。広瀬先生がにこやかに励ましてくれたことだけが修には唯一の救いだった。

「ただいまッ」

ランドセルを※上り框に放り投げると、洗濯物を畳んでいた母が心配顔で修を迎えた。

「オサム、どうだった？　ユニフォーム」

「みんな、びっくりしてた。すごいって」

「よかった。馬鹿にされたんじゃないかと思って心配してたわ」①母は※眉根を開いた。

「みんなにからかわれたら、母さんが出てってやるからね」

「そんなことなかったよ」

修は「黒バッタ」とからかわれたことはいうまいと思った。折角、夜なべして母が作ってくれたユニフォームだ。

「みんな、いってたよ。格好いいって。母ちゃんにいって、おれみたいな黒のユニフォーム作ってもらうべって」

「そうかい、そうかい。友だちはみんなそういってたかい」

母は顔をくしゃくしゃにし、目を細めた。

修は②嘘をつくのが少し後ろめたかったが、喜んでくれればいいやと思うのだった。

「おれ、テツオのところへ、遊びに行ってくら」

「ああ、行っといで。遅くなんないうちに帰んだよ」

母はにこにこしながら、修の黒いユニフォーム姿に見入っていた。嘘をついて居心地が悪かった。修は③一目散に外に走り出た。

（森詠「オサムの朝」）

＊紋付＝その家のしるしのついている着物。
＊上り框＝家のあがり口の床などの端にわたす横木。
＊眉根＝眉の、鼻に近い方の端。

(1) ——線①のときの母親の気持ちを考えて書きなさい。（20点）

［　　　　］

(2) ——線②「嘘」について、次の問いに答えなさい。（40点）一つ20

① どのような「嘘」をついたのですか。その内容を表している部分を、文中から五十字以内でぬき出し、初めと終わりの四字を答えなさい（記号はふくまないが、句読点はふくむ）。

［　　　　］～［　　　　］

② 「嘘」をついたときの修の気持ちを表している部分を、文中から二十字以内でぬき出し、初めと終わりの四字を答えなさい（句読点はふくまない）。

［　　　　］～［　　　　］

(3) ——線③のときの場面の様子を説明したものを次から一つ選び、記号で答えなさい。（40点）

［　　］

ア 修は母親を憎く思っても、母親は気づいていない。
イ 嘘は母親を思う修の気持ちであるが、母親は修の気持ちにまるで気づいていない。
ウ 母親は野球がうまくならない修をはがゆく思い、修はたえられなくなっている。
エ 母親の喜ぶ姿を見て、修は満足している。

〔山脇学園中―改〕

対義語づくり

答え→230ページ　月　日

問題

次の□内の漢字をすべて使って、対義語を五組作りなさい。また、残った漢字を使って、四字熟語(じゅくご)を一つ作りなさい。

目標時間 7分

縮	合	地	集
結	大	去	解
散	変	現	因
理	小	未	来
異	過	拡	想
実	原	天	果

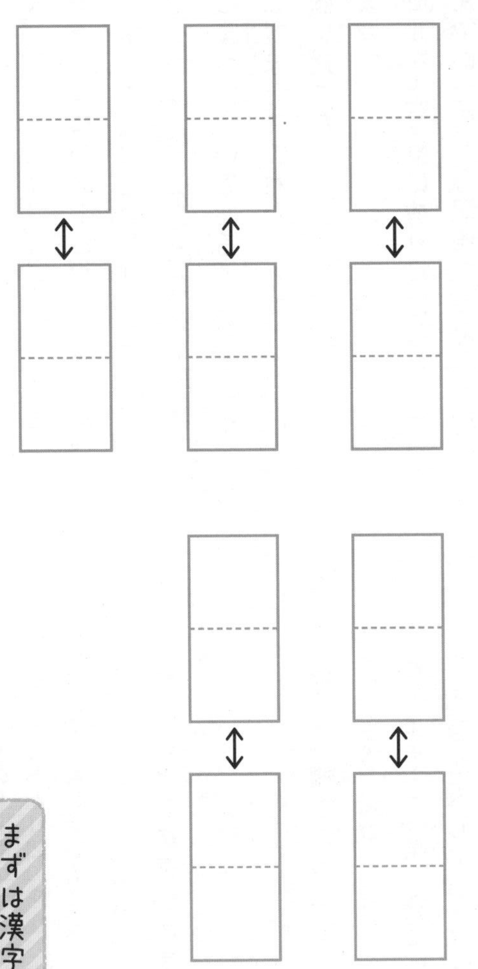

四字熟語

まずは漢字一字で反対の意味をもつものを見つけよう。

国語 22 物語を読む ④

なまえ　6年　組

時間 20分　合格 80点　得点　点

答え→230ページ

月　日

1 次の文章を読んで、あとの問いに答えなさい。

川でカワウソを見つけたぼくたちは、先生にいおうと話していたが、エイジは「ダメだ」といった。

「①このことは、秘密にするぞ」

秘密。エイジのこの重い一言で、うわついたぼくたちの気持ちは、冷静になった。しかしタツヤは、納得できないという顔でこういった。

「なんで、なんで秘密なんだよ」

「こんなこと、話してみろ。大さわぎになるぜ。大さわぎになったら、いばりくさったおとなが大勢やってきて、この川で自由に遊べなくなる」

「私が見つけたのよ」

「ああ、見つけたのはアヅミだ。でもなアヅミ。お前はカワウソを見ることができんぞ。おとなはおとなだけで調査をするからな。そしたらおまえは、ただのフンを見つけただけの女だ」

「やだあ、そんなの」

「だろ。だから、おれたちだけで、カワウソを探そうぜ。カワウソを見つけて、捕まえて、それから、おとなに見せればいい」

エイジの言葉には、ものすごく説得力があった。タツヤもアヅミも目をギラギラさせて、うなずいている。

でも、ぼくは聞きのがさなかった。エイジが『□』といったことを。エイジは人なみ外れて、狩猟本能の発達した男だ。とにかくなにを見つけても、まず関心を示し、必ず捕まえようとする。それが、毒のあるマムシだろうとおかまいなしだ。

（エイジは、単に自分がカワウソを捕まえてみたいだけなのだ）と、ぼくは思った。

（大さわぎになれば、じゃまが入る。だから、秘密なのだ）とも。しかし、カワウソを捕まえるということはぼくにとっても興味深く、魅力的なことなので、反対する気など毛頭なかった。

「でもよう、エイジ。どうやって捕まえる？」と、タツヤがいった。

「そいつはゆっくり考えようぜ。そうだなあ……まずセイ。おまえ、明日カメラを持ってこいよ。証拠は残しておかないといけないから。足跡とタール便をカメラにとってくれ」

「うん、わかった」カメラは、父さんにもらった防水のデジタルカメラがある。ぼくは②ふたつ返事でOKを出した。

（阿部夏丸「カワウソがいる」）

(1) ——線①「このことは、秘密にするぞ」とありますが、ぼく（セイ）はエイジの気持ちをどのようにとらえましたか。文中から二つ、二十字以内でぬき出し、それぞれ初めと終わりの四字を答えなさい（句読点はふくまない）。（40点）一つ20

□□□□～□□□□

□□□□～□□□□

(2) □に入る言葉を、文中から四字でぬき出しなさい。（20点）

□□□□

(3) ——線②は、「ためらわずにすぐ引き受けること」の意味です。なぜそういう気持ちになったのですか。「……だから。」に続くように文中から三十五字以内でぬき出し、初めと終わりの四字を答えなさい。（40点）

□□□□～□□□□だから。

〔滝川中—改〕

熟語(じゅくご)あみだくじ ②

答え→230ページ

月　日

問題

次のあみだくじに線を一本加えて上と下の漢字をつなぎ、熟語(じゅくご)を完成させなさい（あみだくじは下か左右にしか進めません）。

目標時間 5分

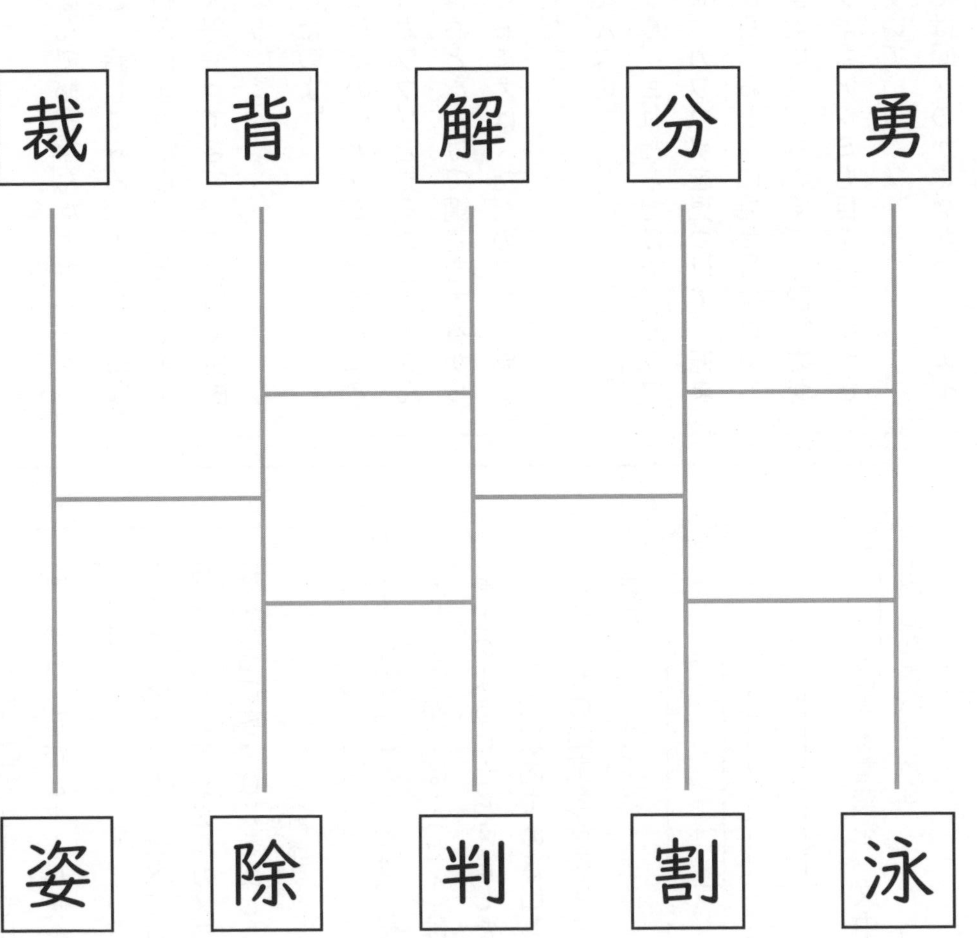

加える線は一本だけだよ。

国語 23

随筆を読む ①

なまえ　6年　組

時間 20分　合格 80点　得点　点

答え→230ページ

月　日

1 次の文章を読んで、あとの問いに答えなさい。

棚に並ぶ無数の本を、いつも見上げていた。

小学四、五年生のころの話である。

当時、ぼくは山陰地方の田舎町に住んでいた。近所に書店などなかった。たまに家族でバスに乗ってデパートに出かける、それが楽しみだった。お目当てはデパートではなく、書店だ。買い物をする家族と別れて、町でいちばん大きな書店に足を踏み入れれば、そこからはもう、時間の流れがとまる。

①本の虫だったわけではない。学校の図書室には近寄らなかったし、部屋にこもって本を読むよりも外で野球やサッカーをするほうがずっと楽しかった。そんな少年が、なぜか休日の午後を書店で過ごすことだけは好きで好きでたまらなかったのだ。

母親が買い物を終えて迎えに来るまで、いまにして思えばたいして広くもなかったその書店の中を A 回る。児童書やマンガのコーナーはもちろん、大人向けの本の並ぶ棚も順にめぐっていく。入口そばの雑誌コーナーにも行く。地図や辞書、画集、楽譜、回転式のスタンドに並べられた洋書に至るまで、とにかくすみからすみまで見て回る。

立ち読みはほとんどしない。棚にぎっしりと並ぶ本の背表紙を、ただながめるだけ。②この原稿が書店向けの雑誌に書くコラムだから優等生になっているのではなく、話は単純、棚から一冊ぬき取ろうにも手が届かなかったのである。

そう、あのころ、棚に並ぶ本の大半は、自分の背たけよりもはるかに高い位置にあった。背表紙に記されたタイトルをはしから読んでいると、しだいに首が痛くなってくる。足もつかれてくる。それでもぼくは B を床に落とすことなく、一心に本を見上げる。

《中略》

いま、三十五歳のぼくは、書店をごく日常的に利用している。棚に並ぶたいがいの本は手の届く高さにあり、最上段の本を取るときには踏み台や脚立を貸してもらう。「読みたい」ではなく「読んでおいたほうがいいだろう」程度の本もさほどためらうことなくレジへ持っていくようになり、それと引きかえに、残念ながら「読みたくてたまらない」本に出会う回数が減ってきたことにも、気づく。

だからこそ、ぼくは、あのころの自分と同じような年格好の少年を書店で見かけると、なんともいえずうれしくなる。本を見上げる少年のまなざしのすみを、自分の本の背表紙がちらっとよぎってくれることを誇りに思う。そして、いつか少年が大人になったとき、「読みたくてたまらない」本の中にぼくの作品がふくまれていてくれれば……そんなことも、ふと思ってみたりするのである。

（重松清「本を見上げる少年」）

(1) ――線①「本の虫」とはどのようなものですか。簡単に説明しなさい。(20点)

[　　　　]

(2) A に入る言葉を次から選び、記号で答えなさい。(20点)

ア まもなく　イ ほどなく
ウ なんとなく　エ くまなく
オ それとなく

[　　]

(3) チャレンジ ――線②「この原稿が……なっているのではなく」とありますが、なぜ棚に並ぶ本の背表紙をながめるだけなのが優等生ということになるのですか。説明しなさい。(30点)

[　　　　]

(4) B に入る言葉を、最後の形式段落からぬき出しなさい。(30点)

[　　]

〔甲南中―改〕

国語 ㉓

漢字の読みしりとり迷路(めいろ)

答え→231ページ　月　日

問題 漢字の読みでしりとりをして、スタートからゴールまで進みなさい（読みは音・訓とも可。迷路(めいろ)は上下・左右に進めます）。

目標時間 5分

<table>
<tr><td>歴</td><td>翌</td><td>内</td><td>郷</td><td>域</td><td>平</td><td rowspan="2">学</td><td>スタート</td></tr>
<tr><td>導</td><td>優</td><td>頂</td><td>岩</td><td>題</td><td>管</td><td></td></tr>
<tr><td>胸</td><td>割</td><td>歌</td><td>森</td><td>訳</td><td>縦</td><td>波</td><td></td></tr>
<tr><td>愛</td><td>結</td><td>達</td><td>常</td><td>遊</td><td>幕</td><td>誕</td><td></td></tr>
<tr><td>設</td><td>都</td><td>益</td><td>熱</td><td>許</td><td>若</td><td>経</td><td></td></tr>
<tr><td>認</td><td>楽</td><td>裏</td><td>痛</td><td>焼</td><td>良</td><td>骨</td><td></td></tr>
<tr><td>ゴール</td><td>位</td><td>満</td><td>幹</td><td>我</td><td>弓</td><td>巻</td><td></td></tr>
</table>

それぞれの漢字の読み方を全部思いうかべて進もう。

国語 24 随筆を読む ②

なまえ　6年　組

時間 25分　合格 80点　得点　点

答え→231ページ

月　日

1 次の文章を読んで、あとの問いに答えなさい。

「発掘！」――はじめて発掘を見たんです。いわれるまで、目の前でみんながやっているのが発掘だなんて、思ってもみなかっただけに、［A］的でした。「これが発掘なんだ！」そう思うと、①身ぶるいしたくなるような感動が身体のなかを走ったのです。

「もしよかったら、こっちにきてもっとよく見ない？　もしかすると未来の大考古学者になるかもしれないからね、きみは」こんな会話のあと、私は日が暮れるまでそこにいて、発掘の一部始終を見ていたのです。

終わりごろ、先の人がきて、私に向かって「何か質問とか感想はある？」と聞いてくれたんです。半日以上見ていて、ひとつ自分なりに不思議だと思うことがあったので率直に聞いてみたのです。

「何かをあてにして掘っているんですか。②柱穴だとか、炉の跡だとかみんながいっていますが、それには何か証拠があるんですか」と。

今考えれば、生意気なガキです。考古学の専門家に、［B］的なセリフをはくなんて百年早いというもので、私が当事者ならおこったにちがいありません。しかしその人は違いました。

「坊や、いいことに気がついたね。考古学でいちばん大切なことなんだよ、それは。坊や、土は地球だよね。地球は何千年、何万年前からできているよね。だから、土はとても硬く、強く固まっているんだ。そこを何百年か前に人が掘ると、そのあとそこへ新しい土がかぶさっても、二度ともとの土にもどれないんだ。だから柱を建てるために掘った穴に、あとからはいった土ははじまないので、ぼくたちが掘っても③はっきりとわかるんだよ。地球は一度掘り返したら二度ともどらないんだ。考古学ってそんなことを知る学問なんだよ。わかったかい」

これは、私の心につきささる言葉でした。今日まで、私の考古学の原点となる言葉だからです。

（吉村作治「夢、一直線」）

(1) ――線①について、その時の私の気持ちとしてふさわしいものを次から一つ選び、記号で答えなさい。（20点）［　］

ア　何度も通った身近な公園に、こんなにもすばらしいことがあったのがほこらしかった。

イ　目の前で行われていることが、あこがれていた「発掘」だということがわかって感動した。

ウ　お兄さんの考え方がとても優しかったので、自分もいつかそうなりたいとあこがれた。

(2) ――線②について、考古学者たちがそれを証明する際に基本としていることを「〜という事実。」に続くように、文中の言葉を使って、十八字以上二十五字以内で答えなさい。（25点）

［　　　　　　　　　　　　　　　　　　　　　　　　　］という事実。

(3) ――線③とありますが、どんなことがわかりますか。具体的に説明しなさい。（25点）

［　　　　　　　　　　　　　　　　　　　　　　　　　］

(4) ［A］・［B］に入る言葉を次からそれぞれ一つ選び、記号で答えなさい。（30点）一つ15

ア　衝撃　イ　魅力　ウ　希望　エ　挑戦

A［　］　B［　］

〔藤村女子中―改〕

思考力トレーニング

国語㉔

動物を使った言葉

答え→231ページ 月　日

問題　（　）内の意味を参考にしながら、□に合う動物の名前を、漢字またはひらがなで書き入れなさい。また、その中で十二支に入っていない動物をすべて答えなさい。

目標時間　5分

(1) ふくろの□□□（にげることができないこと）

(2) □□の威(い)を借るきつね（力のある者のかげにかくれていばる者のたとえ）

(3) □□をかぶる（本性をかくして上品ぶる様子）

(4) とんびが□□を生む（平凡(へいぼん)な親がすぐれた子を生むこと）

(5) やぶ□□（余計なことをしたために思わぬ災難(さいなん)にあうこと）

(6) □の耳に念仏（いくら言っても効き目がないこと）

(7) 立つ□あとをにごさず（立ち去る時に、見苦しくないよう後始末をきちんとすること）

(8) □も歩けば棒(ぼう)にあたる（物ごとをしようとするものは、災(わざわ)いにあうことも多いというたとえ）

十二支に入っていない動物［　　　　］

国語 25 伝記を読む

なまえ　6年　組

時間 20分　合格 80点　得点　点

答え→231ページ

月　日

1 次の文章を読んで、あとの問いに答えなさい。

①未知の世界を探究する人々は、地図を持たない旅行者である。地図は探究の結果として、できるのである。目的地がどこにあるか、まだわからない。もちろん、目的地へ向っての真直ぐな道など、できてはいない。

目の前にあるのは、先人がある所まで切り開いた道だけである。この道を真直ぐに切り開いて行けば、目的地に到達できるのか、あるいは途中で、別の方向へ枝道をつけねばならないのか。

「ずいぶんまわり道をしたものだ」

と言うのは、目的地を見つけた後の話である。後になって、真直ぐな道をつけることは、そんなに困難ではない。まわり道をしながら、そしてまた道を切り開きながら、とにかく目的地までたどりつくことが②困難なのである。

昭和七年に私のいた地点は、後で考えると、目的地にかなり近かったのである。核力の場の性格を追及し、この場に量子力学を適用したならば、簡単に「中間子」の概念に到達し得たはずである。ところが実際は二年間、③暗中模索をつづけなければならなかったのである。

（湯川秀樹「旅人―湯川秀樹自伝」）

(1) ――線①「未知の世界を探究する人々は、地図を持たない旅行者である」とありますが、どのようなことをたとえていますか。次から一つ選び、記号で答えなさい。（20点）

［　　］

ア 地図が手に入らなかった旅人にたとえている。

イ 地図に頼らなくてもよい旅人にたとえている。

ウ 地図が正しいかどうか調べるために、あえて地図を持たない旅人にたとえている。

エ 地図にはのっていないところを行く旅人にたとえている。

(2) 未知を探究する人々にとって、目の前にある道は、どんな道ですか。（20点）

［　　］

(3) ――線②「困難なのである」とありますが、どのようなことが困難なのですか。（20点）

［　　］

(4) ――線③「暗中模索をつづけなければならなかった」とありますが、筆者は、そのことをどのように思っていますか。次から一つ選び、記号で答えなさい。（20点）

［　　］

ア すぐに到達し得たはずなのに、とても無駄な時間を使ってしまったと思っている。

イ 「中間子」の概念に到達し得なかったのは、目的地を誤っていたからだと思っている。

ウ 目的地への道がわからない場合は、困難を覚悟しなければならないと思っている。

エ 暗中模索のようだった日々を後悔し、二度としたくないと思っている。

(5) 湯川秀樹が受賞したものを次から二つ選び、記号で答えなさい。（20点）

［　　・　　］

ア アカデミー賞　**イ** ピューリッツァー賞

ウ ノーベル賞　**エ** 日本芸術院賞

オ 国民栄誉賞　**カ** 文化勲章

思考力トレーニング

国語㉕ 熟語づくり

答え→231ページ

月　日

問題 次の漢字の前後に別の漢字を組み合わせ、二字の熟語を作りなさい。

目標時間 7分

(1)

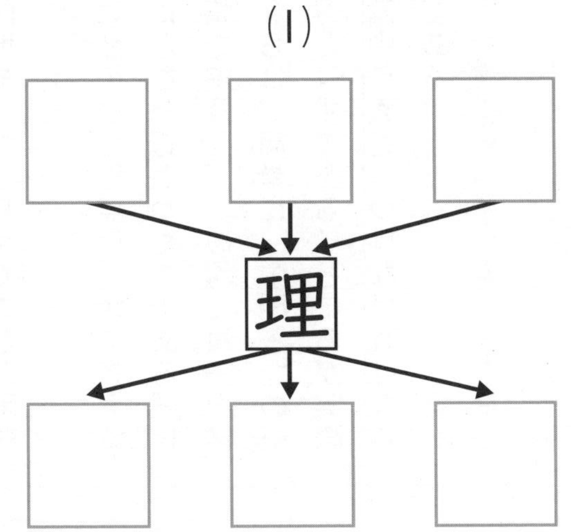

(2)

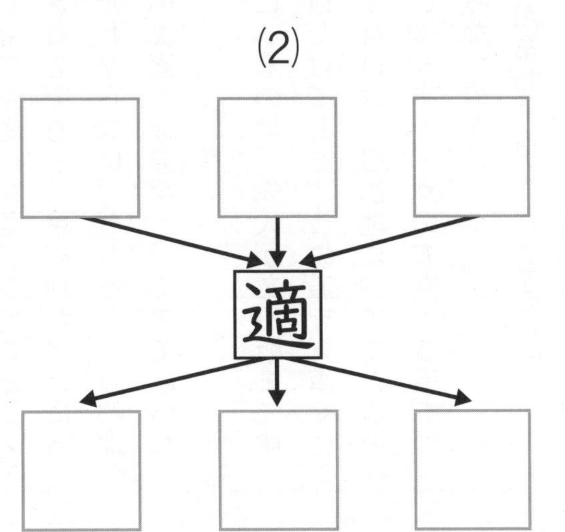

(3)

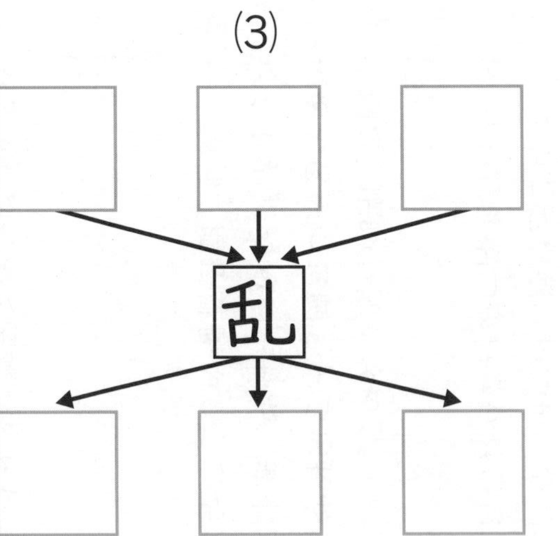

漢字の意味を考えてみよう。

国語 26 チャレンジテスト 3

なまえ　6年　組

時間 25分　合格 75点　得点　点

答え→231ページ

月　日

1 次の文章を読んで、あとの問いに答えなさい。

　中学校まで歩いて四キロ。みんな冬季はバス通学だった。暖房のきいているバスで友だちとさわぎながら通うのも悪くない。けれど、根雪のふったつぎの日の朝に、町のメリヤス工場に働きに行っている母親が、長ぐつをはきながらバス代の百円玉を出すのを見ると、修はもらう気がしなかった。

　母親は朝飯もそこそこに、かたづけ物は妹の美代にまかせている。七時十分に工場のマイクロバスが来るバス停まで行かなくてはいけないのだ。

　①母親はひとりで朝の空気をかきまわしている。

「ほら、バス賃。早ぐ朝ごはん食わねど、おぐれっぞォ」

　そう言って、百円玉を修ににぎらせると、あわてて出て行った。修は稲刈りのときと②同じ気持ちだった。

「アーア」

と、だれもいない玄関に向かって、口をひんまげ、ため息をついた。

　稲刈りのときは、父親ひとりでは手がまわらないので、父親と母親は薄暗いうちから起き出して、取り入れをした。朝飯に帰って、母親は工場に行く。夜は夜で夕飯を食うと、二人はまた田んぼに出かけて行って、発電機で明かりをつけ、十時ごろまで仕事をやってくる。帰って来て、やっといっぷくすると、きまって母親はテレビを見ながら、③こっくりこっくり、いねむりを始めた。そんな母親を見ると、修はむかむか腹が立った。

　二人とも、どんなに忙しくとも『手伝え』とは言わなかった。それが修には不服だった。人手がたりないのは、わかりすぎるぐらいわかっているから、手伝おうかと何度も思ったけれど、くたくたになっている二人を見れば見るほど、どうしてたよりにしてくれないんだという思いが先にきて、④むずむずしている力を自分でおさえこんでしまった。

（最上一平「銀のうさぎ」）

(1) ——線①とありますが、母親のどのような様子を表していますか。次から選び、記号で答えなさい。（25点）

［　　］

ア ひとりではりきっている様子。
イ 急いでばたばたしている様子。
ウ つかれていらいらしている様子。
エ うまく進まずもどかしい様子。

(2) ——線②「同じ気持ち」とありますが、どのような気持ちですか。文中から二十一字でぬき出し、初めと終わりの四字を答えなさい。（25点）

□□□□〜□□□□

(3) ——線③とありますが、どのような様子を表していますか。「様子。」に続くように文中から十字でぬき出しなさい。（25点）

□□□□□□□□□□様子。

(4) ——線④「むずむずしている力」とは修のどのような思いからくる「力」ですか。十五字以内で答えなさい。（25点）

〔調布中―改〕

国語㉖ 数字を使った言葉 ②

答え→231ページ

月　日

問題 次の□にあてはまる漢数字を書き入れなさい。また、すべての数字を足した数を、算用数字で答えなさい。

目標時間 5分

(1) □の□の言う
（あれこれと言うこと）

(2) 鶴（つる）は□年、亀（かめ）は万年
（寿命（じゅみょう）が長く、めでたいこと）

(3) うそ□□
（たくさんのうそのこと）

(4) □里眼
（遠くの出来事などを直感的に知りうる能力のこと）

(5) □か□か
（うまくいくかどうかわからないが、とにかくやってみること）

すべて合計した数

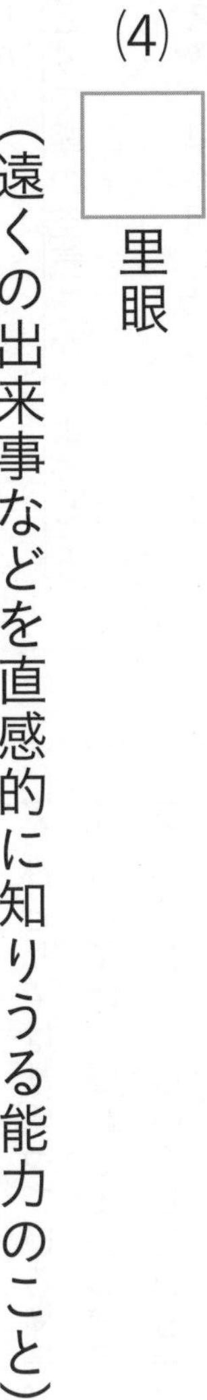

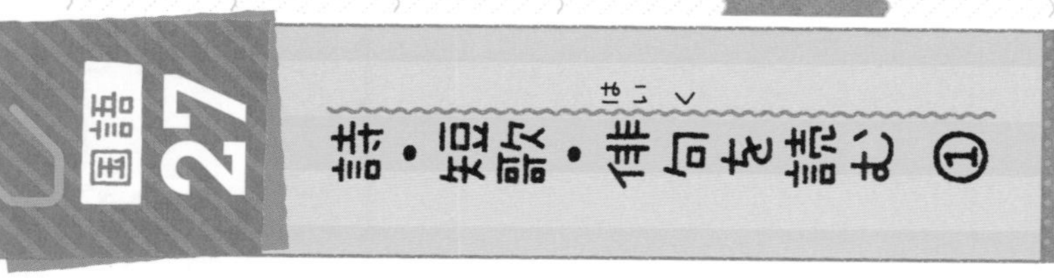

国語 27 詩・短歌・俳句を読む ①

なまえ 6年 組

時間 20分 合格 80点 得点 点

答え→231ページ

月 日

1 次の□にあてはまる一字の言葉を、詩の中からぬき出しなさい。（20点）

鉄棒　村野四郎

ぼくは地平線に飛びつく
わずかに指さきがひっかかった
ぼくは世界にぶら下がった
筋肉だけがぼくの頼みだ
ぼくは赤くなる　ぼくは収縮する
足が上がってゆく
おお　ぼくはどこへ行く
大きく□が一回転して
ぼくが上になる
高くからの俯瞰*
ああ　両肩に柔軟な雲

*俯瞰＝高いところから見下ろしてながめること。

[　　]

2 次の短歌を読んで、あとの問いに答えなさい。

白鳥は哀しからずや空の青海のあをにも
染まずただよふ
若山牧水

(1) この短歌では、どの色が強調されていますか。（10点）[　　]

(2) 色以外に対比されているのは何と何ですか。（10点）[　　] [　　]

(3) 「青」と「あを」を使い分けていることには、どのような効果がありますか。次から一つ選び、記号で答えなさい。（10点）[　　]

ア 青一色の世界を示している。
イ 空の青の方が濃い青色を示している。
ウ 海の青の方が濃い青色を示している。
エ 同じような青でも色がちがうこと。

チャレンジ (4) 「哀しからずや」は「かなしくないのだろうか」という意味です。どのようなことを「かなしくない」といっているのですか。（10点）

[　　]

3 次の俳句の感想として適切なものをあとからそれぞれ一つ選び、記号で答えなさい。（20点）一つ5

(1) 高々と蝶こゆる谷の深さかな
(2) ストーブの明るくなりて椅子の影
(3) 雪だるま星のおしゃべりぺちゃくちゃと
(4) スケートの紐むすぶ間もはやりつつ

(1)[　　] (2)[　　] (3)[　　] (4)[　　]

ア 張りつめた気持ちとともに、うきうきした気分が伝わる句。
イ からかいながらも、かばおうとする様子が感じられる句。
ウ 大きな背景と小さなものとの対比が感じられる句。
エ 光の作る線と面とが美しく感じられる句。
オ ユーモアのある、ほほえましい句。

〔多摩大学附属聖ヶ丘中〕

4 次の俳句によまれている季節を、春、夏、秋、冬で書きなさい。（20点）一つ5

(1) 菜の花や月は東に日は西に [　　]
(2) 菊の香や奈良には古き仏たち [　　]
(3) 大根引き大根で道を教えけり [　　]
(4) 閑かさや岩にしみ入る蟬の声 [　　]

国語 ㉗ 熟語つなぎパズル

答え→231ページ　月　日

問題

縦・横の熟語が成り立つように、□の中に適切な漢字を書き入れなさい（ただし、横の熟語は必ず左から読みます）。

目標時間 7分

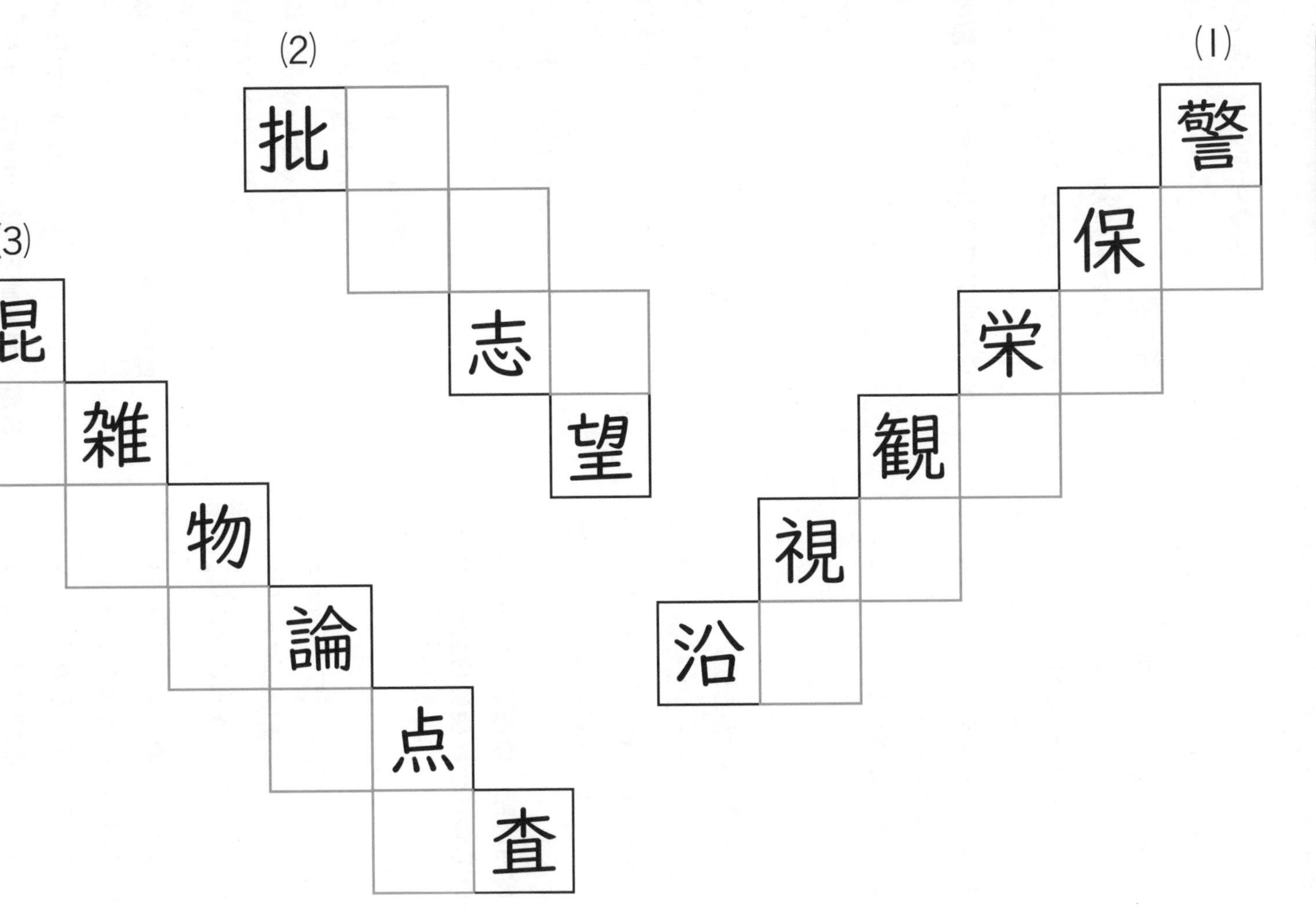

国語 28

詩・短歌・俳句を読む ②

なまえ 6年 組

時間 20分　合格 80点　得点 点

答え→231ページ

月 日

1 次の詩と鑑賞文を読んで、あとの問いに答えなさい。

草に寝て……

六月の或る日曜日に　立原道造

それは　花にへりどられた　高原の
林のなかの草地であった　小鳥らの
たのしい唄をくりかえす　美しい声が
まどろんだ耳のそばに　きこえていた
私たちは　山のあちらに
青く　光っている空を
淡く　ながれてゆく雲を
ながめていた　言葉すくなく
――しあわせは　どこにある？
山のあちらの　あの青い空に　そして
その下の　ちいさな　見知らない村に
私たちの　心は　あたたかだった
山は　優しく　陽にてらされていた
希望と夢と　小鳥と花と　私たちの友だち
だった

〔鑑賞〕

全体を見渡すと、①倒置法が使われているところ(一か所)があります。

この詩は②四連(区切り)に分けることができますが、各連ごとに読んでいくことにしましょう。第一連は、[A]の花に囲まれながら、草むらに身を投げ出し、すんだ空気を通して聞こえてくる小鳥の声を、聞くともなく聞いている二人が想像できます。

第二・第三連では、③だまったままの二人が山のかなたの青い空と淡くながれる雲を見つめています。その空と雲は、まるで二人の[B]を表しているように思えます。そして、このような静かな満ち足りた気分の中で、「――しあわせはどこにある？」と問いかけると、すぐに「[C]あるよ」という答えが返ってくるのです。そこでは、きっと平和であたたかい生活が営まれているに違いありません。第四連になって、この二人は、太陽に照らされている山や楽しい小鳥の声や花が、今の幸せを感じさせてくれているのだと知るのです。

(1) ――線①「倒置法が使われているところ」を、行番号で答えなさい。(15点)

〔　〕

(2) ――線②「四連」とありますが、第一・二・三連の最後を、それぞれ行番号で答えなさい。(15点)一つ5

第一連〔　〕　第二連〔　〕
第三連〔　〕

(3) [A]に入る言葉を次から一つ選び、記号で答えなさい。(20点)

ア 初春　イ 晩春　ウ 初夏
エ 真夏　オ 初秋

〔　〕

(4) ――線③「だまったまま」とありますが、その理由として適当でないものを次から一つ選び、記号で答えなさい。(20点)

ア すばらしい未来のことを考えていたから。
イ 高原の風景が気に入っていたから。
ウ 小鳥たちがたのしそうに歌っているから。
エ 疲れて寝てしまったから。

〔　〕

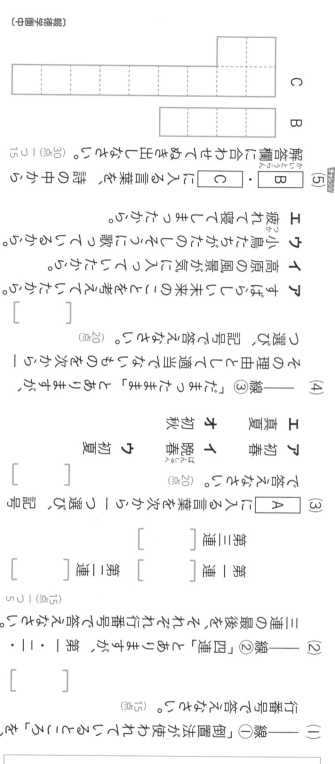

チャレンジ
(5) [B]・[C]に入る言葉を、詩の中から解答欄に合わせてぬき出しなさい。(30点)一つ15

B
C

〔報徳学園中〕

まちがい漢字迷路

答え→232ページ　月　日

問題　まちがった漢字で書き表されているものを選んで、スタートからゴールまで迷路を進みなさい（迷路は上下・左右に進めます）。

目標時間　5分

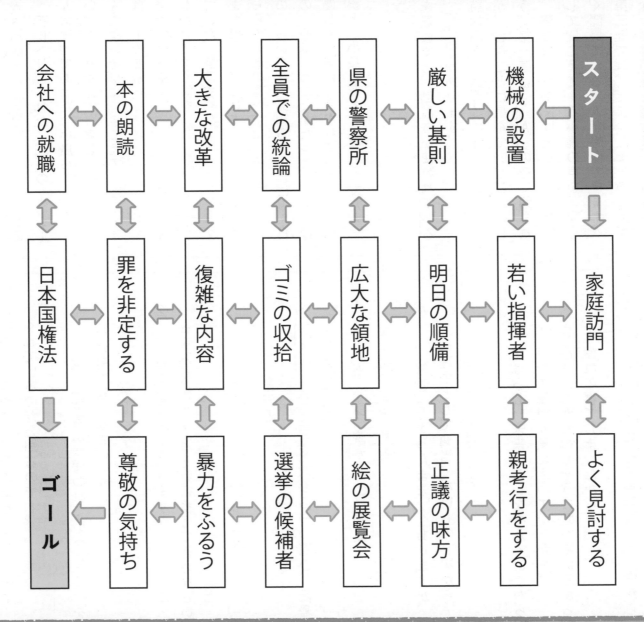

スタート	機械の設置	厳しい基則	県の警察所	全員での統論	大きな改革	本の朗読	会社への就職
家庭訪問	若い指揮者	明日の順備	広大な領地	ゴミの収拾	復雑な内容	罪を非定する	日本国権法
よく見討する	親考行をする	正議の味方	絵の展覧会	選挙の候補者	暴力をふるう	尊敬の気持ち	ゴール

「まちがった漢字で書き表されているもの」を選ぶんだよ。

国語 29 チャレンジテスト 4

なまえ　6年　組

時間 20分　合格 80点　得点　点

答え→232ページ

月　日

1 次の詩を読んで、あとの問いに答えなさい。

冬が来た　　高村光太郎

（ ① ）冬が来た
八つ手の白い色も消え
公孫樹の木も箒になつた

（ ② ）もみ込むやうな冬が来た
人にいやがられる冬
草木に背かれ、虫類に逃げられる冬が来た

冬よ
僕に来い、僕に来い
僕は冬の力、冬は僕の餌食だ

しみ透れ、つきぬけ
火事を出せ、雪で埋めろ
刃物のやうな冬が来た

(1) （ ① ）・（ ② ）に入る言葉として適切なものを、それぞれ次から一つずつ選び、記号で答えなさい。（20点）一つ10

① ア ゆつくりと　イ かすかに　ウ きつぱりと　エ たしかに　［　　］

② ア きりきりと　イ にぎやかに　ウ ほんのりと　エ さわやかに　［　　］

(2) ――線「刃物のやうな」とは、どういう意味で使われていますか。次から選び、記号で答えなさい。（10点）

ア 真っ白な　イ 危険な　ウ 冷たい　エ するどい　［　　］

チャレンジ (3) この詩から、作者の冬に対するどういう気持ちが読み取れますか。〰〰線の三行を中心に考え、簡潔に書きなさい。（20点）

［　　　　　　　　］

〔東京学芸大附属小金井中―改〕

2 次の短歌を読んで、(1)～(5)の問いについて、それぞれあとから最も適切なものを選び、記号で答えなさい。

馬鈴薯のうす紫の花に降る
雨を思へり
都の雨に
　　石川啄木

(1) 作者はどこにいますか。（10点）

ア 故郷　イ 都（東京）　ウ 馬鈴薯の咲いている町　［　　］

(2) 作者は、実際には何を見ていますか。（10点）

ア 都の雨　イ 馬鈴薯の花　ウ 馬鈴薯に降る雨　エ 故郷の雨　［　　］

(3) 作者は何を思っていますか。（10点）

ア 都のこと　イ 故郷のこと　ウ 友達のこと　エ 馬鈴薯の花のこと　［　　］

(4) この歌によまれた季節は、いつごろですか。（10点）

ア 二・三月ごろ　イ 五・六月ごろ　ウ 八・九月ごろ　エ 十一・十二月ごろ　［　　］

(5) 作者の石川啄木は、いつごろの人ですか。（10点）

ア 平安時代　イ 江戸時代　ウ 明治時代　エ 大正時代　［　　］

〔四天王寺羽曳丘中―改〕

言葉づくり

答え→232ページ　月　日

問題 次の□にひらがなをあてはめて言葉を作り、漢字で書き表しなさい。

目標時間 7分

例 [さ]い[き]ん → 最近

(1)
□く□ん → □□
□く□ん → □□
□く□ん → □□
□く□ん → □□

(2)
□う□ん → □□
□う□ん → □□
□う□ん → □□
□う□ん → □□

二文字目に「ん」がつく漢字は「減」「民」などたくさんあるね。

算数 理科 社会 英語 国語 答え

国語 30 仕上げテスト 1

なまえ　6年　組

時間 20分　合格 80点　得点　点

答え→232ページ　月　日

1 次の言葉で、現代かなづかいとして正しいものを選び、記号に○をつけなさい。（6点）一つ3

(1) ア 少しずつ　イ 少しづつ

(2) ア ぢめん　イ じめん

2 次の——線を、漢字と送りがなに分けて書きなさい。（24点）一つ6

(1) 平和をとなえる。［　　］

(2) お金をあずける。［　　］

(3) 注目をあびる。［　　］

(4) 親にさからう。［　　］

〔淳心学院中―改〕

3 次の文章を読んで、あとの問いに答えなさい。

①京都の人に聞いた話で、感心したことがある。家の前を掃いたり水を打ったりするのに、自分の家の前だけをしてはいけないのだそうだ。しかし、隣の家の前を全部やっては、これは当てつけがましいし、隣の＊領域を侵すことになる。さりげなく、自分のところだけではなく、ちょっと相手のほうもついやってしまう、その［A］が大事なのだそうだ。これを聞いたときは、そんなことに気を遣うなんて、かなわんなあと、ちょっとうんざりしたものだ。

これが大阪なら、気が向いたら、自分の前も隣の前も、ついでだからと、どんどんやってしまいそうだ。そして、東京の山手なら、きっちりと自分の責任範囲だけをする人が多そうだ。

大阪は気楽とも言えるし、隣との境界がはっきりしない点がうっとうしいとも言える。その点では、東京のように自分の責任領域が確定しているほうが気楽なような気もするし、いくらか冷たいような気がしないでもない。

［B］、京都のように、自分の領域だけと思わず、さりとて他人の領域まで＊侵犯しない程のよさということになるのだろうが、この程度が人それぞれの美学やら親密さやらにかかわってきては、やはりめんどくさい。

結局のところ、どれがいいとも言えぬのが、内と外との関係なのだろう。

塀の内側は完全に自分の領域、それに＊付随して道路にも責任領域が確定しているというのは、近代的かもしれないが、割りきり過ぎているような気がする。外から家を眺める人だって、一種の＊客人のようなものだし、せっかく気に入った庭の花なら、道行く人に感心してもらうのも悪くない。②＊漠然と外側に向かって開かれている気分が家には欲しい。

（森 毅「家の内と外」）

＊領域＝関係がおよぶ範囲。
＊侵犯＝他のところまで入りこむこと。
＊付随＝くっついていること。　＊客人＝お客さん。
＊漠然＝ぼんやりとしていること。

(1) ——線①によって筆者はどのような気持ちになりましたか。五字前後で二つぬき出しなさい。（20点）一つ10

(2) ［A］に入る言葉を、文中から四字でぬき出しなさい。（20点）

(3) ［B］に入る言葉を次から一つ選び、記号で答えなさい。（10点）

ア それとも　イ そうすると
ウ たとえば　エ しかし
［　　］

(4) ——線②の気分にふさわしいものを次から一つ選び、記号で答えなさい。（20点）

ア いつも戸をあけて、開放的にしていること。
イ 道行く人が、家へ入りやすいこと。
ウ 外にいる人と、気楽に会話ができること。
エ 家の内と外の区分を、明確にしないこと。
［　　］

〔四条畷学園中〕

漢字の読みしりとり

答え→232ページ　月　日

問題

次の□に適切な漢字を書き入れ、漢字の読みのしりとりを完成させなさい（読みは音・訓のどちらでもよい）。

目標時間　5分

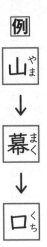

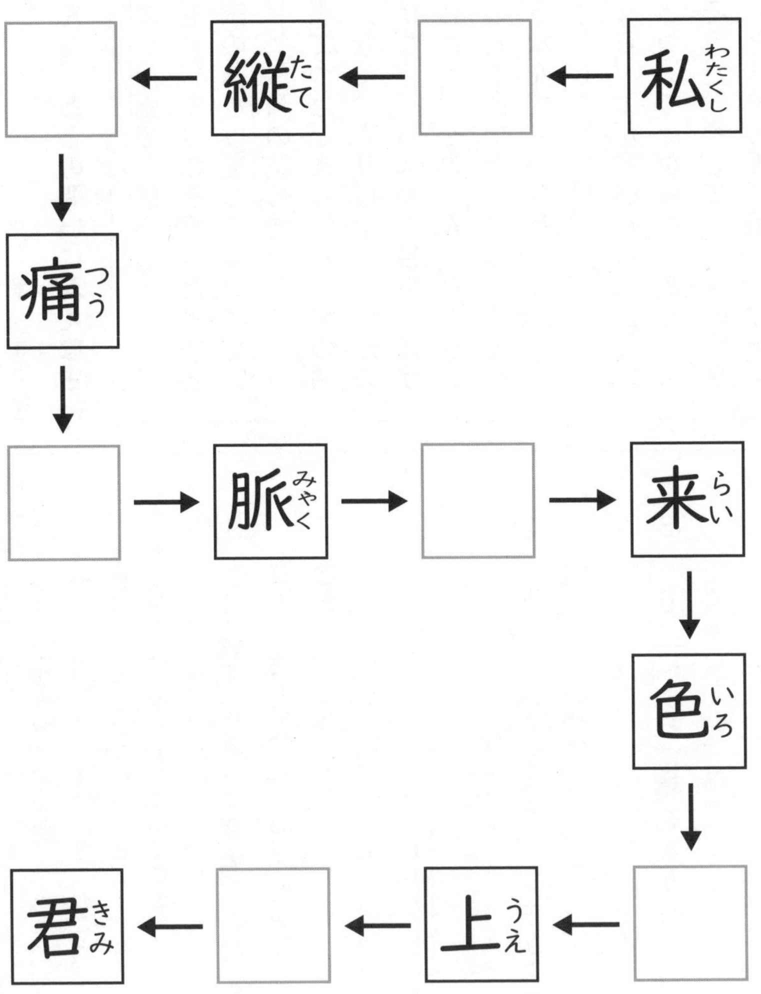

国語 31 仕上げテスト 2

なまえ　6年　組

時間 20分　合格 80点　得点　点

答え→232ページ　月　日

1 次の――線の言葉の意味として最も適当なものを選び、記号で答えなさい。 (20点)一つ10

(1) ぎょうぎょうしい姿。　[　　]

ア 行儀がよい。　イ うやうやしい。
ウ よそよそしい。　エ おおげさな。

(2) 計画が図にあたる。　[　　]

ア 調子にのる。　イ 上手にできる。
ウ 思った通りになる。
エ 困ったことになる。

〔明治大付属中野中〕

2 次の――線「ながら」と同じ意味で使われているものを一つ選び、記号で答えなさい。 (5点)

生産労働の現場は、組み立てラインでの単純作業もありながら、コンピューター付きの機械を使うなどして働くことが多くなった。　[　　]

ア 戦乱を生きながらえる。
イ かれは生まれながら才能がある。
ウ あの子は小さいながらよく走る。
エ 笑いながらなみだを流す人がいた。
オ 昔ながらの町なみが残っている。

〔日本大第三中―改〕

3 次の〔A群〕の作品の作者を〔B群〕から選び、記号で答えなさい。 (15点)一つ5

(1)[　　] (2)[　　] (3)[　　]

〔A群〕(1) 風の又三郎　(2) 二十四の瞳
(3) 山椒大夫

〔B群〕ア 森鷗外　イ 宮沢賢治　ウ 壺井栄

チャレンジ

4 次の文章を読んで、あとの問いに答えなさい。

　高校生の作文のコンクールの審査員をしていた時のこと、ある年の課題で、「百聞と一見」というのがあった。「□」ということわざをふまえて、そのどっちがいいのか、ゲーム的にディベートしてごらん、という課題だ。ところがそのテーマに対して、高校生の多くが、視覚情報と聴覚情報はどっちが確かか、という論考をするので驚いてしまった。テレビより、案外ラジオのほうが真実が伝わったりする、なんていう論だ。

　違うんだけど、と私は思った。聞く、というのは、ひとに聞くことであり、伝聞なのだ。そして見るというのは、自分がその目で見ること。つまりあのことわざは、伝聞よりも実体験のほうがよくわかる、ということを言っているのである。

　テレビで戦争の様子を見るのは、むしろ百聞のほうであり、その戦地へ実際に行ってみるのが、一見である。

（清水義範「行儀よくしろ。」）

(1) □に入ることわざを書きなさい。(20点)
[　　　　]

(2) ――線は「百聞」と「一見」の違いを示す例です。これと同様に、このことわざの内容を表している例として適当なものを次から二つ選び、記号で答えなさい。(40点)一つ20
[　　・　　]

ア 塾の先生や先輩から聞いた話よりもオープンスクールに参加したほうが中学校の様子を理解できた。

イ 校歌の伴奏をひくことになった時に、テープで百回聞いても分からなかったところを楽譜を見てすぐにひくことができた。

ウ 昔話を人から何度も聞くよりも一回自分の目で文章を読んだほうが心に残る。

エ えびのてんぷらをあげる時、目で色の変化を確認するよりも耳で油の音を確認した方があがり具合は確かである。

オ ディズニーランドの楽しさを友達から聞いたり雑誌で調べたりするよりも行ってみた方が本当に理解できる。

〔森村学園中―改〕

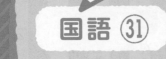

高橋さんの証言

答え→232ページ　月　日

問題　□の状態を知った高橋さんは次のように話しました。話した内容として正しいものを選び、記号で答えなさい。

目標時間　5分

> 少年Aは少年Bの家に遊びに行きたがっています。
> 少年Bは少年Cの家に遊びに行きたがっています。
> 少年Aは人気のゲームを持っておらず、
> 少年Cはそのゲームを持っています。

つまり、人気のゲームを持っていない少年のうち少なくとも一人は、そのゲームを持っている少年の家に遊びに行きたがっているといえるね。
高橋さん

ア　高橋さんの話は合っている。
イ　高橋さんの話はまちがっている。
ウ　高橋さんの話は□の内容（ないよう）だけではわからない。

［　　　］

少年Bが人気のゲームを持っている場合と、持っていない場合を考えてみよう。

国語 32 仕上げテスト③

なまえ　6年　組

時間 20分　合格 70点　得点　点

答え→232ページ

月　日

1 次の文章を読んで、あとの問いに答えなさい。

〔母と二人ぐらしだった主人公朋子は、いとこのミーナの家にしばらく預けられた。〕

毎日が規則的になるにつれ、私のホームシックは治まろうとしていた。朝はたいてい上機嫌だった。特に天気のよい春らしい朝、カーテンを通して差し込んでくる朝日で目を覚ます瞬間が好きだった。

《中略》

ところが、夜は危ない。日が沈み、玄関ポーチ、台所、踊り場、庭園灯と家のあちらこちらの明かりが順番にともりだし、暗闇が足元から迫ってくる時分になると、祝福は①呪いに変わる。ミーナだってローザおばあさんだって皆、本来あるべき自分の居場所に守られているのに、私だけが見当違いなところに置き去りにされている気分になる。②闇は世の中からたった一人、私だけを選び出して心の中へなだれ込んでくる。

特に夜のポチ子*がいけない。夜行性のポチ子は、暗くなると昼間より行動範囲が広がり、花壇の周りを回ったり、藤棚の下にあるベンチに頭を載せて夜景を眺めたり、芝生に寝転がったりする。小林さんの用意した餌だけでは物足りないのか、繁みや植え込みに頭を突っ込んでは始終口をもごもごさせる。③時々、池に入り、ずんぐりとした身体からは想像もできない静けさで水面を泳ぐ。

そんなポチ子を部屋の窓から眺めていると、なぜか寂しくてたまらなくなる。昼間にはただ滑稽で心和む仕草にしか見えなかったものが、暗くなった途端、もっと別の意味を帯びてくる。私たちに打ち明けられない悲しみを、ポチ子はああしてヨチヨチと庭を歩きながら、吐息と一緒に吐き出しているに違いない。あるいは池の水に溶かし出そうとしているのかもしれない。小林さんが帰った後で。誰にも気づかれないよう、暗闇に紛れて、ひっそりと。

（小川洋子「ミーナの行進」）

＊ポチ子＝ペットのカバの名前。身体の弱いミーナは、歩いてすぐの小学校へポチ子の背中に乗って登下校していた。

(1) ――線①「呪い」とありますが、これは「私」がどのような状態になることをたとえて表現しているのですか。それをはっきりと表している言葉を文中から七字以内でぬき出しなさい。（30点）

(2) ――線②「闇は世の中から……なだれ込んでくる」とありますが、「闇」が「私」にもたらすものは何ですか。それにあてはまる言葉を文中からさがし、問いに合う形に変えて三字で答えなさい。（30点）

(3) ――線③「時々、池に入り、……水面を泳ぐ」とありますが、ポチ子はこの行動によって何をしようとしているのだと、「私」は考えていますか。文中の言葉を使って「〜している。」の形で、三十五字以内でまとめなさい。（40点）

〔田園調布学園中―改〕

思考力トレーニング

国語 ㉜

熟語(じゅくご)の読み並(なら)べかえ

答え→232ページ　月　日

問題

次の熟語(じゅくご)の読みをひらがなで書きなさい。また、☆のマークがついたひらがなをそれぞれ組み合わせてできた言葉を、漢字に直せるところは漢字に直して□に書きなさい。

目標時間 5分

(1) 明［　］［　］ 朗☆［　］［　］

(2) 可［　］ 燃☆［　］［　］

(3) 頭［　］ 脳☆［　］［　］

(4) 朝［　］［　］ 晩［　］☆［　］

(5) 宅［　］☆［　］ 配［　］［　］

(6) 黒［　］［　］ 幕☆［　］［　］

(7) 政［　］［　］ 党☆［　］［　］

(8) 連［　］［　］ 盟☆［　］［　］

☆［　　　　　　　　］

これで終了(しゅうりょう)。
よくがんばりました！

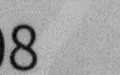

答え　6年

算数

1 分数のかけ算とわり算 ①　1ページ

1 (1)$\frac{\boxed{3}\times\boxed{7}}{8\times1}=\frac{\boxed{21}}{8}=\boxed{2}\frac{\boxed{5}}{8}$

(2)$\frac{\boxed{2}\times\boxed{10}}{15\times1}=\frac{\boxed{4}}{3}=\boxed{1}\frac{\boxed{1}}{\boxed{3}}$

(3)$\frac{\boxed{4}\times2}{7\times\boxed{3}}=\frac{\boxed{8}}{\boxed{21}}$　(4)$\frac{20\times\boxed{3}}{\boxed{21}\times5}=\frac{\boxed{4}}{\boxed{7}}$

(5)$\frac{3\times\boxed{8}\times\boxed{1}}{5\times\boxed{1}\times\boxed{9}}=\frac{\boxed{8}}{\boxed{15}}$

(6)$\frac{\boxed{25}}{4}\times\frac{\boxed{22}}{5}=\frac{\boxed{55}}{\boxed{2}}=\boxed{27}\frac{\boxed{1}}{\boxed{2}}$

考え方　(1)(2)7や10のような整数は，$\frac{7}{1}$や$\frac{10}{1}$のように分母が1の分数と考えて計算します。

2 ア，エ

3 (1)$\frac{4}{\boxed{5}\times\boxed{3}}=\frac{4}{\boxed{15}}$　(2)$\frac{9}{\boxed{11}\times\boxed{3}}=\frac{\boxed{3}}{\boxed{11}}$

(3)$\frac{2}{\boxed{5}\times\boxed{4}}=\frac{\boxed{1}}{\boxed{10}}$　(4)$\frac{14}{\boxed{15}\times\boxed{7}}=\frac{\boxed{2}}{\boxed{15}}$

(5)$\frac{\boxed{3}\times\boxed{3}}{\boxed{5}\times\boxed{2}}=\frac{\boxed{9}}{\boxed{10}}$　(6)$\frac{\boxed{7}\times\boxed{4}}{\boxed{3}}=\frac{\boxed{28}}{\boxed{3}}=\boxed{9}\frac{\boxed{1}}{\boxed{3}}$

(7)$\frac{\boxed{5}\times\boxed{2}}{\boxed{4}\times\boxed{5}}=\frac{\boxed{1}}{\boxed{2}}$

(8)$\frac{\boxed{11}}{10}\div\frac{\boxed{22}}{5}=\frac{\boxed{11}\times5}{10\times\boxed{22}}=\frac{\boxed{1}}{\boxed{4}}$

思考力トレーニング　算数❶　2ページ

(1)$123\boxed{-}45\boxed{-}67\boxed{+}89=100$

(2)$1\boxed{+}23\boxed{-}4\boxed{+}5\boxed{+}6\boxed{+}78\boxed{-}9=100$

(3)$1\boxed{+}2\boxed{+}3\boxed{-}4\boxed{+}5\boxed{+}6\boxed{+}78\boxed{+}9=100$

(4)$98\boxed{-}76\boxed{+}54\boxed{+}3\boxed{+}21=100$

(5)$9\boxed{-}8\boxed{+}76\boxed{+}54\boxed{-}32\boxed{+}1=100$

(6)$9\boxed{-}8\boxed{+}7\boxed{+}65\boxed{-}4\boxed{+}32\boxed{-}1=100$

2 分数のかけ算とわり算 ②　3ページ

1 (1)$3\frac{3}{8}$　(2)9　(3)$\frac{5}{104}$　(4)4　(5)$\frac{10}{27}$　(6)1　(7)28

(8)$1\frac{2}{3}$　(9)8　(10)15　(11)$\frac{7}{20}$　(12)1　(13)$\frac{1}{14}$　(14)8

考え方　(14)$\frac{4}{7}\times9+\frac{4}{7}\times5=\frac{4}{7}\times(9+5)=\frac{4}{7}\times14=8$

注意　計算の途中(とちゅう)で約分すると，計算しやすくなります。

2 350円

考え方　$2000\times\left(\frac{3}{8}-\frac{1}{5}\right)=350$

3 (1)$\frac{13}{60}$　(2)3　(3)$1\frac{7}{8}$　(4)25　(5)$11\frac{1}{5}$　(6)$\frac{1}{8}$

(7)$\frac{20}{21}$　(8)$\frac{27}{56}$　(9)$\frac{1}{30}$　(10)$\frac{1}{18}$　(11)9　(12)$2\frac{9}{14}$

4 (1)1420　(2)1775

考え方　(1)ある数を□とすると，$□\times\frac{4}{5}=1136$より，$□=1136\div\frac{4}{5}=1136\times\frac{5}{4}=1420$

思考力トレーニング　算数❷　4ページ

(1)①　②

(2)①

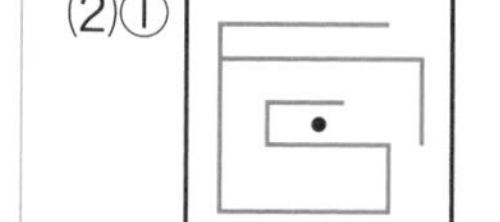

②

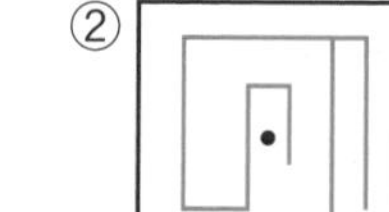

3 いろいろな計算 ①　5ページ

1 (1)$\frac{4}{9}\times\frac{\boxed{7}}{\boxed{10}}\div\frac{2}{3}=\frac{4\times\boxed{7}\times\boxed{3}}{9\times\boxed{10}\times\boxed{2}}=\frac{\boxed{7}}{\boxed{15}}$

(2)$\frac{5}{9}\div\frac{\boxed{6}}{\boxed{10}}\div\frac{5}{6}=\frac{5\times\boxed{10}\times\boxed{6}}{9\times\boxed{6}\times\boxed{5}}=\frac{\boxed{10}}{\boxed{9}}=\boxed{1}\frac{\boxed{1}}{\boxed{9}}$

2 (1)$2\frac{1}{10}$　(2)21　(3)1　(4)$\frac{2}{3}$　(5)$\frac{1}{3}$　(6)$1\frac{1}{2}$

3 (1)$\frac{14}{45}$　(2)1　(3)$1\frac{1}{2}$　(4)$14\frac{1}{12}$　(5)$1\frac{53}{80}$

(6)$4\frac{1}{2}$　(7)14　(8)$\frac{12}{35}$　(9)$2\frac{1}{20}$　(10)$\frac{7}{9}$

考え方　(10)$2-\left(2\frac{1}{8}-\frac{3}{4}\right)\div1.125$

$=2-\left(\frac{17}{8}-\frac{6}{8}\right)\div\frac{1125}{1000}=2-\frac{11}{8}\times\frac{8}{9}$

$=\frac{18}{9}-\frac{11}{9}=\frac{7}{9}$

思考力トレーニング　算数❸　6ページ

(1)$54=\boxed{2}\times\boxed{3}\times\boxed{3}\times\boxed{3}$

(2)$84=\boxed{2}\times\boxed{2}\times\boxed{3}\times\boxed{7}$

(3)$162=\boxed{2}\times\boxed{3}\times\boxed{3}\times\boxed{3}\times\boxed{3}$

(4)$196=\boxed{2}\times\boxed{2}\times\boxed{7}\times\boxed{7}$

(5)$240=\boxed{2}\times\boxed{2}\times\boxed{2}\times\boxed{2}\times\boxed{3}\times\boxed{5}$

注意　数の種類と個数があっていれば，順番は同じでなくても正解です。

4 いろいろな計算 ②　7ページ

1 (1)
```
  □6.178
+ 8.6□4 8
 14.□8 2□6
```
(1) $\boxed{6}.178 + 8.6\boxed{4}8 = 14.\boxed{8}2\boxed{6}$

(2) $6\boxed{4}.55 + \boxed{4}0.9\boxed{5} = 105.\boxed{5}0$

(3) $5.0\boxed{7}3 - \boxed{4}.13\boxed{9} = 0.\boxed{9}34$

(4) $\boxed{8}00 - 1\boxed{1}.1 = 7\boxed{8}8.9$

2 (1)0　(2)$1\frac{17}{39}$

算数　理科　社会　英語　国語　答え

3 (1)$\mathbf{\frac{5}{21}}$　(2)**0.27**$\left(\mathbf{\frac{27}{100}}\right)$　(3)$\mathbf{4\frac{9}{14}}$　(4)**3**

考え方　(1)$2.6-\frac{1}{3}\div□=1\frac{1}{5}$

$\frac{1}{3}\div□=\frac{\cancel{26}^{13}}{\cancel{10}_{5}}-\frac{6}{5}=\frac{7}{5}$　$□=\frac{1}{3}\div\frac{7}{5}=\frac{5}{21}$

(2)$\frac{3}{5}=0.6$，$\frac{4}{9}=0.444\cdots$，$\frac{3}{8}=0.375$より，

$0.645-\frac{3}{8}=0.645-0.375=0.27$

(3)$\frac{5}{6}-\frac{3}{5}=\frac{7}{30}$，$1.75-\frac{2}{3}=\frac{13}{12}$より，

$\frac{13}{12}\div\frac{7}{30}=\frac{65}{14}=4\frac{9}{14}$

(4)ある数は，$15\times\frac{2}{5}+\frac{3}{4}=\frac{27}{4}$

よって，$\left(\frac{27}{4}+\frac{3}{4}\right)\times\frac{2}{5}=\frac{30}{4}\times\frac{2}{5}=3$

4 $\mathbf{7\frac{1}{5}}$**m(7.2m)**

5 ㋐**9**，㋑**7**，㋒**6**，㋓**3**，㋔**0**，㋕**5**，㋖**1**

考え方　㋓は3，十の位からのくり上がりは1なので，㋐は9，㋔は0とわかります。

思考力トレーニング　算数 4　8ページ

(1)
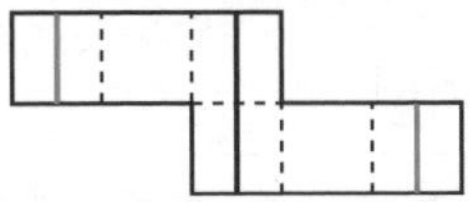
(2)
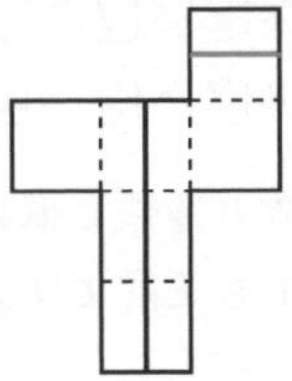
(3)
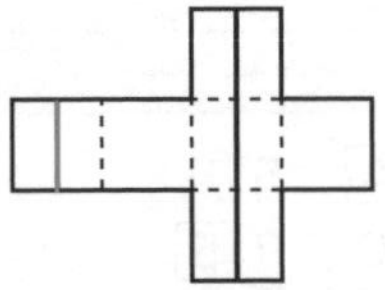
(4)
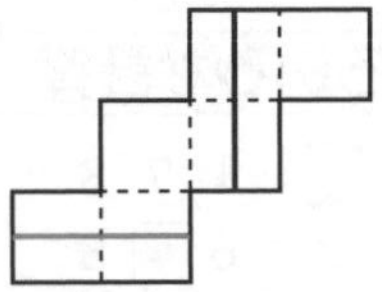

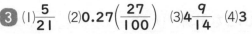

5 文字と式　9ページ

1 (1)**600＋x(円)**　(2)$\mathbf{a\times b(cm^2)}$　(3)$\mathbf{x\times 6=720}$

2 (1)**3**　(2)**32**　(3)**5**　(4)**8**

考え方　次のようにする。

(3)$x\times21=105$
$x=105\div21$
$x=5$

(4)$x\div4=21-19$
$x\div4=2$
$x=2\times4=8$

3 (1)**6**　(2)**2.08**

4 (式)$\mathbf{8\times x\times6.5=208}$，(横の長さ)**4cm**

考え方　$8\times x\times6.5=208$
$x=208\div8\div6.5=4$

5 (式)$\mathbf{(x-5)\times0.25=12}$，(ある数)**53**

考え方　$(x-5)\times0.25=12$
$x=12\div0.25+5=53$

6 (式)$\mathbf{(15-5)\times(15+x)=15\times15}$，
(のばす長さ)**7.5m**

考え方　$(15-5)\times(15+x)=15\times15$
$x=225\div10-15=7.5$

思考力トレーニング　算数 5　10ページ

(1)$12\times\boxed{8}+\boxed{2}=98$
(2)$123\times\boxed{8}+\boxed{3}=987$
(3)$1234\times\boxed{8}+\boxed{4}=9876$
(4)$12345\times\boxed{8}+\boxed{5}=98765$
(5)$12\times18+2\times\boxed{3}=222$
(6)$123\times\boxed{27}+3\times\boxed{4}=3333$
(7)$1234\times\boxed{36}+4\times\boxed{5}=44444$

6 対称な図形 ①　11ページ

1

図形の番号	(1)	(2)	(3)	(4)	(5)	(6)	(7)	(8)
線対称	○	○	○	○			○	○
点対称		○	○	○	○			○
対称の軸	3	4	2	2			5	無数

2 (1)①**点C**　②**辺AF**
(2)①**点B**　②**辺DE**

注意　対応する辺を答えるときは，対応する点の順番で答える。

3 (1)

(2)

4 (1)(点ア)**点キ**　(点イ)**点カ**　(2)**直線ウオ**

5 (1)(点A)**点D**　(点B)**点E**　(点C)**点F**
(2)(辺AB)**辺DE**　(辺BC)**辺EF**　(辺CD)**辺FA**

思考力トレーニング　算数 6　12ページ

(1)
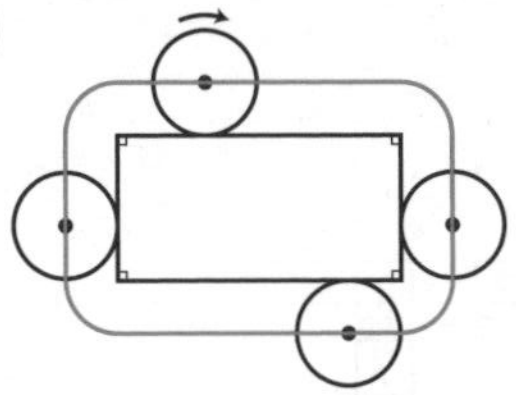
(2)
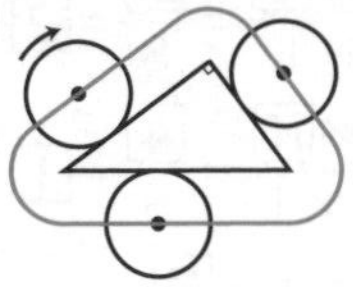

7 対称な図形 ②　13ページ

1 (1)**7つ**
(2)

ADEHIN
OSTWXZ

(3)**H，I，O，X**

2 (1)**二等辺三角形**　(2)**60°**

3 **ア，ウ，エ**

4 (1)**60°**　(2)**75°**

考え方　(1)㋐の角は，正三角形の1つの角になります。
(2)90°－60°＝30°　30°÷2＝15°　90°－15°＝75°

5 (㋐)㋔，(㋖)㋒，(㋖と㋗)㋒と㋓

思考力トレーニング　算数 7　14ページ

(1)$\frac{3}{11}=\frac{\boxed{1}}{6}+\frac{\boxed{1}}{22}+\frac{\boxed{2}}{33}$

(2)$\frac{2}{13}=\frac{\boxed{1}}{8}+\frac{\boxed{1}}{52}+\frac{\boxed{1}}{104}$

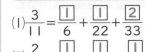

(3) $\frac{2}{17}=\frac{\boxed{1}}{12}+\frac{\boxed{1}}{51}+\frac{\boxed{1}}{68}$

(4) $\frac{2}{19}=\frac{\boxed{1}}{12}+\frac{\boxed{1}}{76}+\frac{\boxed{1}}{114}$

(5) $\frac{3}{23}=\frac{\boxed{1}}{10}+\frac{\boxed{1}}{46}+\frac{\boxed{1}}{115}$

8 円の面積 ① 　15ページ

1 (1)**452.16cm²** (2)**176.625cm²** (3)**78.5cm²**
(4)**19.625cm²**

考え方 (1)12×12×3.14＝452.16
(2)7.5×7.5×3.14＝176.625
(3)5×5×3.14＝78.5
(4)2.5×2.5×3.14＝19.625

2 (1)**41.12cm** (2)**35.7cm**

考え方 (1)8×2×3.14÷2＋8×2＝41.12
(2)10×2×3.14÷4＋10×2＝35.7

3 (1)**27.85cm** (2)**39.25cm²**

考え方 (1)10×2×3.14÷8＝7.85
7.85＋10×2＝27.85
(2)10×10×3.14÷8＝39.25

4 (1)**39.25cm²** (2)**235.5cm²** (3)**28.5cm²**
(4)**36.48cm²**

考え方 (1)半円の面積と同じです。
5×5×3.14÷2＝39.25
(2)(10×10－5×5)×3.14＝235.5
(3)円の面積から正方形の面積をひくとよい。
5×5×3.14－10×10÷2＝28.5
(4)(3)と同じように考えて求めた面積を２倍します。
4×4×3.14－8×8÷2＝18.24
18.24×2＝36.48

別解 1辺をそれぞれ半分にして，小さな正方形４個に分けて考えます。
(4×4－4×4×3.14÷4)×2＝6.88
6.88×4＝27.52　8×8－27.52＝36.48

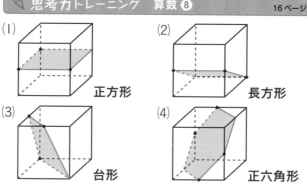

思考力トレーニング　算数 ⑧　16ページ

(1) 正方形　(2) 長方形

(3) 台形　(4)

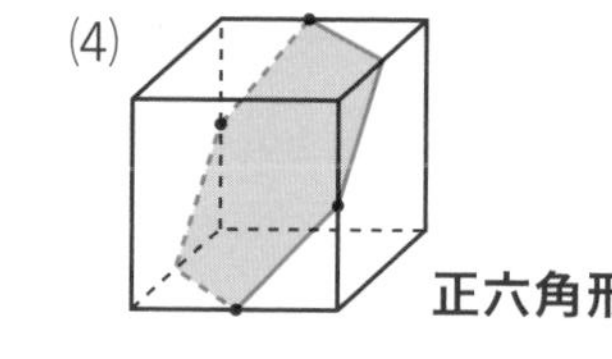

正六角形

9 円の面積 ② 　17ページ

1 (1)**57cm²** (2)**78.5cm²** (3)**57cm²**
(4)**61$\frac{2}{3}$cm²** (5)**57cm²** (6)**61$\frac{2}{3}$cm²**

考え方 次のように，四角形，三角形，円，おうぎ形を組み合わせて求めていきます。

(1)

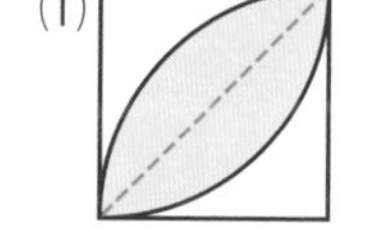

(2)

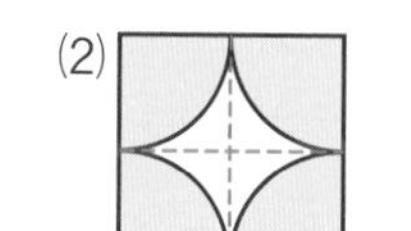

(3)

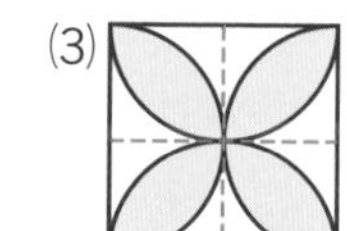

(4)

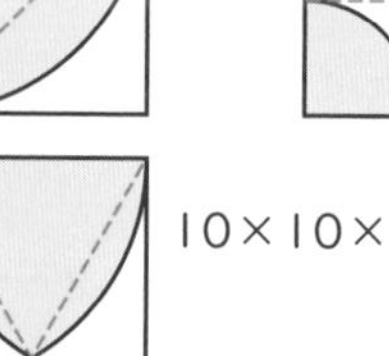

$10\times10\times3.14\times\frac{60}{360}\times2-43=61\frac{2}{3}$

(5)

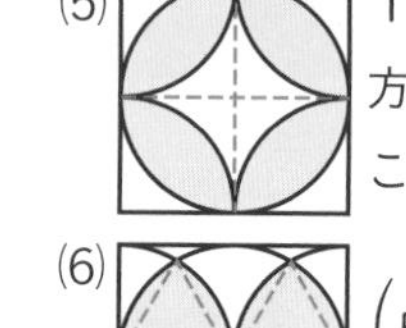

1辺をそれぞれ半分にして，小さな正方形に分けると，(3)と同じ面積になることがわかります。

(6)

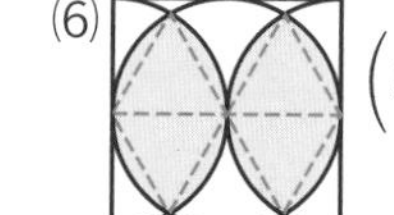

$\left(5\times5\times3.14\times\frac{120}{360}\times2-10.75\times2\right)\times2=61\frac{2}{3}$

2 (1)**56.52cm** (2)**81.64cm²**

考え方 (1)(18＋8＋6＋4)×3.14÷2＝56.52
(2)(9×9－4×4－3×3－2×2)×3.14÷2＝81.64

3 **14.28cm**

考え方 (6×2－4×2)×3.14÷2＝6.28
(6－4)×4＝8　6.28＋8＝14.28

4 **34.88cm²**

考え方 12×10÷2＝60
4×4×3.14÷2＝25.12〔円の半分(180°分)〕
60－25.12＝34.88

思考力トレーニング　算数 ⑨　18ページ

(1)36☒6⊡2＝108　(2)36☒6☒2＝432
(3)36⊡6☒2＝12　(4)36⊡6⊡2＝3
(5)24⊡8☒3＝9　(6)24☒8☒3＝576
(7)24⊡8⊡3＝1　(8)24☒8⊡3＝64

10 チャレンジテスト 1 　19ページ

1 (1)$\frac{1}{45}$ (2)$1\frac{3}{5}$ (3)$\frac{1}{30}$ (4)$1\frac{1}{2}$ (5)**2** (6)**16**
(7)$\frac{1}{8}$ (8)$\frac{1}{9}$ (9)$\frac{56}{195}$ (10)**1**

2 ㋑(→)㋐(→)㋒

考え方 ㋐$3\frac{1}{3}$　㋑$2\frac{1}{7}$　㋒$4\frac{1}{3}$

3 (1)**3** (2)**4** (3)**8** (4)**32**

考え方 (1)x＝48÷6－5 (2)x＝(24－8)÷4
(3)x＝(66＋30)÷12 (4)x＝80－8×6

4 (1)**167.04cm²** (2)**270.96cm²**

考え方 (1)(16＋30)×16÷2－8×8×3.14＝167.04
(2)16×24－6×6×3.14＝270.96

5 (1)**辺DC** (2)**辺AD** (3)**辺CD**

思考力トレーニング　算数 ⑩　20ページ

(1)**7**(枚分) (2)**11**(枚分) (3)**13**(枚分)
(4)**7.5**(枚分)

11 割合の問題 　21ページ

1 (1)**5** (2)**33** (3)**110** (4)**750** (5)**600** (6)**98**

算数　理科　社会　英語　国語　答え

(7)**9.6**　(8)**10540**

考え方 (7)$120\times0.08=9.6$

(8)$8500\times(1+0.24)=8500\times1.24=10540$

2 **180人**

考え方 $216\div\left(1+\frac{1}{5}\right)=216\div\frac{6}{5}=180$

3 **351枚**

考え方 残った枚数は，はじめに用意していた枚数の，$1-\frac{8}{9}=\frac{1}{9}$(倍)になります。

よって，$39\div\frac{1}{9}=39\times9=351$(枚)

4 **午後1時56分40秒**

考え方 1分間で，$9\div15=\frac{3}{5}$より，$\frac{3}{5}$ページ読みます。

$130\div\frac{3}{5}=\frac{650}{3}=216\frac{2}{3}$(分)

$216\div45=4$ 余り36　$5\times4=20$(20分休む)

$216\frac{2}{3}+20=236\frac{2}{3}$(分) → 3時間56分40秒

「午前10時から」だから，午後1時56分40秒

思考力トレーニング　算数 ⑪　22ページ

(1)

```
    [8] 3
  ×  5  9
  ---------
   7  4  7
4 [1] 5
-----------
4 [8][9] 7
```

(2)

```
     6 [7]
  × [7] 2
  ---------
   1 [3] 4
4  6  9
-----------
4 [8][2] 4
```

(3)

```
   [3][8]
  ×  6  5
  ---------
   1 [9] 0
2 [2] 8
-----------
[2] 4  7  0
```

(4)

```
    [7] 2
  ×  4 [8]
  ---------
  [5] 7  6
2  8 [8]
-----------
[3] 4  5 [6]
```

12 速さの問題　23ページ

1 (1)**分速240m**　(2)**時速36km**　(3)**時速4.32km**　(4)**分速1050m**　(5)**時速5.5km**　(6)**18分**　(7)**1600m**　(8)**15分36秒**

考え方 (2)1秒で10m　$0.01\times60\times60=36$

(3)$1080\div15=72$　$0.072\times60=4.32$

(4)63km＝63000m　$63000\div60=1050$

(5)$2.2\div\frac{24}{60}=2.2\times\frac{60}{24}=2.2\times\frac{5}{2}=5.5$

(6)1.152km＝1152m　$1152\div64=18$

(7)$72000\div60=1200$　$1200\times1\frac{1}{3}=1600$

(8)時速50km＝分速$\frac{50}{60}$km

$13\div\frac{50}{60}=13\times\frac{60}{50}=13\times\frac{6}{5}=\frac{78}{5}=15\frac{3}{5}$(分)

→ 15分36秒

2 (1)**18秒**　(2)**16km**　(3)**42分**　(4)**1.26秒**

考え方 (1)秒速は$2000\div8\div60=\frac{25}{6}$(m)

$75\div\frac{25}{6}=75\times\frac{6}{25}=18$

(2)時速は$6\div\frac{45}{60}=8$(km)　$8\times2=16$

(3)分速は$10\div15=\frac{2}{3}$(km)　$28\div\frac{2}{3}=42$

(4)秒速は$285000\div3600=\frac{475}{6}$(m)

$100\div\frac{475}{6}=1.263\cdots$ → 1.26

3 **時速12km**

考え方 $1\times2\div\left(\frac{1}{10}+\frac{1}{15}\right)=2\div\frac{5}{30}=2\times6=12$

思考力トレーニング　算数 ⑫　24ページ

(1)

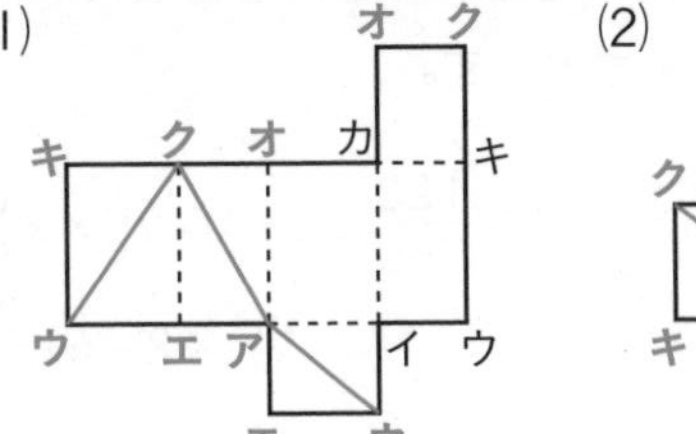

(2)

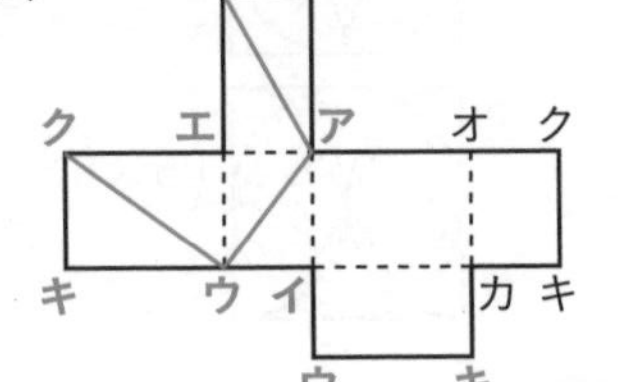

13 比 ①　25ページ

1 (1)**1：2**　(2)**2：3**　(3)**3：5**　(4)**3：4**　(5)**9：8**　(6)**8：15**　(7)**2：1**　(8)**5：2**　(9)**1：12**　(10)**6：5**　(11)**1：2**　(12)**3：10**　(13)**1：3**　(14)**2：3**　(15)**7：9**

2 (左から順に) (1)**15，10，16**　(2)**20，50，100**　(3)**4，12，15**

3 (1)**3：1**　(2)**5：4**　(3)**1：6**　(4)**7：5**

4 **7個**

考え方 $100+55=155$　$155\times\frac{3}{5}=93$

$100-93=7$

5 (1)**100cm²**　(2)**2.72cm**

考え方 (1)$8\times(5\div4)=10$　$10\times10=100$

(2)$8\times8\times6-8\times4\times3.5=272$

$272\div(10\times10)=2.72$

思考力トレーニング　算数 ⑬　26ページ

(1)$\frac{18}{17}$　(2)$\frac{17}{16}$　(3)$\frac{7}{54}\left(\frac{21}{162}\right)$　(4)$\frac{5}{8}$　(5)$\frac{11}{60}$

考え方 (3)$\frac{1}{2}$，$\frac{6}{6}$，$\frac{11}{18}$，$\frac{16}{54}$，$\boxed{\frac{21}{162}}$，$\frac{26}{486}$（分子は+5，分母は×3）

(4)$\frac{①}{1}$，$\frac{①}{2}$，$\frac{②}{3}$，$\frac{③}{5}$，$\boxed{\frac{⑤}{8}}$，$\frac{⑧}{13}$，$\frac{13}{21}$（分母は+①，+①，+②，+③，+⑤，+⑧）

(5)$\frac{2}{6}$，$\frac{3}{12}$，$\frac{4}{18}$，$\frac{5}{24}$，……，$\frac{10}{54}$，$\boxed{\frac{11}{60}}$

(6×1)(6×2)(6×3)(6×4)　(6×9)(6×10)

14 比 ②　27ページ

1 (1)**3：4**　(2)**7：9**

2 (1)**5：1**　(2)**2：1**　(3)**10：3**　(4)**5：4**

考え方 (4)$0.8=\frac{4}{5}$だから$b=a\times\frac{4}{5}$より$a\times4=b\times5$

よって，$a:b=5:4$

3 (1)**3：4**　(2)**5：1**　(3)**8：5**　(4)**2：3**　(5)**5：7**　(6)**5：3**

4 (1)**9，10**　(2)**16，9**

5 (1)**200**　(2)**10，5，4**　(3)**70**

考え方 (3)9＋13＋14＝36　180°÷36＝5°
5°×14＝70°

6 (A)**4000円**，(B)**2500円**，(C)**3500円**

考え方 A…$10000\times\frac{2}{2+3}=4000$

B…$10000\times\frac{1}{1+3}=2500$

C…10000－(4000＋2500)＝3500

7 **25：9**

考え方 (5×5)：(3×3)＝25：9

思考力トレーニング　算数⑭　28ページ

(1)①**C**　②**A**　③**B**　④**C**　⑤**A**　⑥**B**

(2)①**C**　②**B**　③**D**　④**A**　⑤**B**　⑥**A**　⑦**C**　⑧**D**

15 拡大図と縮図 ①　29ページ

1 (1)**エ，2倍　オ，3倍**　(2)**イ，$\frac{1}{2}$　ウ，$\frac{3}{4}$**

2 (1)**3倍**　(2)**12cm**　(3)**9倍**

3 (1)**2.5倍($\frac{5}{2}$倍)**　(2)**9.25cm**

考え方 (1)10÷4＝2.5　(2)3.7×2.5＝9.25

4 (1)(点D→)**点B**，(点E→)**点C**，(点F→)**点A**
(2)**4cm**　(3)**60度**

考え方 (2)$3\div\frac{3}{4}=4$　(3)180°－(90°＋30°)＝60°

思考力トレーニング　算数⑮　30ページ

1	5	1	6	3	2	2	4	4	3
2	2	6	6	3	4	5	6	1	2
3	4	4	5	2	6	5	3	1	5
6	4	2	1	1	4	3	6	6	5
6	5	5	3	1	1	3	1	2	4
5	4	3	2	1	2	4	6	3	5

16 拡大図と縮図 ②　31ページ

1 (図は省略)

考え方 4.5＋2.5＋3＝10
まわりが20cmだから，2倍に拡大(かくだい)します。

2 (1)**20**　(2)**25000**　(3)**240**　(4)**4800**

考え方 (4)縦(たて)は3×2000÷100＝60(m)
横は4×2000÷100＝80(m)　60×80＝4800

3 **9倍**

4 **7500m²**

考え方 縮尺(しゅくしゃく)は，150×100÷3＝5000から，
1：5000となる。
面積は，3×5000×5000÷100÷100＝7500

5 (1)**1.5cm**　(2)**2cm**　(3)**$\frac{1}{2}$倍**　(4)**1.5cm²**

考え方 点Eが辺CDの真ん中の点なので，三角形ADEと三角形FCEは合同です。

思考力トレーニング　算数⑯　32ページ

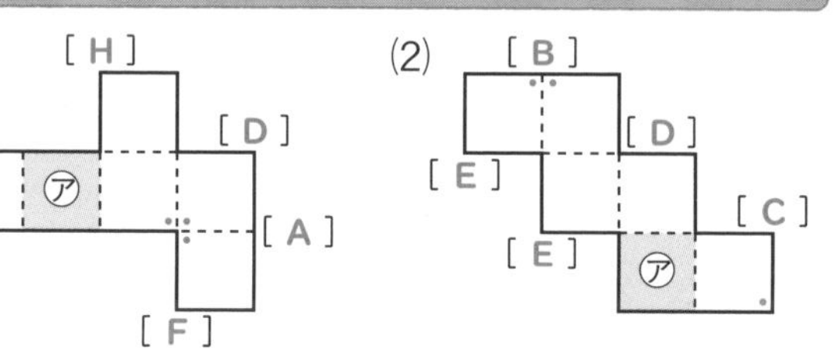

17 角柱と円柱の体積 ①　33ページ

1 (1)**6cm²**　(2)**42cm³**

考え方 (1)4×3÷2＝6　(2)6×7＝42

2 (1)**24cm²**　(2)**120cm³**

考え方 (1)6×8÷2＝24　(2)24×5＝120

3 (1)**78.5cm²**　(2)**1099cm³**

考え方 (1)5×5×3.14＝78.5
(2)78.5×14＝1099

4 (1)**三角柱**　(2)**288cm²**　(3)**240cm³**

考え方 (2)6×8÷2×2＋(8＋10＋6)×10＝288
(3)6×8÷2×10＝240

5 (1)**314cm²**　(2)**471cm²**　(3)**785cm³**

考え方 (1)10×10×3.14＝314
(2)314＋5×5×3.14×2＝471
(3)5×5×3.14×10＝785

思考力トレーニング　算数⑰　34ページ

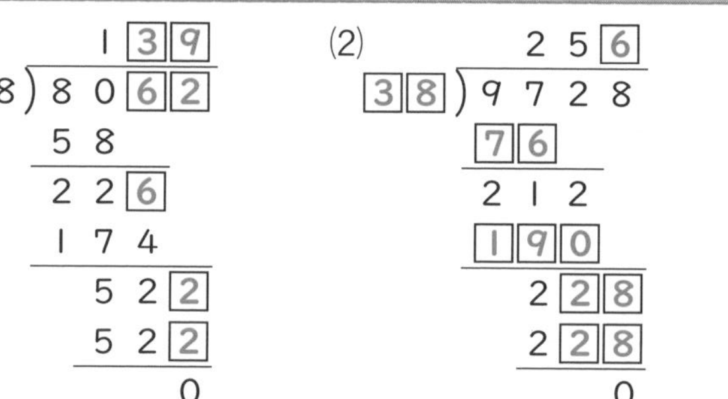

18 角柱と円柱の体積 ②　35ページ

1 (1)**59cm²**　(2)**531cm³**

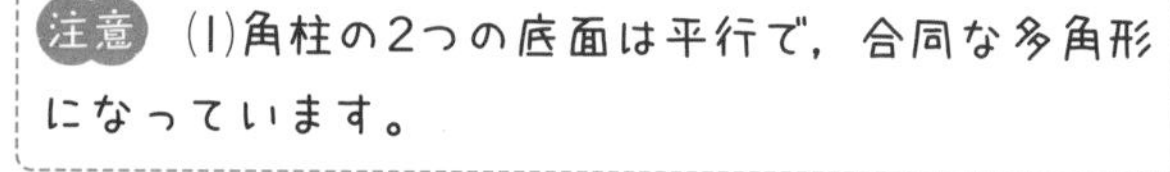
注意 (1)角柱の2つの底面は平行で，合同な多角形になっています。

2 **3cm**

考え方 144÷8×2÷4－6＝3

3 (1)**392.5cm³**　(2)**335.5cm²**

考え方 (1)5×5×3.14÷2×10＝392.5
(2)5×5×3.14＝78.5
(10×3.14÷2＋10)×10＝257
78.5＋257＝335.5

4 (1)**三角柱**　(2)**アとオ**　(3)**ア，ウ，オ**　(4)**36秒後**

考え方 (4)右の図から，
(3＋6)×4÷2×12÷6＝36
別解 6×8÷2×12－3×4÷2×12
＝216　216÷6＝36

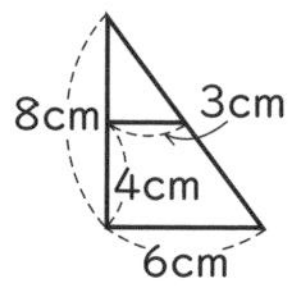

8cm　3cm　4cm　6cm

5 (1)**50.24cm²**　(2)**854.08cm³**

考え方 (2)断面図で考えると，右の図のように考えられます。
50.24×17＝854.08

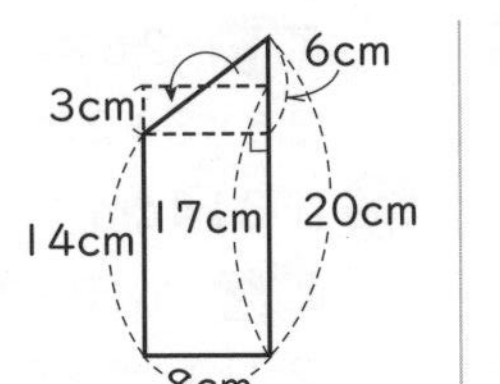

別解 50.24×(20＋14)÷2＝854.08

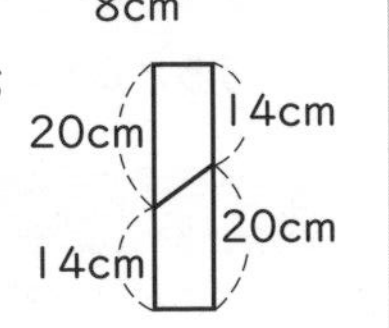

思考力トレーニング　算数 ⑱　36ページ

(1)$\frac{39}{64}$　(2)$\frac{5}{12}$　(3)$\frac{1}{4}$　(4)$\frac{1}{2}$

考え方 (1)全体の面積を1とすると，
下の図の㋐の面積は$\frac{1}{4}$，㋑の面積は$\frac{3}{4}$，
㋒の面積は$\frac{3}{4}\times\frac{1}{4}=\frac{3}{16}$，㋓の面積は$\frac{3}{16}\times\frac{3}{4}=\frac{9}{64}$
よって，求める部分の面積は，$1-\frac{1}{4}-\frac{9}{64}=\frac{39}{64}$

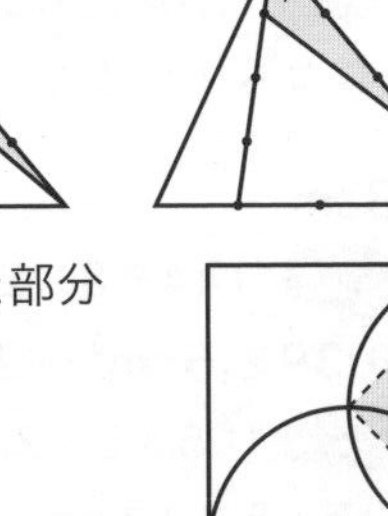

(3)右の図のように，色のついた部分を移動させて求めます。

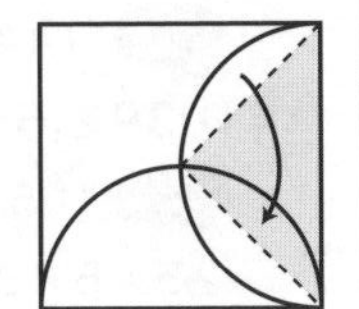

19 チャレンジテスト 2　37ページ

1 (1)**3：5**　(2)**10：5**　(3)**6：2，3：1**
2 **13分20秒**
考え方 $4000\times\frac{40}{60}\div200=\frac{40}{3}=13\frac{1}{3}$より，
$13\frac{1}{3}$分 → 13分20秒

3 **2m**
考え方 $32\div\frac{2}{5}=80$(cm)…1度目にはね上がった高さ
$80\div\frac{2}{5}=200$(cm) → 2m(はじめの高さ)
4 **9：5**
考え方 妹が出した金額は，$180\times\frac{5}{6}=150$(円)
兄が出した金額は，600－(180＋150)＝270
270：150＝9：5
5 (1)(角Ｅ)**117°**，(角Ｆ)**60°**
(2)(辺BF)**6.6cm**，(辺FG)**4.2cm**
6 (1)**250.65cm³**　(2)**286.65cm²**
考え方 (1)$\left(3\times10+3\times3\times3.14\times\frac{150}{360}\right)\times6$
＝250.65
(2)$\left(3\times10+3\times3\times3.14\times\frac{150}{360}\right)\times2$
$+\left(10+3+10+3+6\times3.14\times\frac{150}{360}\right)\times6=286.65$

思考力トレーニング　算数 ⑲　38ページ

(1)**27**　(2)**19**　(3)**6**　(4)**1**　(5)**14**
考え方 (1)下のようなきまりになっているので，
3＋(50÷2－1)＝27
1，3，2，4，3，5，4，6，……
(+1の矢印)
(4)(1)，(1，2，1)，(1，2，3，2，1)，……より，
数の個数は1＋3＋5＋7＋……となる。
1＋3＋5＋7＋9＋11＋13＝49だから，50番目の数は1

20 比　例　39ページ

1 (○をするもの) **(1)，(3)**
2 (1)①**45**，②**6**，③**8**，④**150**　(2)**いえる**
(3)(例)**長さが2倍，3倍，……となるとき，重さも2倍，3倍，……と変わるから比例するといえる。**
(4)(右のグラフ)

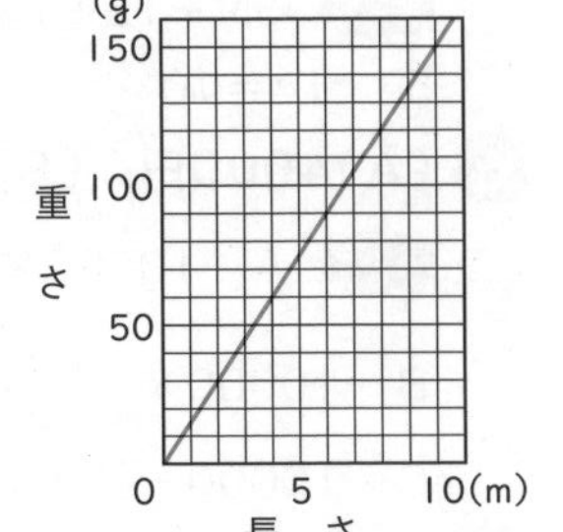

3 (1)x…**6**
y…**12，48，60**
(2)x…**4，2.4**
y…**24，12**
4 **7m**
考え方 4.9÷0.035＝140
5×140＝700

思考力トレーニング　算数 ⑳　40ページ

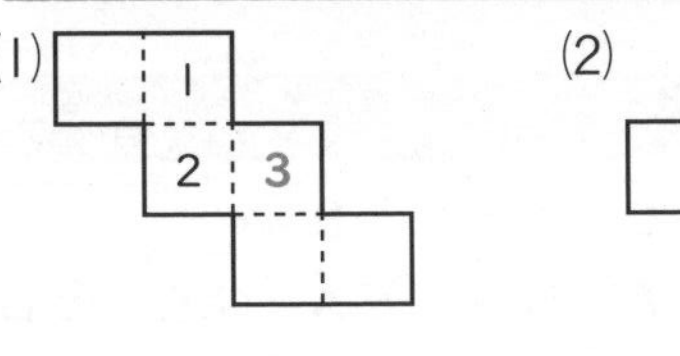

21 反比例　41ページ

1 (○をつけるもの) **(2)，(3)**
2 (1)

縦(cm)	1	2	3	6	9	18
横(cm)	36	**18**	**12**	6	4	**2**

(2)**いえる**
(3)(例)**縦が2倍，3倍，……になると，横は$\frac{1}{2}$，$\frac{1}{3}$，……になるから。**
(4)$y=36\div x$
(または$x\times y=36$)
(5)(右のグラフ)

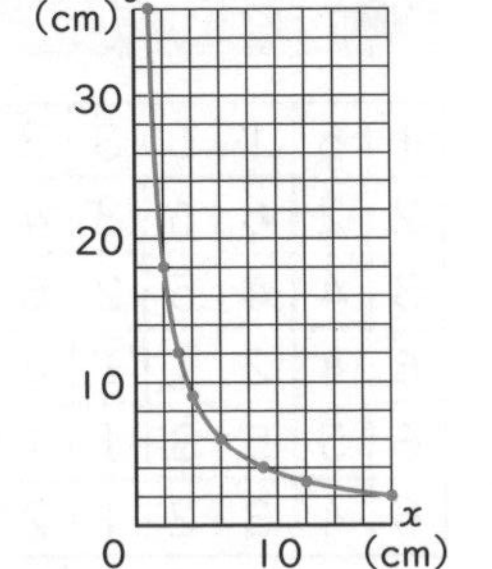

3 (1)$y=120\div x$
(2)**いえる**　(3)**20**　(4)**8**
4 **9日**

考え方 6×12÷8=9

5 **30**

考え方 40×45÷60=30

6 **毎分84m**

考え方 70×60÷50=84

思考力トレーニング　算数 ㉑　42ページ

(1)27[÷]9[+]3=6　(2)27[−]9[÷]3=24

(3)27[+]9[×]3=54　(4)27[×]9[÷]3=81

(5)27[+]9[÷]3=30　(6)27[−]9[×]3=0

22 いろいろなグラフ　43ページ

1 (1)**5km**

(2)**12.5km**

(3)**3時間**

(4)**5時間40分**

(5)(右のグラフ)

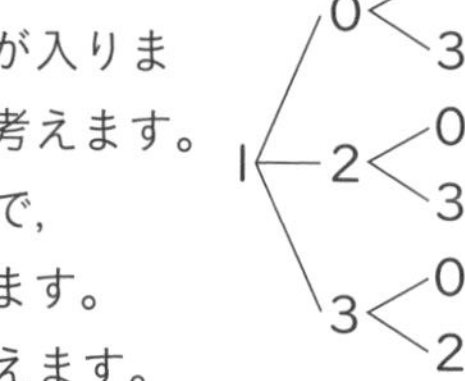

考え方 (4)休まず歩くと

25÷5=5(時間)かかります。1時間歩くごとに10分休むから，10×(5−1)=40(分)休むことになります。

2 (1)**1.25L**　(2)**50cm²**　(3)**200cm²**　(4)**34cm**

考え方 (1)水の深さが15cmになるためには，

$5+\frac{5}{4}=6\frac{1}{4}$より，$6\frac{1}{4}$分かかります。

$200×6\frac{1}{4}=1250$　1250cm³ → 1.25L

(2)5分から10分で深さが20cm増すから，毎分4cm

200÷4=50

(3)10分から15分で深さが5cm増すから，毎分1cm

200÷1=200

(4)水を入れる割合(わりあい)が2倍になるから，

10cmの深さになるのは，2.5分後

30cmの深さになるのは，5分後

7−5=2(分間)に深さは毎分2cmずつ増すから，

2×2=4　30+4=34

思考力トレーニング　算数 ㉒　44ページ

(1)

(2)

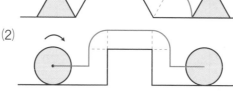

23 場合の数 ①　45ページ

1 **9通り**

2 (1)**6通り**　(2)**18通り**　(3)**6通り**

考え方 (3)偶数(ぐうすう)になるには，一の位が0

3 (1)**18通り**　(2)**45通り**　(3)**48通り**

考え方 (1)3けたの数字だから，百の位には，1，2，3のいずれかの数字が入ります。まず，百の位が1の場合を考えます。百の位が2と3の場合もあるので，6×3=18より，18通りになります。

1 ─ 0 ＜ 2, 3
1 ─ 2 ＜ 0, 3
1 ─ 3 ＜ 0, 2

(2)まず，百の位が1の場合を考えます。

100　110　120　130

101　112　121　131

102　113　122　132

103　　　123　133　したがって，15×3=45

(3)(2)の場合のほかに，111が入ります。

16×3=48

4 (1)**5試合**　(2)**15試合**

考え方 (2)A・B・C・D・E・Fの6チームとすると，

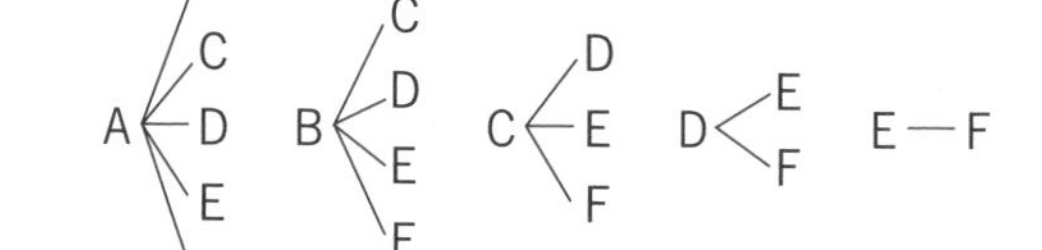

となるので，5+4+3+2+1=15

思考力トレーニング　算数 ㉓　46ページ

(1)
```
    2 8[9]
 ×   [2]7
 2[0]2 3
[5]7 8
 7[8][0]3
```

(2)
```
    [5]3 4
 ×    [6]3
    1 6 0 2
[3][2]0 4
[3][3][6]4 2
```

(3)
```
    [4]0[8]
 ×    [5]3
  1[2]2 4
 2[0]4 0
 2 1[6]2[4]
```

(4)
```
     3[9]5
 ×     8[2]
     7[9]0
[3]1[6]0
 3[2]3 9 0
```

24 場合の数 ②　47ページ

1 (1)**6種類**　(2)**60種類**

2 (1)**10通り**　(2)**11通り**

考え方 (1)おもりののせ方は，2個いっしょの場合と，左右に1個ずつ分ける場合があります。

また，おもりの組み合わせ方によっては，重なりが出てきます。

(2)

A	B	C	→	A+B+C	A+BとC	A+CとB	B+CとA
1	2	4		7	1	×	×
1	2	8		11	5	×	9
1	4	8		13	3	×	×
2	4	8		14	2	6	10

3 **12通り**

考え方 4×3=12

4 (1)**33個**　(2)**9個**

考え方 (1)4を2枚(まい)使う場合と，そうでない場合に分けて考えます。

5 **8通り**

考え方 2人部屋が決まると，4人部屋は残りの4人となる。Aを2人部屋とすると，Aとの組み合わせはB以外の4通り。Bの場合も同様に考えます。

6 **6通り**

思考力トレーニング 算数㉔ 48ページ

(1)**4** (2)**6** (3)**6** (4)**4**

考え方 次の図は，さいころを上から見た図で，まわりの面が見えるようにかいてあります。

(1)

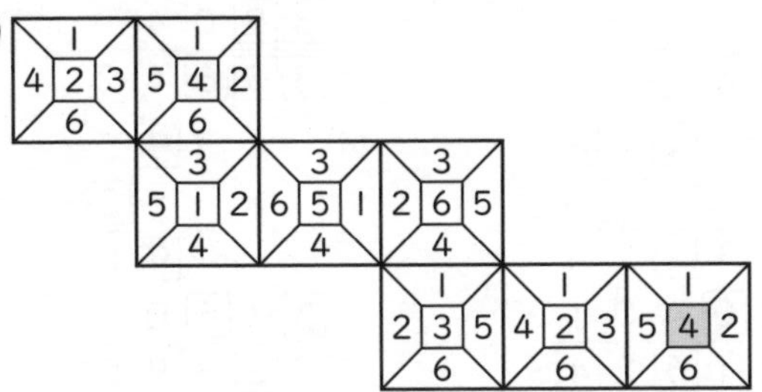

25 資料の調べ方 ① 49ページ

1 (1)**1.3，1.9** (2)**3，3.5，3.9，4**

2 (1)**36人** (2)**40kg以上45kg未満**

(3)**6番目から9番目** (4)**25%**

考え方 (1)6＋9＋12＋4＋5＝36

(4)9÷36＝0.25 → 25%

3 (1)**35人** (2)**75点** (3)**71点** (4)**66.2点**

考え方 (2)最頻値は，もっとも多くでてきた点数になるので，75点です。

(3)35人なので，点数の順に並(なら)べたとき18番目の人の点数が中央値となります。

(4)全部の合計は，2317点になるので，平均値は，2317÷35＝66.2(点)

思考力トレーニング 算数㉕ 50ページ

(1回目)**Bチーム**，(2回目)**Cチーム**

参考 1回目の正しい順位はC→B→A→Dです。
2回目の正しい順位はB→C→A→Dです。

26 資料の調べ方 ② 51ページ

1 **30人**

考え方 1.2×25＝30

2 (1)

きょり	人数
以上 20 ～ 25 未満	6
25 ～ 30	7
30 ～ 35	9
35 ～ 40	6
40 ～ 45	3
45 ～ 50	1

(2)(人) 10 5 0 20 25 30 35 40 45 50(m)

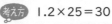

3 **5.2点**

考え方 2×(8＋7＋6＋2＋3)÷10＝5.2

4 (1)**45人** (2)**11人**

考え方 (1)グラフから，8点以上の得点の人数は，18人です。これが全体の40%にあたるから，全体の人数は，18÷0.4＝45(人)

(2)A組の平均点が7点だから，全体の得点の合計は，7×45＝315(点)

グラフからは208点がわかるので，5点と7点の得点の合計は，315－208＝107(点)

5点，7点の得点の人数をそれぞれx人，y人とすると，5×x＋7×y＝107

xに3，4，5，6，……とあてはめていくと，5×6＋7×11＝107より，7点は11人となります。

思考力トレーニング 算数㉖ 52ページ

(1)$\frac{5}{8}$ (2)$\frac{15}{32}$ (3)$\frac{1}{4}$ (4)$\frac{1}{2}$

考え方 (1)全体の面積を1とすると，右の図の㋐の三角形の面積は，

$\frac{1}{4}\times\frac{3}{4}\div2=\frac{3}{32}$

よって，求める部分の面積は，

$1-\frac{3}{32}\times4=\frac{5}{8}$

㋐

(3)右の図のように，色のついた部分を移動させて求めます。

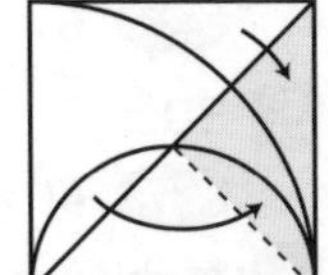

27 いろいろな問題 ① 53ページ

1 (1)**47** (2)**6，8，12，24** (3)**34枚**(まい)

考え方 (2)29－5＝24

24の約数で，5より大きな約数を答えます。

(3)2と3の最小公倍数は6

2でわり切れる数は，100÷2＝50

6でわり切れる数は，100÷6＝16余り4

50－16＝34

2 (1)㋐**3**，㋑**4** (2)$\frac{5}{24}$

考え方 (1)$\frac{1}{12}=\frac{1}{3\times4}=\frac{1}{3}-\frac{1}{4}$

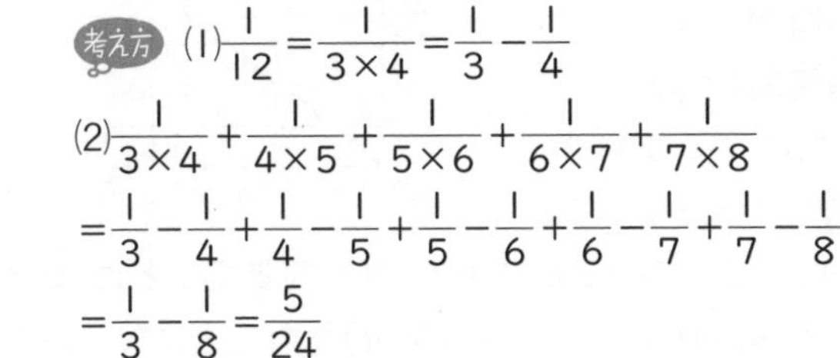

(2)$\frac{1}{3\times4}+\frac{1}{4\times5}+\frac{1}{5\times6}+\frac{1}{6\times7}+\frac{1}{7\times8}$

$=\frac{1}{3}-\frac{1}{4}+\frac{1}{4}-\frac{1}{5}+\frac{1}{5}-\frac{1}{6}+\frac{1}{6}-\frac{1}{7}+\frac{1}{7}-\frac{1}{8}$

$=\frac{1}{3}-\frac{1}{8}=\frac{5}{24}$

3 ア **143°**，イ **89°**

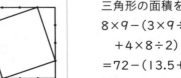

考え方 180°－(53°＋90°)

＝37°

180°－37°＝143°…ア

正五角形の1つの内角は，108°

127°＋108°＋108°＋108°＋イ＝540° イ＝89°

37° 53° 53° 127° ア イ 108° 108° 108°

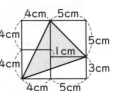

4 **30cm²**

考え方 全体の面積から3つの三角形の面積をひきます。

8×9－(3×9÷2＋5×5÷2
＋4×8÷2)

＝72－(13.5＋12.5＋16)＝30

別解 3つの三角形の面積をたします。

5×5÷2＋5×3÷2＋5×4÷2＝30

4cm 5cm 4cm 5cm 1cm 4cm 3cm 4cm 5cm

5 (1)**3つ** (2)**6つ**

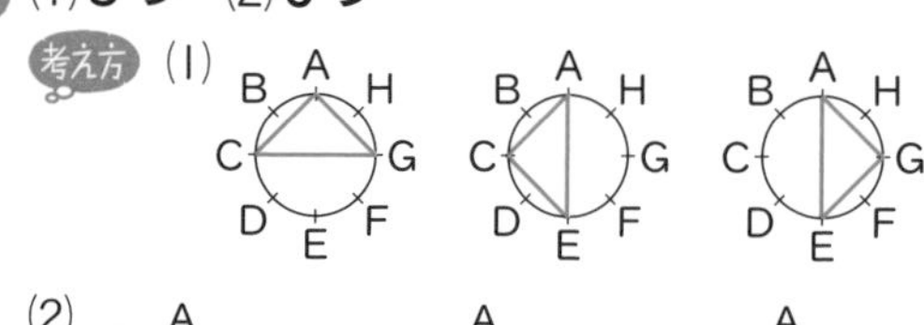

思考力トレーニング 算数㉗ 54ページ

(1)

```
          4 1[8]
7[4]) [3][0] 9 3 [2]
      [2][9][6]
          1 3 3
           [7][4]
           5 9 2
           5 9 2
               0
```

(2)

```
             3[2][7]
4 6) 1[5][0] 4 2
     1 3 8
       1[2][4]
           9 2
        [3][2][2]
        [3][2][2]
               0
```

28 いろいろな問題 ② 55ページ

1 (1)**25** (2)**10, 21** (3)**0**

考え方 (3)1けたの数は9個，2けたの数は90個あるので，1～99までの数字の数は，

9＋90×2＝189(個)

(1991－189)÷3＝600余り2より，

3けたの数の600番目の数は，

100＋600－1＝699なので，700の2番目の数が1991番目の数字です。

2 (1)**7** (2)**43回**

考え方 (1)14行で1つのまとまりと考えます。

95÷14＝6余り11

11行の2列と同じだから，7

(2)14行の中に4は2回

300÷14＝21余り6，6行の中に1回。

2×21＋1＝43

3 (1)**61** (2)**33**

考え方 (1)n個の正方形をつくるためのマッチ棒(ぼう)の本数は，$3×n＋1$

3×20＋1＝61

(2)100－1＝99 99÷3＝33

4 (1)$\frac{45}{19}$ (2)**23番目，276**

考え方 (1)分母は，9×2＋1＝19

分子は，1＋2＋3＋……＋9＝45

(2)(47－1)÷2＝23

1＋2＋3＋……＋23＝(1＋23)×23÷2＝276

思考力トレーニング 算数㉘ 56ページ

30(個)

29 いろいろな問題 ③ 57ページ

1 **750円**

考え方 初めの所持金を□円とします。

$\left(\frac{9}{10}×□－450\right)×\frac{2}{3}=\frac{1}{5}×□$

$\frac{2}{5}×□＝300$ □＝750

2 (1)

㋒	姉	姉	私	私	弟	弟
㋓	私	弟	姉	弟	姉	私
㋔	弟	私	弟	姉	私	姉

(2)**8通り**

3 (1)**4個** (2)**25個** (3)**64枚(まい)**

考え方 (1)1辺にタイルが3枚あるので，

3－1＝2 2×2＝4

(2)144＝12×12 12÷2＝6

6－1＝5 5×5＝25

(3)49＝7×7 7＋1＝8 8×8＝64

4 **21枚**

考え方 金額の比が7：2なので，枚数の比は7：4

$33×\frac{7}{7+4}=33×\frac{7}{11}=21$

思考力トレーニング 算数㉙ 58ページ

(1)54÷9＋3×2＝12

(2)54×9÷3－2＝160

(3)54－9÷3×2＝48

(4)54＋9÷3－2＝55

(5)54÷9－3×2＝0

(6)54÷9×3－2＝16

30 チャレンジテスト 3 59ページ

1 (1)○ (2)△ (3)○ (4)×

2 (1)$y=3×x$

(2)$y=48÷x$ (または$x×y=48$)

3 (1)**0.25cm** (2)**152g**

考え方 (1)50÷200＝0.25 (2)38÷0.25＝152

4 **24通り**

5 (1)$\frac{10}{3}$ (2)**数の列①の87番目**

考え方 (1)1＋2＋3＋4＋5＝15

列①は16番目から，

$\frac{1}{6}, \frac{2}{5}, \frac{3}{4}, \frac{4}{3}, \frac{5}{2}, \frac{6}{1}$, ……

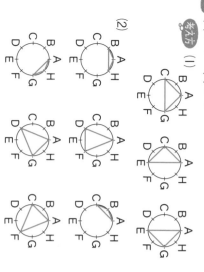

列②は16番目から，

$\frac{1}{6}, \frac{2}{6}, \frac{3}{6}, \frac{4}{6}, \boxed{\frac{5}{6}}, \frac{6}{6}$, ……

よって，20番目の和は，$\frac{5}{2}+\frac{5}{6}=\frac{20}{6}=\frac{10}{3}$

(2)列②は1より大きい数はでてこないので，

$\frac{9}{5}$は列①の中にあります。

1＋2＋3＋……＋12＝78

79番目から，

$\frac{1}{13}, \frac{2}{12}, \frac{3}{11}, \frac{4}{10}, \frac{5}{9}, \frac{6}{8}, \frac{7}{7}, \frac{8}{6}, \boxed{\frac{9}{5}}$, ……

6 **午後5時59分20秒**

考え方 午前10時から午後6時までで8時間ある。

8時間で時計がおくれる時間は

$2\times\frac{8}{24}=\frac{2}{3}$(分) → 40(秒)

思考力トレーニング　算数 30　60ページ

(1)

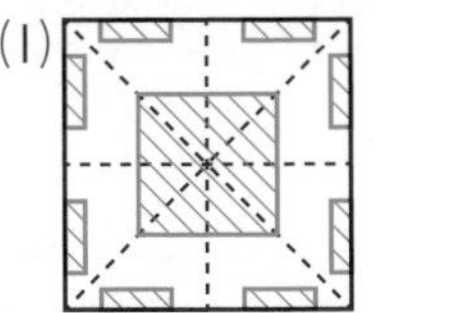

(2)

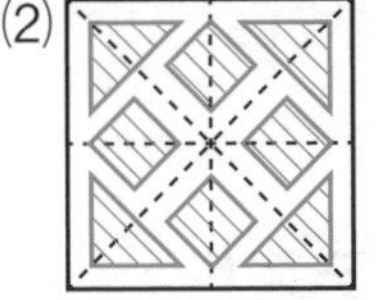

31 仕上げテスト 1　61ページ

1 (1)$\frac{1}{2}$　(2)$\frac{3}{7}$　(3)**7**　(4)**9**

2 **57cm²**

考え方 半径20cmと10cmのおうぎ形で考えます。

$20\times20\times3.14\times\frac{1}{4}-\left(10\times10\times3.14\times\frac{1}{2}+10\times10\right)$

＝57

3 **1：3：20**

考え方 (10×5)：(50×3)：(100×10)＝1：3：20

4 (1)ア **3**，イ **4**　(2)ウ **2**，エ **5**

考え方 (2)10の約数の中で，差が3になるのは5と2。

5 **20枚**

考え方 12と15の最小公倍数は60なので，

60÷12＝5　60÷15＝4　5×4＝20

6 **8**

考え方 【12】＝6，【35】＝4，【37】＝2なので，

6＋4－2＝8

7 **24cm²**

考え方 三角形ACDは三角形EBFを2倍に拡大した形。8×6÷2＝24

8 **6種類**

考え方 13，21，23，31，41，43の6種類。

思考力トレーニング　算数 31　62ページ

(1回目)**75**(点)，(2回目)**72**(点)

32 仕上げテスト 2　63ページ

1 (1)**6**　(2)**4**　(3)**2**　(4)**4**　(5)**12**

考え方 (1)x＝(100－28)÷12

(2)x＝28÷(20－13)

(3)x＝(92－8)÷42

(4)x＝(84－16×3)÷9

(5)x＝(208÷4－7×7)×4

2 (1)**11分54秒**　(2)**ウ**

考え方 (1)28×30×28＋12×30×(42－28)

＝28560　28560÷40＝714(秒)

714÷60＝11余り54

3 (1)**点ア，点キ**　(2)**4つ**　(3)**126cm²**　(4)**90cm³**

考え方 (3)5×(5＋6＋4＋3)＝90

90＋(3＋6)×4÷2×2＝126

(4)(3＋6)×4÷2×5＝90

4 **2：3**

考え方 (77－74)：(74－72)＝3：2

3：2の逆比は$\frac{1}{3}$：$\frac{1}{2}$＝2：3

参考 2種類の平均とその合計の平均がでてくる問題では，面積図を使うとわかりやすいことが多いです。

(77－74)×男子＝(74－72)×女子

これより，男子：女子＝2：3

思考力トレーニング　算数 32　64ページ

12(個)

考え方 2段に分けて16個ずつの見取図をかいて考えます。

理科

1 ものの燃え方と空気 ① 65ページ

1 (1)**空気(酸素)**
(2)燃え続けるもの…**ア，ウ**
消えてしまうもの…**イ，エ**
(3)**ガラス板のふたをとる。**

2 (1)A…**うすい過酸化水素水(オキシドール)**
B…**二酸化マンガン** (2)**イ**
(3)**初めに出てくる気体には，三角フラスコの中にあった空気が多くふくまれているから。**
(4)①**大きなほのおを出して激しく燃える。**
②**ほのおを出して燃える。**
③**火花を出して激しく燃える。**
(5)**ものを燃やすはたらきがある。**
(6)①**石灰水はすき通ったまま。**
(石灰水は変化しない。)
②**石灰水が白くにごる。**
③**割りばしや木炭を燃やすと二酸化炭素ができる。**

3 (1)①**外えん** ②**えん心**
(2)①**酸素** ②**ちっ素** ③**酸素**

思考力トレーニング 理科 1 66ページ

酸素…**ウ** 二酸化炭素…**エ**

2 ものの燃え方と空気 ② 67ページ

1 (1)● (2)ろうそく…**ウ** スチールウール…**ア**
(3)**ろうそくを燃やしたあとの集気びんに入れた石灰水は白くにごったが，スチールウールを燃やしたあとの集気びんに入れた石灰水は変化しなかった。**
(4)**気体検知管** (5)**ア，ウ**

考え方 (2)(3)ろうそくが燃えるときは酸素が使われ，二酸化炭素ができます。スチールウールが燃えるときは酸素は使われますが，二酸化炭素はできません。

2 (1)**イ**
(2)**木と木の間に空気が通りやすくなるから。**

思考力トレーニング 理科 2 68ページ

ア

考え方 ろうそくのほのおより上の酸素だけが使われます。

3 人や動物のからだ ① 69ページ

1 (1)A…**だ液せん** B…**かん臓** C…**たんのう**
D…**十二指腸** E…**大腸** F…**食道** G…**胃**
H…**すい臓** I…**小腸** J…**こう門**
(2)①**×** ②**5** ③**1** ④**4** ⑤**3** ⑥**2**

2 (1)**イ** (2)**二酸化炭素が多い血液** (3)**A→C**
(4)**ク** (5)**ク，カ，イ，ウ，オ，エ**
(6)A…**肺** F…**かん臓** (7)**えら**

3 (1)A…**肺** B…**気管** (2)**水蒸気，二酸化炭素**
(3)**ア，イ，ウ，ウ，イ，ア**

思考力トレーニング 理科 3 70ページ

食べ物が通る順…**カ，ク，イ，キ**
からだのつくり…**ウ**

4 人や動物のからだ ② 71ページ

1 (1)A…**えら** B…**心臓** C…**消化管(腸)**
D…**卵そう** E…**こう門** (2)**呼吸** (3)**肺**
(4)**気こう** (5)**胃，小腸，大腸など**

2 (1)**ウ，エ，オ** (2)**動脈** (3)**ア，イ，カ，キ**
(4)**静脈** (5)①**エ** ②**ア，イ** ③**カ，キ** ④**ウ，オ**
⑤**ウ，オ，カ，キ** ⑥**ア，イ，エ**

3 (1)**イ，カ** (2)**肉食動物**
(3)**消化しにくい草を食べるから。** (4)**ウシ**

考え方 (4)ヒツジについて，からだの長さに対して腸の長さが何倍になっているかを求めると，
31÷1.1＝28.1… この値は，ライオンやオオカミなどの肉食動物よりも，ウマやウシなどの草食動物の値に近くなっています。

思考力トレーニング 理科 4 72ページ

酸素が最も多い血液…**イ**
二酸化炭素が最も多い血液…**キ**
養分が最も多い血液…**エ**

5 人や動物のからだ ③ 73ページ

1 (1)**人の体温と同じ状態にするため。**
(2)**ヨウ素液**
(3)A…**変わらなかった。**
B…**青むらさき色になった。**
(4)**でんぷんをほかのものに変えるはたらき。**
(5)C…**青むらさき色になった。**
D…**青むらさき色になった。**
(6)**低い温度だとはたらかない。**

考え方 氷水につけた試験管C，Dにはでんぷんが残っていたため，だ液は低い温度だとはたらかないとわかります。

2 (1)A…**じん臓** B…**ぼうこう**
(2)A…**イ** B…**ウ** (3)**ア，ウ** (4)**192**

考え方 (3)Dの血液は，じん臓を通る間に酸素が使われ，不要なものがこし取られます。
(4)人のじん臓を1日に通過する血液の量は，
0.2L×60×24＝288L これをもとに1.5Lのにょうがつくられるので，1Lのにょうは，
288÷1.5＝192Lの血液をもとにつくられる。

思考力トレーニング 理科 5 74ページ

5.6

考え方 心臓が１日に送り出す血液の量は,
200 L×40 本＝8000 L だから, １分間に送り出す血液の量は, 8000 L÷(24 時間×60 分)＝5.55…→5.6 L

6 植物のはたらき　75ページ

1 (1)**葉の中のでんぷんをなくすため。**
(2)**でんぷん**
(3)B…**青むらさき色になった。**
C…**変化はなかった。**
(4)**葉に日光があたるとでんぷん(養分)ができる。**

2 (1)①**葉** ②**太** (2)**日光(光)** (3)**光合成**

3 (1)**B** (2)**水**
(3)①**気こう** ②**水蒸気** ③**蒸散**
(4)C…**二酸化炭素** D…**酸素** (5)**呼吸**

思考力トレーニング 理科❻　76ページ

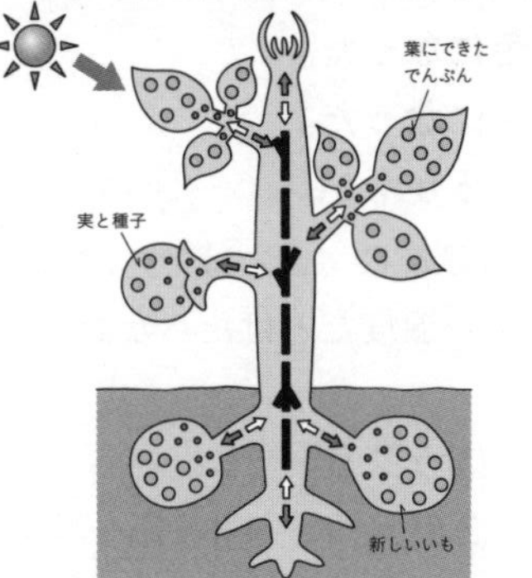

記号…**ア**

7 生き物とかん境の関わり　77ページ

1 (1)A…**二酸化炭素** B…**酸素** C…**養分**
(2)①**つくり出すこと。** ②**吸収すること。**
(3)**イ, ウ, カ**

2 (1)**B, A, D, C** (2)**食物れんさ**
(3)**すべていなくなる。**

3 (1)**二酸化炭素** (2)**地球温暖化** (3)**リサイクル**

思考力トレーニング 理科❼　78ページ

地球温暖化…**ア, イ, オ**
水質の保全と悪化…**ウ, エ, カ**

8 水中の小さな生き物　79ページ

1 (1)A…**ミジンコ** B…**ゾウリムシ**
C…**ミドリムシ** D…**アオミドロ**
E…**ミカヅキモ**
(2)①**C, D, E** ②**A, B, C** ③**A** (3)**イ**
(4)**増加したプランクトンが呼吸により, 水中の酸素を大量に使ってしまうから。**

2 (1)a…**接眼レンズ** b…**レボルバー**
c…**対物レンズ** d…**調節ねじ** e…**反射鏡**
(2)**250** (3)**ウ, イ, エ, ア**
(4)**直射日光のあたらない水平なところ** (5)**5**

思考力トレーニング 理科❽　80ページ

最も大きい…**ウ** ２番目…**オ** ３番目…**イ**
４番目…**エ** 最も小さい…**ア**

9 太陽と月　81ページ

1 (1)A…**太陽** B…**月**
(2)**Aには黒点やプロミネンスが見え, Bにはクレーターが見えるから。**

2 (1)**エ** (2)**東** (3)**ク**

3 (1)**南** (2)**イ** (3)**エ, ウ, オ, イ, ア**
(4)**イ** (5)**月食**
(6)**太陽, 地球, 月の順に一直線に並んでいる。**

思考力トレーニング 理科❾　82ページ

(1)**イ** (2)**ウ**

10 水よう液の性質 ①　83ページ

1 (1)**ア** (2)**ウ** (3)**エ** (4)**カ** (5)**オ** (6)**イ**

2 (1)**気体** (2)①**酸** ②**アルカリ** ③**中** ④**青** ⑤**赤**
⑥**赤** ⑦**青**

3 (1)①**水素** ②**イ, オ** ③**ウ**
(2)**アルミニウムがとけて水素が発生し, 発熱する。**

思考力トレーニング 理科❿　84ページ

イ

11 水よう液の性質 ②　85ページ

1 (1)①**イ, ウ, カ, キ, ク** ②**ア** ③**エ, オ, ケ**
(2)**とけていた固体が残る。**

2 ①**ク** ②**シ** ③**キ** ④**サ** ⑤**コ** ⑥**ア, ウ, カ**
⑦**エ, ケ** ⑧**イ, オ**

3 (1)A…**エ** B…**ア** C…**オ** D…**イ** E…**ウ**
(2)A…**水素** B…**水素** C…**二酸化炭素**
D…**水素** E…**水素**
(3)**白い固体が残る。** (4)**弱くなった。** (5)**中和**

思考力トレーニング 理科⓫　86ページ

CとDの水よう液が砂糖水か食塩水かわからないので, これらを区別するには, 水よう液を加熱すればよい。白いつぶが残ったほうが食塩水, 黒くこげたほうが砂糖水とわかる。

12 てことてんびん　87ページ

1 (1)A…**作用点** B…**支点** C…**力点**
(2)A…**支点** B…**作用点** C…**力点**

2 (1)**60** (2)**20** (3)**40** (4)**150** (5)**40** (6)**55**
考え方 (1)30 kg×20 cm÷10 cm＝60 kg
(2)10 kg×30 cm÷15 kg＝20 cm
(3)60 g×20 cm÷30 cm＝40 g

(4)50 g＋70 g＋30 g＝150 g
(5)(30 g＋50 g)÷2＝40 g
(6)60 g×40 cm÷60 cm＝40 g
30 g÷2＝15 g　40 g＋15 g＝55 g

3 (1)**2**　(2)**0.1**　(3)**0.6**　(4)**0.9**

考え方 (1)右の図で，右のうでにかかる力(重さ)a〔kg〕は，
1.6×10÷40＝0.4〔kg〕
したがって，Eには，
1.6＋0.4＝2〔kg〕の重さがかかる。
(2)てこを0.4 kgで持ち上げていることから，おもりBの重さをb〔kg〕とすると，
$b=0.4\times\frac{10}{30+10}=0.1$〔kg〕
(3)動かっ車の片方(かたほう)を0.3 kgで持ち上げていることから，おもりCの重さは，0.3×2＝0.6〔kg〕
(4)おもりDの重さをd〔kg〕とすると，
d×5 と 0.3×15 が等しいので，d＝0.9〔kg〕

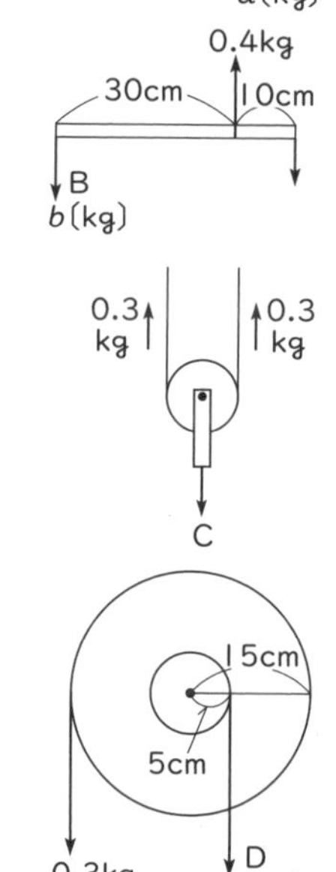

4 (1)A…**力点**　B…**作用点**　C…**支点**
(2)A…**力点**　B…**作用点**　C…**支点**
(3)A…**作用点**　B…**力点**　C…**支点**
(4)A…**支点**　B…**作用点**　C…**力点**
(5)A…**作用点**　B…**支点**　C…**力点**
(6)A…**支点**　B…**作用点**　C…**力点**

5 (1)**30**　(2)**175**　(3)**250**

考え方 (1)おもりAの重さをa〔g〕とすると，
45 g×40 cm と a〔g〕×60 cm が等しいので，
a〔g〕＝45 g×40 cm÷60 cm＝30 g
(2)おもりBの重さをb〔g〕とすると，
45 g＋30 g＝75 g
75 g×70 cm と b〔g〕×30 cm が等しいので，
b〔g〕＝75 g×70 cm÷30 cm＝175 g
(3)175 g＋75 g＝250 g

思考力トレーニング　理科⑫　88ページ

(1)**80**　(2)**30**

13 大地のつくり　89ページ

1 (1)**カ**　(2)**イ**　(3)**火山灰**(かざんばい)
2 (1)**砂岩**(さがん)**，イ**　(2)**れき岩，ア**　(3)**でい岩，ウ**
3 (1)**×**　(2)**○**　(3)**○**　(4)**○**　(5)**×**　(6)**○**　(7)**○**
4 (1)**イ**　(2)**どろ**
(3)**つぶの小さいものほど，遠くまで運ばれるから。**

思考力トレーニング　理科⑬　90ページ

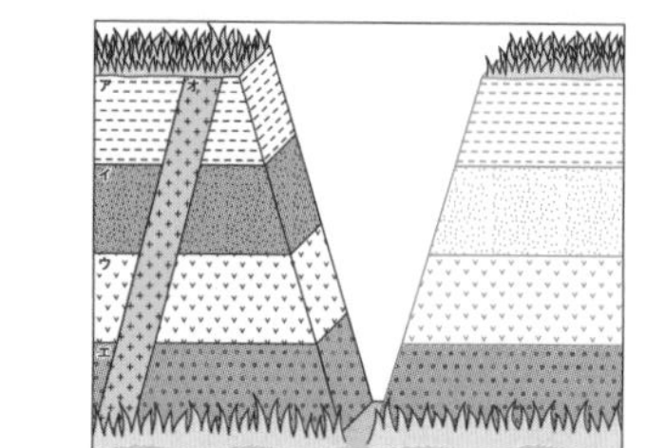

1番目…**エ**　2番目…**ウ**　3番目…**イ**
4番目…**ア**　5番目…**オ**

14 火山や地しんによる土地の変化　91ページ

1 (1)A…**マグマ**　B…**よう岩**　C…**火山灰**(かざんばい)
(2)**角ばっている。**
(3)①**B**　②**C**　③**C**　④**A**　⑤**A**
2 (1)①**桜島**(さくらじま)　②**海**　(2)**地しん**　(3)**降**(ふ)**り積もって**
3 (1)A…**山くずれ(がけくずれ，土砂**(どしゃ)**くずれ)**
B…**地割**(わ)**れ**　C…**つ波**
(2)**しん源**　(3)**C**　(4)①**A**　②**C**　③**B**　(5)**断層**(だんそう)
4 (1)①**東北地方太平洋おき**　②**つ波**　(2)**火災**

思考力トレーニング　理科⑭　92ページ

記号…**ア**　なまえ…**化石**

15 電気の利用　93ページ

1 (1)A…**電流計**　B…**速さ**　C…**回転数**
(2)**コンデンサーに電気がたまっていないことを確認するため。**　(3)**イ**
2 (1)**速く回る。**　(2)**ゆっくり回る。**　(3)**回らない。**
(4)**光を直角にあてたときのほうが速く回る。**
3 (1)①**電流**　②**つく**　③**大きさ**　④**明るく**
(2)**電池の交かんなどの必要がないから。**

思考力トレーニング　理科⑮　94ページ

(1)**ア**　(2)**イ**

16 仕上げテスト　95ページ

1 (1)**C，D**　(2)**B**　(3)**黄**　(4)**水素**
(5)記号…**D**　気体…**二酸化炭素**　(6)**ウ**
2 (1)**毛細血管**　(2)**イ，エ**
(3)①(右図)　②B…**イ**　C…**ア**

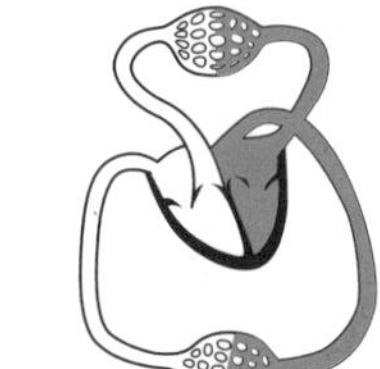

考え方 (3)心臓(しんぞう)から肺(はい)に向かう血液は酸素が少なく，肺から出てくる血液は酸素を多くふくんでいます。

思考力トレーニング　理科⑯　96ページ

気体A…**二酸化炭素**　気体B…**酸素**
草やウサギの数…**ウサギを食べるキツネがいなくなるので，ウサギの数が増える。そのあと，草の数が減る。**

社会

1 わたしたちのくらしと憲法　97ページ

1 (1)①**平和主義**　②**国民主権**
③**基本的人権の尊重**
(2)①**ウ**　②**イ**　③**ア**
(3)①○　②×　③×　④○

2 (1)①**エ**　②**ア**　③**ウ**
(2)①**象徴**（**しるし**）　②**内閣**
(3)**非核三原則**

思考力トレーニング　社会①　98ページ

Cさん

考え方 祝日の日数は以下の通り（2019年）。
1月…2日（元旦，成人の日）
2月…1日（建国記念の日）
3月…1日（春分の日）
4月…1日（昭和の日）
5月…4日（天皇即位の祝日，憲法記念日，みどりの日，こどもの日）
6月…0
7月…1日（海の日）
8月…1日（山の日）
9月…2日（敬老の日，秋分の日）
10月…2日（体育の日，即位礼正殿の儀）
11月…2日（文化の日，勤労感謝の日）
12月…0
また，1か月のうち，2月は28日間，4月，6月，9月，11月は30日間，それ以外は31日間あります。
よって，各月の働いた日数は，次のようになります。
1月29日間，2月27日間，3月30日間，
4月29日間，5月27日間，6月30日間，
7月30日間，8月30日間，9月28日間，
10月29日間，11月28日間，12月31日間。
したがって，2月が入っているAさんとBさん，5月が入っているDさんと比べて，Cさんが最も多くなります。

2 政治のしくみとはたらき ①　99ページ

1 (1)①A **衆議院**　B **参議院**
②A **4**　B **6**
(2)**イ**
(3)**ア・ウ・オ**

2 (1)①**内閣総理大臣**　②**国会**　③**国務**
(2)**閣議**

3 (1)**エ**　(2)**カ**　(3)**ケ**　(4)**ウ**

思考力トレーニング　社会②　100ページ

(1)**エ**　(2)**イ**　(3)**ウ**　(4)**ア**　(5)**カ**　(6)**オ**

考え方 国会は国の予算を決めたり法律をつくったりするはたらき，内閣は法律や予算に従って行政をすすめるはたらき，裁判所は憲法や法律に従って争いごとを裁くはたらきがあります。

3 政治のしくみとはたらき ②　101ページ

1 (1)A…**ア**　B…**ウ**　C…**エ**　D…**イ**
(2)①**3**　②**人権**　(3)①**裁判員**　②**イ**

2 (1)A…**立法(権)**　B…**行政(権)**　C…**司法(権)**
(2)**ウ**　(3)①**う**　②**あ**

思考力トレーニング　社会③　102ページ

拾ったお金

考え方 拾ったお金は一時所得とみなされ，課税対象となります。

4 日本のあけぼの　103ページ

1 (1)①**縄文**　②**弥生**　(2)**たて穴**
(3)①**B**　②**B**　③**A**

2 (1)①**卑弥呼**　②**古墳**　(2)**ウ**

3 (1)**十七条の憲法**
(2)①**冠位十二階**　②**小野妹子**
(3)①**調**　②**租**
(4)**ウ**　(5)①**ア**　②**イ**

思考力トレーニング　社会④　104ページ

サイチョウ（最澄）

①ノ	②ウ E		③チ C	④ジ
	キ	⑤エ	ソ	ヨ
⑥ヤ	ヨ D	イ B		ウ
マ		サ A		モ
⑦ト	ラ	イ	ジ	ン

5 貴族の世の中　105ページ

1 (1)**京都**　(2)**中臣鎌足**
(3)①**ウ**　②**藤原頼通**
(4)①○　②×　③○　④×

2 (1)**寝殿**
(2)①**紫式部**　②**清少納言**
③**かな**
(3)**エ**

3 (1)×　(2)×　(3)○　(4)×

思考力トレーニング　社会⑤　106ページ

藤原道長

6 鎌倉幕府と室町幕府 107ページ

1 (1)**ウ** (2)守護…**ウ**，地頭…**エ** (3)**イ**
(4)**ア**

2 (1)**書院** (2)①○ ②× ③○ ④×

3 (1)(建築物)A…**銀閣**，B…**金閣**
(人物)A…**足利義政**，B…**足利義満**
(2)①**A** ②**B** ③**A** ④**B**

思考力トレーニング 社会⑥ 108ページ

(1)**ア** (2)**ア** (3)**イ** (4)**ア**

考え方 (1)右手は「恐れることはない」，左手は「希望」といった意味をもつ。(2)金剛力士のうち阿形である。(3)執権は鎌倉幕府での将軍の補佐役。(4)部屋の扉としては，障子が使われる。

7 3人の武将と全国統一 109ページ

1 (1)ア…**徳川家康**，イ…**織田信長**，ウ…**豊臣秀吉**
(2)**イ→ウ→ア** (3)①**ウ** ②**ア** ③**イ**
(4)①**ウ** ②**ア** ③**ウ** ④**イ** ⑤**イ** ⑥**ア**

参考 3人が行ってきたことを知ることに加え，天下統一をめざした3人の生き方や考え方のちがいをまとめておくこと。

2 (1)**(フランシスコ＝)ザビエル** (2)**鹿児島**
(3)**イエズス会** (4)**ア**
(5)輸入品…**ア・イ・ウ・エ・オ・キ**
輸出品…**カ**
(6)**スペイン，ポルトガル**

思考力トレーニング 社会⑦ 110ページ

(1)**平等院鳳凰堂** (2)**金閣（金閣寺）**
(3)**東大寺南大門** (4)**姫路城**

8 江戸幕府の政治 111ページ

1 (1)①**武家諸法度** ②**参勤交代** ③**イ**
(2)①**親藩** ②**譜代** ③**外様** (3)③

2 ①**イ** ②**ア** ③**ウ**

3 (1)①**朱印状** ②**日本町**
(2)①× ②○ ③× (3)**イ・ウ**

思考力トレーニング 社会⑧ 112ページ

豊臣秀吉

考え方 源頼朝の「犯人は将軍ではない」ということばから，犯人は織田信長，藤原道長，源義経，豊臣秀吉のうちいずれかとわかります。足利義満のいう「わしが貿易を始めた国」は中国のことで，中国を攻めようとしたのは豊臣秀吉。

9 江戸時代の文化 113ページ

1 (1)**ウ** (2)①**歌舞伎** ②**浮世絵**
(3)①**ウ** ②**イ** ③**ア** (4)**ウ**

2 (1)A…**ウ** B…**イ** C…**ア**
(2)A…**解体新書** C…**古事記伝**
(3)①**蘭学** ②**国学** (4)**寺子屋**

思考力トレーニング 社会⑨ 114ページ

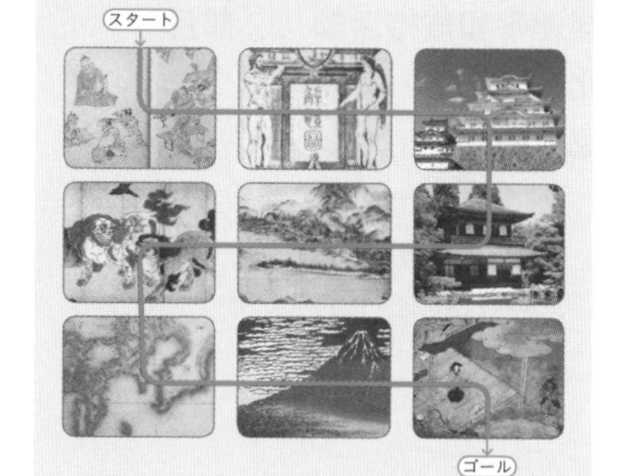

考え方 カードの内容と矢印の向きは，次の通り。寺子屋（江戸時代）→『解体新書』（江戸時代）→姫路城（安土桃山時代）↓銀閣（室町時代）←雪舟の「天橋立図」（室町時代）←「唐獅子図屏風」（安土桃山時代）↓伊能忠敬の日本地図（江戸時代）→葛飾北斎の「富嶽三十六景 凱風快晴」→かぶき踊り（安土桃山時代）

10 開国と明治維新 115ページ

1 (1)①**ペリー** ④**徳川慶喜**
(2)①**ア** ②**イ**
(3)①**イ** ②**イ** ③**ウ** ④**ア**

2 (1)**ア，ウ，エ，カ** (2)**文明開化**

3 (1)**五箇条のご誓文**
(2)①**ア** ②**エ** ③**ウ** (3)**地租改正**
(4)**イ**

思考力トレーニング 社会⑩ 116ページ

源義経，藤原道長，豊臣秀吉

考え方 足利氏，徳川氏，源氏は代々将軍家を継ぎましたが，源義経は征夷大将軍になっていません。残った人物のうち，藤原頼経は鎌倉幕府第4代将軍，藤原頼嗣は同第5代将軍で，坂上田村麻呂は平安時代に蝦夷を打つために征夷大将軍に就任しました。

11 憲法の発布と日清・日露戦争 117ページ

1 (1)①**士族** ②**西南戦争** (2)**自由民権運動**
(3)①**イ** ②**ウ** ③**ア**

2 (1)**天皇** (2)①○ ②× ③×

3 ①**ア** ②**エ** ③**イ** ④**ウ**

4 (1)①**A** ②**B** ③**A** ④**B**
(2)①**イ** ②**ア** ③**ウ**

思考力トレーニング　社会⑪　118ページ

イ

考え方　**ア**は福沢諭吉（ふくざわゆきち），**イ**は西郷隆盛（さいごうたかもり），**ウ**は板垣退助（いたがきたいすけ），**エ**は伊藤博文（いとうひろぶみ），**オ**は夏目漱石（なつめそうせき），**カ**は野口英世（のぐちひでよ），**キ**は聖徳太子（しょうとくたいし），**ク**は樋口一葉（ひぐちいちよう）。

12 戦争への道　119ページ

1 (1)**満州事変**（まんしゅうじへん）　(2)**ア**　(3)**国際連盟**（こくさいれんめい）

(4)①**×**　②**○**　③**×**

2 (1)①**第二次世界大戦**　②**太平洋戦争**

(2)**ウ，エ**

(3)①**○**　②**○**　③**○**　④**×**

(4)①**イ**　②**ウ**

思考力トレーニング　社会⑫　120ページ

イ

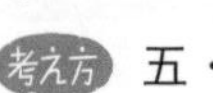
五・一五事件についての新聞。

13 現代の日本　121ページ

1 (1)**連合国軍**

(2)①**×**　②**○**　③**×**　④**○**

2 (1)**国際連合**　(2)**ウ**

(3)**安全保障条約（日米安全保障条約）**（ほしょう）

(4)①**北朝鮮**（きたちょうせん）**（朝鮮民主主義人民共和国）**

②**韓国**（かんこく）**（大韓民国）**

3 (1)①**イ**　②**ア**　(2)**3C**

(3)①**（東京）オリンピック（・パラリンピック）**

②**東海道新幹線**

(4)**高度経済成長**

(5)①**○**　②**×**　③**○**　④**○**

思考力トレーニング　社会⑬　122ページ

①**紫・青・赤・黄・白・黒（順不同）**　②**青**

③**白**　④**金・銀**　⑤**朱**　⑥**青**

⑦**青・黄・黒・緑・赤（順不同）**

14 日本と関係の深い国々　123ページ

1 (1)アメリカ…**ワシントン**，韓国（かんこく）…**ソウル**，

オーストラリア…**キャンベラ**，

サウジアラビア…**リヤド**

(2)アメリカ…**キ**，韓国…**ウ**，

オーストラリア…**オ**，サウジアラビア…**ア**

(3)アメリカ…**イ**，韓国…**ウ**，

オーストラリア…**ア**，サウジアラビア…**エ**

2 (1)**ニューヨーク**

(2)①**高層**　②**国際連合**　③**政治**　④**人種**

3 (1)**ウ**　(2)**ア**　(3)**エ**　(4)**イ**

思考力トレーニング　社会⑭　124ページ

(1)**エ**　(2)**ウ**

考え方　(1)は韓国，(2)はオーストラリア。

15 世界の平和と国際連合　125ページ

1 (1)**国際連合憲章**（けんしょう）　(2)**ウ**　(3)**ユネスコ**

(4)**ア**　(5)①**国連平和維持活動**（いじ）　②**難民**（なんみん）

2 (1)**地球温暖化**　(2)①**ア**　②**イ**　③**ウ**

3 (1)**青年海外協力隊**　(2)①**ウ**　②**イ**

思考力トレーニング　社会⑮　126ページ

IMF

	U	N	I	C	E	F
			A			A
	U	N	E	S	C	O
	N		A			
W	H	O				I
	C					L
	R		W	I	P	O

16 仕上げテスト　127ページ

1 (1)**国民主権**　(2)**生存権**

(3)①**イ**　②**ウ**　③**ア**

(4)①**国務大臣**　②**参議院**

2 (1)①**ユネスコ**　②**ユニセフ**

(2)**温室効果**

3 (1)①**聖徳太子**　②**源頼朝**（みなもとのよりとも）　③**承久**（じょうきゅう）

④**豊臣秀吉**（とよとみひでよし）　(2)**ア，エ**

(3)①**E**　②**B**　③**G**

(4)**原爆ドーム**（げんばく）

思考力トレーニング　社会⑯　128ページ

①サ	ン	②ギ	③イ	ン
イ		④シ	ガ	
⑤チ	⑥ソ			⑦カ
⑧ヨ	ウ	⑨ト	ク	タ
ウ		ウ		ナ

英語

1 自己しょうかい　129ページ

1 (1) speak　(2) fruit
(3) subject

2 (1) ウ　(2) ア　(3) イ

3 (1) is　(2) play
(3) cook

4 (1) ウ　(2) ア　(3) エ　(4) イ

考え方　(1)「あなたのたん生日はいつですか。」—「私（わたし）のたん生日は８月15日です。」 (2)「何のスポーツが好きですか。」—「私は水泳が好きです。」 (3)「あなたのいちばん好きな色は何ですか。」—「私のいちばん好きな色は赤です。」 (4)「何の動物が好きですか。」—「私はパンダが好きです。」

思考力トレーニング　英語❶　130ページ

1 イ

考え方　have には「飼っている」という意味があります。

2
I speak English.
I play soccer.
I'm from Osaka.

2 日本の文化　131ページ

1 (1) sour　(2) bitter
(3) sweet

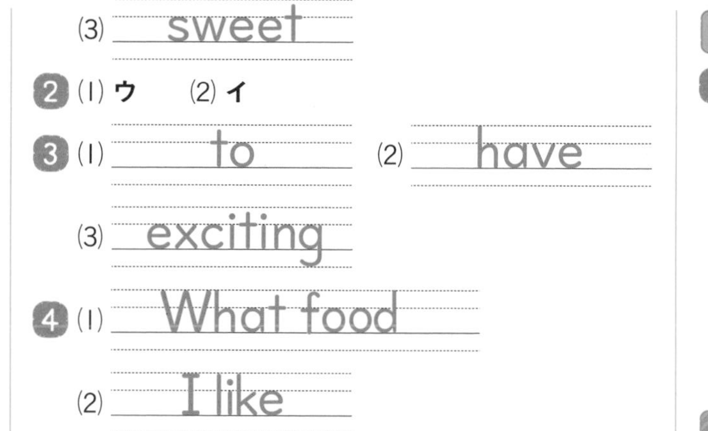

2 (1) ウ　(2) イ

3 (1) to　(2) have
(3) exciting

4 (1) What food
(2) I like

思考力トレーニング　英語❷　132ページ

1

2 (1) I , u
(2) d , o

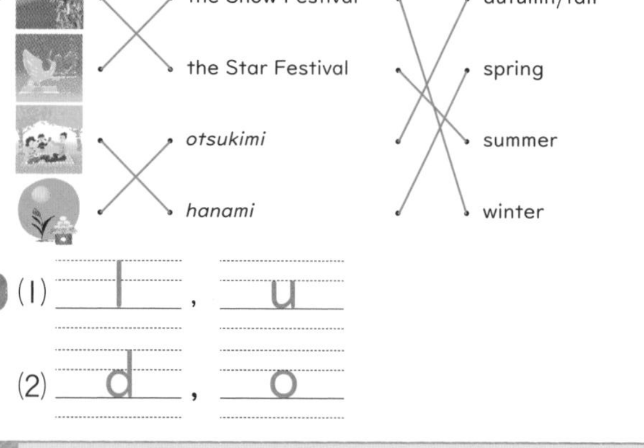

3 人物しょうかい　133ページ

1 (1) ア　(2) ウ　(3) イ

2 (1) イ(→)ウ(→)ア　(2) ウ(→)イ(→)ア

3 (1) Who　(2) She is
(3) He is

4 (1) study English
(2) I eat [have]

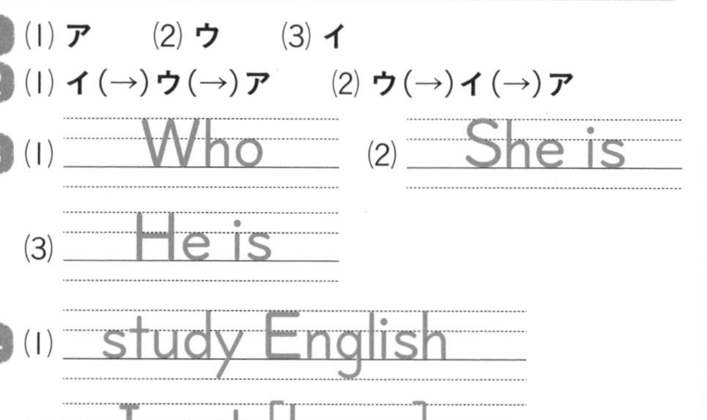

思考力トレーニング　英語❸　134ページ

1 (1)
(2)

考え方　(1)「ぼくは武史（たけし）です。ぼくはピアノを上手にひくことができます。ぼくは泳げません。」 (2)「私は久美（くみ）です。私は料理が得意です。私は一輪車に乗れません。」

4 自分の住む町　135ページ

1 (1) t　(2) r　(3) w
(4) q　(5) l

2 (1) is　(2) can
(3) want

3 (1) have　(2) don't have

考え方　(1)convenience store「コンビニエンスストア」 (2)zoo「動物園」

思考力トレーニング　英語❹　136ページ

1

Welcome to Asahi Town!
We have a station and a hospital.
We don't have an amusement park.

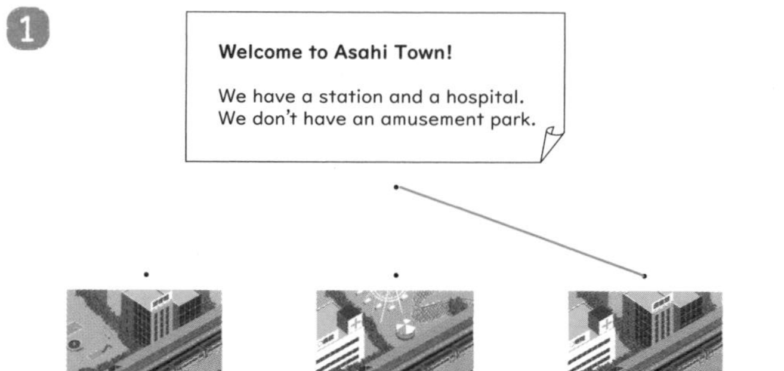

5 自分の思い出 137ページ

1 (1) lake　(2) mountain
(3) vacation

2 (1) イ　(2) エ　(3) ア　(4) ウ

3 (1) your　(2) saw

4 (1) went　(2) enjoyed
(3) was

思考力トレーニング　英語 5 138ページ

1 (1) went　(2) ate[had]
(3) was

6 将来の夢や職業 139ページ

1 (1) ウ　(2) ア　(3) イ

2 (1) ○　(2) ×

考え方 「私(わたし)はフィギュアスケートの選手になりたいです。私はスケートが上手にできます。私はよくスケートを楽しんでいます。」

3 (1) What　(2) be
(3) good　(4) That's
(5) luck

思考力トレーニング　英語 6 140ページ

1

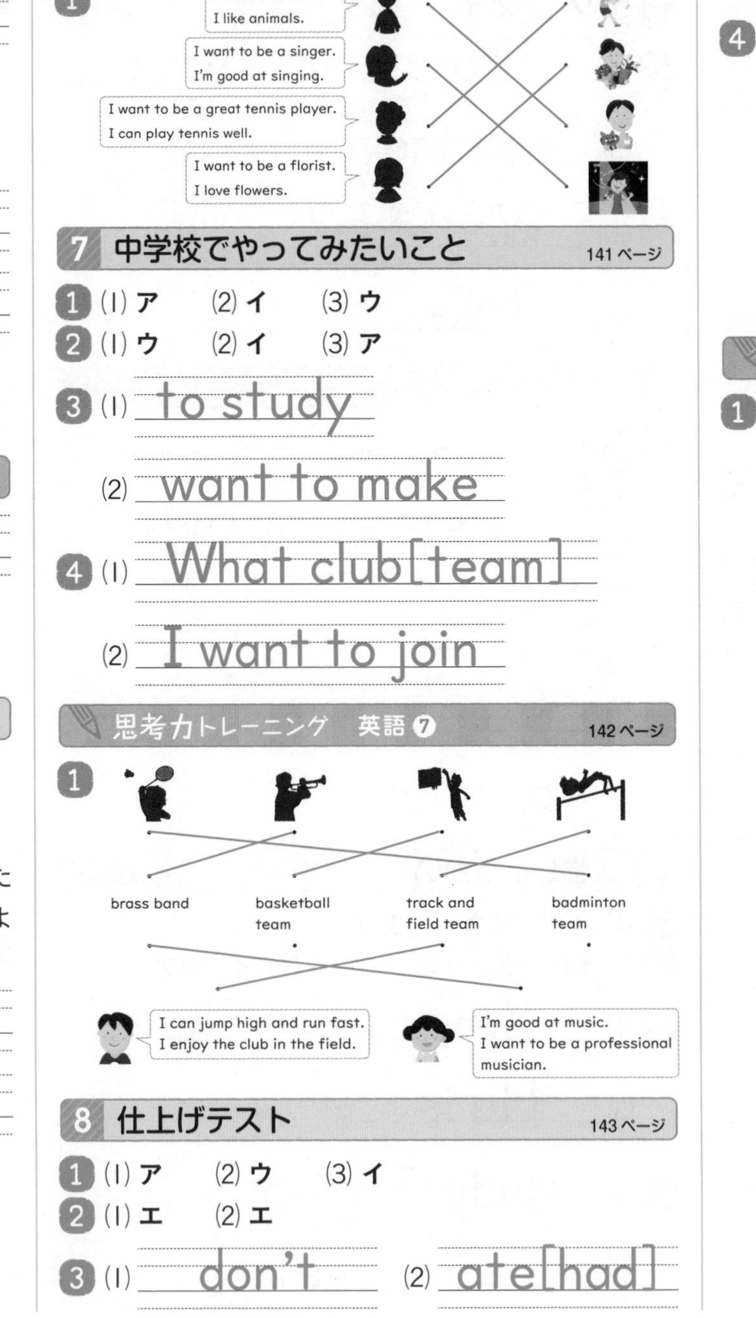
I want to be a vet.
I like animals.
I want to be a singer.
I'm good at singing.
I want to be a great tennis player.
I can play tennis well.
I want to be a florist.
I love flowers.

7 中学校でやってみたいこと 141ページ

1 (1) ア　(2) イ　(3) ウ

2 (1) ウ　(2) イ　(3) ア

3 (1) to study
(2) want to make

4 (1) What club[team]
(2) I want to join

思考力トレーニング　英語 7 142ページ

1

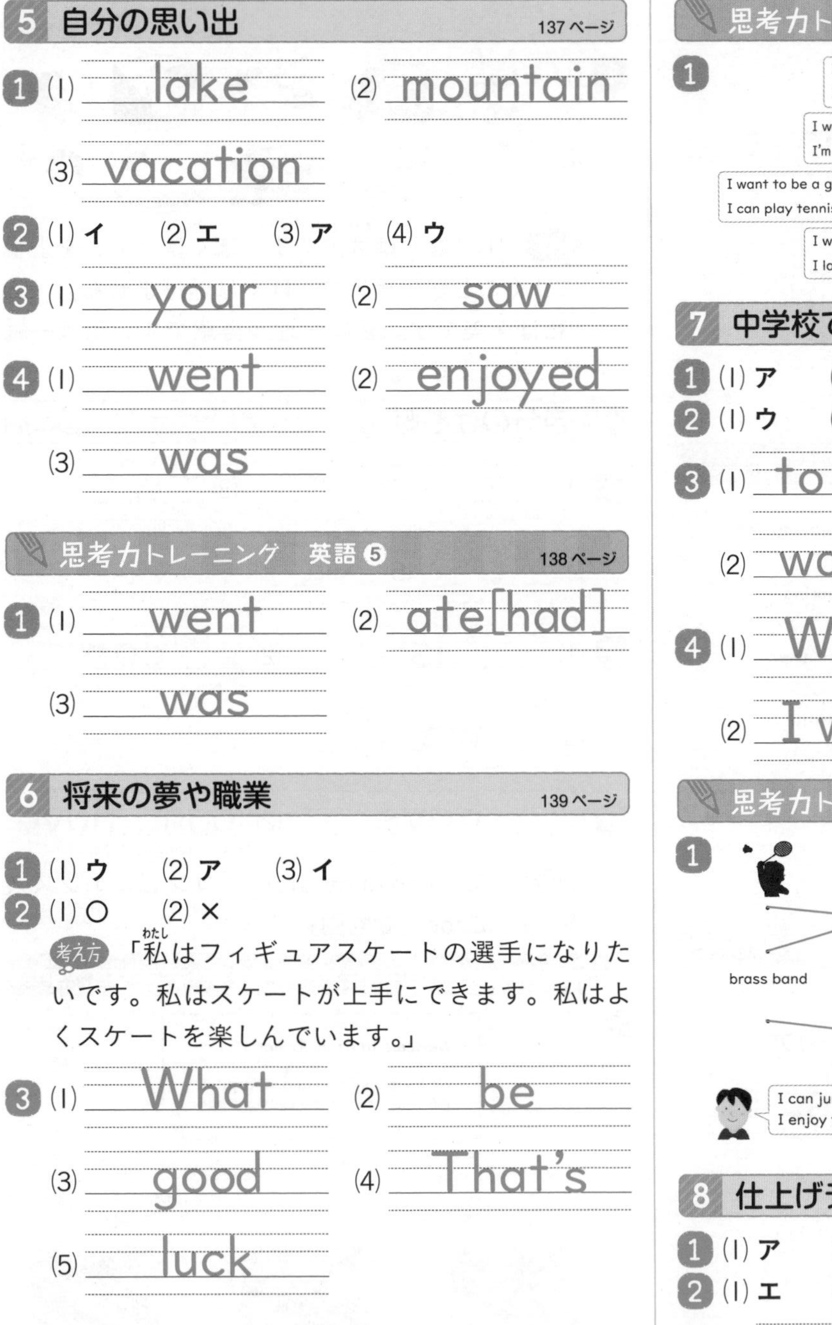
brass band
basketball team
track and field team
badminton team
I can jump high and run fast.
I enjoy the club in the field.
I'm good at music.
I want to be a professional musician.

8 仕上げテスト 143ページ

1 (1) ア　(2) ウ　(3) イ

2 (1) エ　(2) エ

3 (1) don't　(2) ate[had]
(3) can

4 (1) What do you want to
(2) want to be

考え方 女の子のセリフにbeが，男の子のセリフにa vet「じゅう医」とI like animals.「ぼくは動物が好きです。」とあることから，女の子は男の子に何になりたいかをたずねていると考えます。

思考力トレーニング　英語 8 144ページ

1

スタート
He
can
ate
the flute
is
play
a cat
tennis
from
went
a teacher
well
China
ゴール
to
be

国語

1 漢字の読み書き ① 145ページ

1 (1)のうぜい (2)じゅんしん (3)えんき
(4)たいりょう (5)すんぜん (6)すじみち
(7)はいゆう (8)こうてつ (9)けわ (10)す
(11)したが (12)きず (13)うやま (14)い (15)ちぢ

注意 (9)・(13)訓読みに注意。(15)は「ぢ」を「じ」としないよう注意する。

2 (1)洗 (2)創 (3)窓 (4)頂 (5)探

3 (1)至 (2)乱 (3)認 (4)余 (5)疑

思考力トレーニング 国語 1 146ページ

(1)顔 (2)道 (3)庭 (4)粉

注意 音読みと訓読みそれぞれの読み方をしっかり覚える。

2 漢字の読み書き ② 147ページ

1 (1)典型 (2)呼吸 (3)有効 (4)立派 (5)下降
(6)栄養 (7)要点 (8)補 (9)誤 (10)連 (11)危
(12)訪 (13)届 (14)述 (15)垂

2 (1)うつ・えいが (2)ふる・こうふん
(3)きび・げんじゅう (4)こと・いぎ

3 (1)性→象 (2)帳→張 (3)供→備 (4)平→閉

注意 同訓異字に注意して，文脈から正しい漢字を考える。

思考力トレーニング 国語 2 148ページ

(1)金 (2)貝 (3)言 (4)行

3 漢字の読み書き ③ 149ページ

1 (1)よきん (2)だんとう (3)りゅういき (4)しみず
(5)ちゅうふく

注意 (4)特別な読み方。

2 (1)砂場 (2)裁 (3)善良 (4)誕生 (5)誠実 (6)雑誌

3 (1)価格 (2)任命 (3)復活 (4)上達 (5)重荷

4 (1)理想 (2)海洋 (3)応答 (4)解散 (5)晴天

注意 (2)陸↔海は対義語。

5 (1)×魚→漁 (2)×以→意 (3)○ (4)×貸→借
(5)×積→績

考え方 (4)「貸」の読みは「かーす」。「借りる」とまちがえやすいので注意する。

6 (1)意思・意志 (2)慣習・観衆 (3)確信・革新
(4)備・供 (5)納・治・収

注意 同音異義語，同訓異字に注意する。

思考力トレーニング 国語 3 150ページ

(1)**留守番** (2)**多数決** (3)**持久力** (4)**創造性**

注意 それぞれの熟語の意味をしっかり覚える。

4 慣用句・ことわざ 151ページ

1 (1)イ (2)カ (3)ア (4)エ (5)オ

2 (1)エ (2)キ (3)ク (4)カ (5)ウ

考え方 **ア**役に立たないこと。**イ**見分ける力があること。**オ**すぐそばのこと。**ケ**うそをつくこと。

3 (1)ア (2)イ (3)イ (4)イ

考え方 ことわざを使った文を思いうかべて，意味を考える。

4 (1)コ (2)ア (3)キ (4)ク (5)イ (6)ウ (7)エ
(8)カ (9)ケ (10)オ

注意 (3)・(4)・(7)・(10)はよく似た表現なので，意味のちがいに注意する。それぞれを使って文を作れるようにしておくとよい。

思考力トレーニング 国語 4 152ページ

(1)口 (2)首 (3)頭 (4)顔 (5)目

5 言葉のきまり ① 153ページ

1 (1)ウ (2)エ

考え方 (1)修飾(くわしくする)の働きをするものを探す。

2 (1)ウ (2)エ (3)ア (4)イ

3 (1)イ (2)ウ (3)ア

4 (1)ウ (2)イ (3)ア (4)イ (5)ア

考え方 **ウ**さそう気持ちを表す意味。

5 (1)オ (2)ク (3)エ (4)ア (5)ウ (6)キ (7)カ
(8)イ

6 オ

考え方 「出して」は「声を」を受けている。

思考力トレーニング 国語 5 154ページ

				日			
消	費	税		常	用	漢	字
化		務		生			
器		署	名	活	動		
官					物		
		国	立	公	園		
		語					
		辞					
		典	型	的			

6 言葉のきまり ② 155ページ

1 (1)ウ (2)ア

注意 「らしい」「られる」「ない」などは，よく出題される重要な言葉なのでまとめて復習しておくとよい。

2 (1)イ (2)エ

考え方 (1)尊敬の意味を表す用法。
(2)「物事が存在しない」という意味。

3 (2)・**おります**

注意 「いらっしゃいます」は尊敬語なので、身内である父に対しては使わない。

4 (1)**めしあがる** (2)**おやすみになる**
(3)**ごらんになる** (4)**おっしゃる**

5 (1)**ウ** (2)**イ** (3)**イ** (4)**ア**

考え方 (1)「学校」と「だ」で分けられる。

思考力トレーニング 国語⑥ 156ページ

(1)家 (2)文 (3)競 (4)分

7 熟語の成り立ち 157ページ

1 (1)**ア** (2)**イ** (3)**ア** (4)**オ** (5)**ウ** (6)**エ** (7)**オ**
(8)**ウ** (9)**イ** (10)**エ**

考え方 漢字のもつ意味を考える。

2 (1)**簡単** (2)**永遠** (3)**手段** (4)**理由** (5)**重要**
(6)**部分** (7)**主観** (8)**原則** (9)**反対** (10)**地味**

3 (1)**非** (2)**不** (3)**不** (4)**非** (5)**未** (6)**不**

4 (1)**ア** (2)**イ** (3)**イ** (4)**ウ** (5)**ウ** (6)**ア**

考え方 二字の熟語になるものはないかをまず考える。

5 (1)**絶体絶命・有名無実**（順不同）
(2)**春夏秋冬・東西南北**（順不同）

注意 「朝令暮改」は二字の熟語を組み合わせたもの。「紙飛行機」は一字＋三字，「海水浴場」は「三字＋一字」の組み合わせでできた熟語である。

思考力トレーニング 国語⑦ 158ページ

(1)省略 (2)訪問 (3)資格 (4)製品 (5)誠意

8 部首とその意味 159ページ

1 (1)**カ** (2)**エ** (3)**ア** (4)**コ** (5)**ク** (6)**サ** (7)**ウ**
(8)**ケ** (9)**オ** (10)**キ** (11)**シ** (12)**イ**

2 (1)**てへん(て)・イ** (2)**にく(にくづき)・エ**
(3)**ちから・ウ** (4)**かい(こがい)・ア**

注意 部首にはそれぞれ意味があるのでしっかり覚える。

3 (1)宿・実・うかんむり (2)並・下・いち
(3)雑・難・ふるとり (4)社・福・しめすへん
(5)域・地・つちへん

考え方 同じ部首の漢字を見つける。

4 (1)**やまいだれ** (2)**けいさんかんむり(なべぶた)**
(3)**きがまえ** (4)**はつがしら** (5)**ころもへん**
(6)**すきへん** (7)**けものへん** (8)**さんずい**
(9)**あくび** (10)**がつへん(かばねへん)**

注意 (5)は「ネ(しめすへん)」と区別する。

5 (1)**聞** (2)**相** (3)**堂** (4)**初**

注意 「聞」は「みみ」,「相」は「め」,「堂」は「つち」,「初」は「かたな」。

思考力トレーニング 国語⑧ 160ページ

(1)例投・役・設など (2)例検・険・験など
(3)例織・識・職など (4)例板・坂・飯・版など
(5)例境・鏡など (6)例腸・場・陽・湯など
(7)例故・救・改・政・敵など

9 チャレンジテスト 1 161ページ

1 (1)可・かのうせい (2)誕・たんじょうび
(3)雨・うてんじゅんえん
(4)実・ふげんじっこう

2 (1)蒸発 (2)批判 (3)危険 (4)郵便 (5)座席
(6)発展 (7)議論 (8)故障 (9)迷子 (10)憲法
(11)処置 (12)操縦

注意 (4)「郵」の字に注意。 (9)特別な読み方。

3 (1)**ア** (2)**イ** (3)**ア** (4)**イ** (5)**イ** (6)**ア**

注意 (3)・(4)はまちがえやすいので注意。

4 (1)**エ**

考え方 よその山から出たつまらない石でも，自分の玉をみがくのに役に立つという，昔の中国の話による。

5 (1)**ウ** (2)**オ** (3)**エ** (4)**ア** (5)**イ**

考え方 (2)両方とも捕れないということ。

6 (1)**灰・ひ(ひへん)** (2)**店・まだれ**

考え方 「畑」は「た」,「席」は「はば」。

思考力トレーニング 国語⑨ 162ページ

(1)例羽＋立＝翌 (2)例願－原＋丁＝頂
(3)例賀－カ－ロ＋化＝貨

10 文章の組み立てを考えて読む 163ページ

1 (1)**ア**
(2)例**植物が光合成をして大気中に酸素が増えたこと。** (3)**ウ**
(4)A 例**ゆっくりとしか動けない植物の代わりにこまごま動き，植物の役に立つことをしている。**
B 例**蜜や果実などの栄養をあたえている。**
(5)**植物の意志**

考え方 (4)「お互いに助け合って成立している」「地球のシステム」の具体的な内容が書かれている部分を探す。

思考力トレーニング 国語⑩ 164ページ

(1)syôgakkô (2)tosyositu
(3)undôkai できたことば：kyôsitu

注意 のばす音の書き方に注意。

11 情景をとらえて読む 165ページ

1 (1)**ウ** (2)**b** (3)例**一人でいること**

考え方 サンペイと博士(ハカセ)の置かれている状況をつかむ。クラスのみんなとサンペイとの間で板ばさみになっているのが博士。
(2)「ぼくがいるべき場所は……巡っていた」というのが，「煮詰まった」状態であるということをとらえる。

思考力トレーニング　国語⑪　166ページ

(1)び　(2)ん　(3)き　(4)た　(5)の　(6)さ　(7)ぶ
(8)こ

さんびきのこぶた

12 要旨・要点を読み取る　167ページ

1 (1)**日ごろの臆病ささえかなぐりすてる**（。）

(2)**イ**

(3)例**カエルたちが川の浅瀬にぐるぐると細長い管のような卵をたくさん産んでいる様子。**

(4)例**岩が重なる海辺で足の先をしっかり岩にかけて水を探し，体を固定し，ゆるやかな波にぶつかったときに体をふるわせて産卵する。**

(5)例**潮が満ちているときに卵を産むことで，卵が広がりやすいようにしていると考えられる。**

考え方　(2)アカテガニは何のために行動しているのかを考える。
(5)「パッと海中に散って引き波にさらわれて」とあることから，満ち潮が産卵に有利に働くことを利用している。最後の段落に「卵が広がりやすいようにする」と書かれていることからもわかる。

思考力トレーニング　国語⑫　168ページ

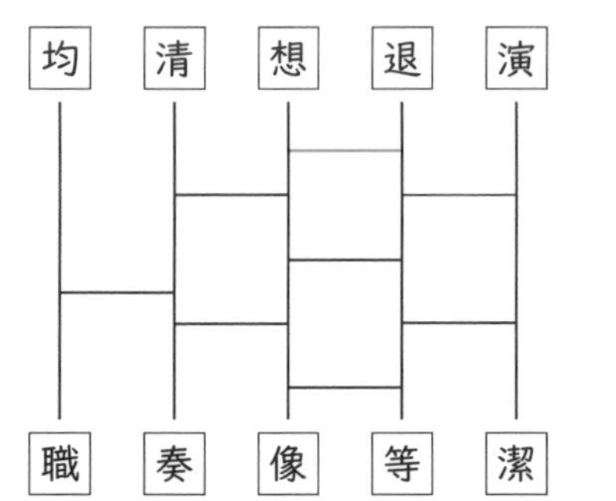

13 必要な細部を読み取る　169ページ

1 (1)A**エ**　B**ア**　(2)**エ**

(3)**ただ黄色**（とだけ表現している。）

(4)**自然につい（〜）減っている**（こと。）

考え方　(2)昔は自然と人間の結びつきが深く，自然を表す言葉がたくさんあったのである。
(3)色彩を表現する言葉がキーワード。要するに，「異なった微妙な色合い」を表現するにも一色でしか言い表せなくなっていることを指摘しているのである。

思考力トレーニング　国語⑬　170ページ

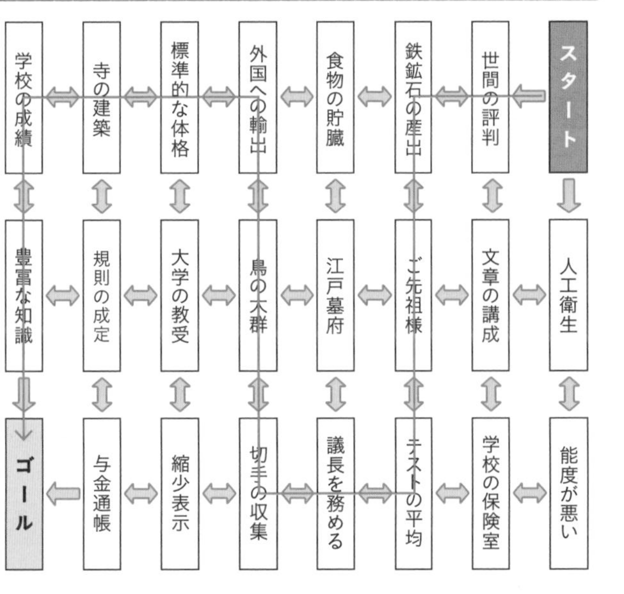

14 チャレンジテスト 2　171ページ

1 (1)**無愛想**　(2)**ア**　(3)**ような時代です。**

2 (1)**母親の啼く声**

(2)例**くちばしの先端についたヤスリで，卵にヒビを一周入れて殻を破る。**

(3)（**卵の内側から**）**ヒナのうがつ振動**

注意　マイクから伝わる啼き声を想像して読む。

思考力トレーニング　国語⑭　172ページ

正しく読み取れている人：**大石**（さん）
正しく使っている漢字：**実・手・持・前・絶**

考え方　暗号は，次のように書かれている。
「あした，ついにれいのけいかくをじっこうする。ぜんいん，おおきなびにーるぶくろとぐんてをもって，あさじゅうじに，かいがんのとうだいまえにしゅうごうすること。ぜったいにちこくはしないこと！　ちいきびかいいんかい」
（明日，ついに例の計画を実行する。全員，大きなビニールぶくろと軍手を持って，朝十時に，海岸の灯台前に集合すること。絶対に遅刻はしないこと！　地域美化委員会）

15 説明文・論説文を読む ①　173ページ

1 (1)**ア**　(2)**ウ**　(3)**秋**　(4)**ウ**　(5)**ア**　(6)**エ**

考え方　(4)最初の一文に「もっと運にめぐまれたら，いつか大きな木になる」とある。
(6)「森のドラマ」とは，「無数の幼い木」の「運命」を表現した言葉だということを前の段落から読み取る。「目を閉じ」「耳を傾け」という表現から，筆者がそのようにして何をしようとしているのかを推測する。

思考力トレーニング　国語⑮　174ページ

(1)**捨**　(2)**暗**　(3)**総**　(4)**望**　(5)**証明**

16 説明文・論説文を読む ②　175ページ

1 (1)**ア**　(2)**イ**　(3)**日本という国について**

(4)**日本文化の特質**　(5)**イ**　(6)**自然**

考え方　(2)「『日本文化の特質』とはいったいどういうものなのだろうかと考えてしまう」とある。「日本人だ」とは日本文化をもつ人のことを言っているのだとわかる。
(4)「特質」という言葉に注目する。

思考力トレーニング　国語⑯　176ページ

		農						
鉄	鋼	業		芸			非	
道		生		能			常	
模		産	婦	人	科		事	
型					学	習	態	度
					技			
			大	手	術			

17 説明文・論説文を読む ③　177ページ

1 (1)**エ**　(2)**勇気**　(3)**ア**　(4)**希望**　(5)**ア**

考え方 (4)「道」がキーワード。「希望」と「勇気」が「冒険」という言葉でつながっている。

(5)直後にある「そう考えて……勇気をふるって実行に進み出た」とあわせて考える。

思考力トレーニング　国語⑰　178ページ

(1)業　(2)説　(3)利　(4)降

考え方 (2)説教は，「話し聞かせる」ということ。

(3)暴利は，「なみはずれたもうけ」のこと。

18 説明文・論説文を読む ④　179ページ

1 (1)例**いまの社会が情報過多になっているから。**

(2)**エ**　(3)**何が大切で，何がそうでないか**

(4)**忘れる**

考え方 (1)キーワードは「情報過多」，そして「忘れる」ことの大切さを述べた文章である。

(3)整理して捨てるために考えることは何か。

思考力トレーニング　国語⑱　180ページ

(1)**五**　(2)**三**　(3)**七・八**　(4)**七十五**　(5)**一・二**

(6)**五十・百**

すべて合計した数：**251**

19 物語を読む ①　181ページ

1 (1)**広一(くん)**　(2)**胸がぎゅうぎゅうした**　(3)**ウ**

考え方 (2)うれしいはずの手紙なのに，「いやいやしゃべっている」ような「そっけない」内容であった。なかなか気持ちが通じ合わないときの心情をとらえること。

(3)自分の態度を反省する気持ちもあるため，「イライラ」がつのっているのである。

思考力トレーニング　国語⑲　182ページ

(順に) 異→郵→衆→密→善→閉→郷

20 物語を読む ②　183ページ

1 (1)**ウ**　(2)**イ**　(3)**エ**　(4)**ア**

(5)**家にはいる(～)だろうか。**

注意 幸枝がねこのジローを観察している目線を追って読むこと。

(2)直後の「たどりついた」から考える。

思考力トレーニング　国語⑳　184ページ

(1)（右上から時計回りに）名・手・都・図

(2)（右上から時計回りに）物・意・本・感

(3)（右上から時計回りに）品・価・式・合

21 物語を読む ③　185ページ

1 (1)例**ほっとした。(安心した。)**

(2)①**みんな，(～)うべって**

②**少し後ろ(～)ればいい（ばいいや）**　(3)**イ**

考え方 (1)「心配顔で修を迎えた」母だったが，修の言葉を聞いてほっとしたのである。「眉根を開く」は，心配がなくなり，晴れやかな顔をすること。

(2)①修の言葉「そんなことなかったよ」に続く。母を心配させないためについた嘘であることを読み取る。

(3)修と母親のおたがいが，親子の気持ちを大事にしている場面である。

思考力トレーニング　国語㉑　186ページ

拡大↔縮小　未来↔過去　結果↔原因　集合↔解散
現実↔理想（順不同）　四字熟語：天変地異

22 物語を読む ④　187ページ

1 (1)**単に自分(～)たいだけ**

大さわぎ(～)まが入る

(2)**捕まえて**

(3)**カワウソ(～)的なこと**（だから。）

注意 「ぼく」は「エイジ」に対して好意的でないながらも，カワウソを捕まえることに興味があることをおさえる。

(2)「聞きのがさなかった」「といったことを」から，その前のエイジの会話の中に答えがあるとわかる。直後の文で，エイジの「狩猟本能」の話をしていることからも，カワウソを捕まえるという提案についての「ぼく」の意見を述べた部分だとわかる。

思考力トレーニング　国語㉒　188ページ

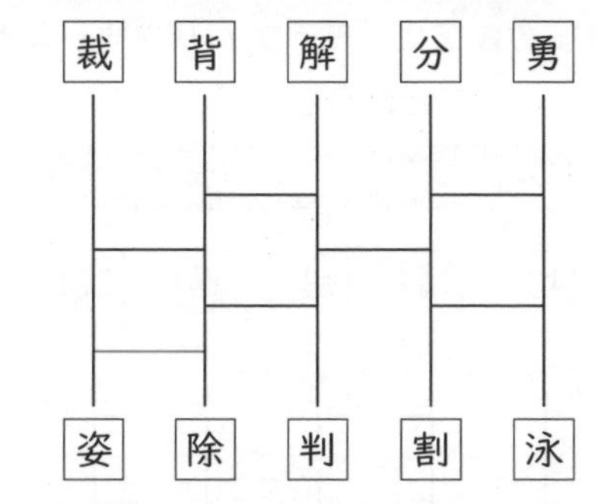

23 随筆を読む ①　189ページ

1 (1)例**本に熱中して他のことを気にかけないような人。**

(2)**エ**

(3)例**商品である本を立ち読みしない「ぼく」は，書店の人にとっては優等生ということになるから。**

(4)**まなざし**

考え方 (3)本屋の立場を考える。この原稿が「書店向けの雑誌に書くコラム」なので，「優等生」な内容を書く方がよいと思われるのである。
(4)少年の様子から，体の動きをとらえる。

思考力トレーニング 国語㉓ 190ページ

歴	翌	内	郷	域	平	学	スタート
導	優	頂	岩	題	管		
胸	割	歌	森	訳	縦	波	
愛	結	達	常	遊	幕	誕	
設	都	益	熱	許	若	経	
認	楽	裏	痛	焼	良	骨	
ゴール	位	満	幹	我	弓	巻	

24 随筆を読む ② 191ページ

1 (1)**イ** (2)例**一度掘り返した土は二度ともとにもどらない**（という事実。） (3)例**自分たちが掘ったところが，前に柱を建てるために掘った穴だということ。** (4)A**ア** B**エ**

注意 (1)直前に「これが発掘なんだ！」とある。「発掘だなんて，思ってもみなかった」ので，感動で「身ぶるいしたくな」ったのである。
(2)・(3)文章の後半に書かれている専門家の言葉からまとめる。

思考力トレーニング 国語㉔ 192ページ

(1)**ねずみ** (2)**とら** (3)**ねこ** (4)**たか** (5)**へび**
(6)**馬** (7)**鳥** (8)**犬**
十二支に入っていない動物：**ねこ・たか**

考え方 十二支は「ね（ねずみ）・うし・とら・う（うさぎ）・たつ・み（へび）・うま・ひつじ・さる・とり（にわとり）・いぬ・い（いのしし）」。

25 伝記を読む 193ページ

1 (1)**エ** (2)例**先人がある所まで切り開いた道**
(3)例**まわり道をしながら，そしてまた道を切り開きながら，とにかく目的地までたどりつくこと。**
(4)**ウ** (5)**ウ・カ**

考え方 (3)「後になって，真直ぐな道をつけることは，そんなに困難ではない」というのは逆説的な言い方で，前へ進むのはやはり困難な道であるという真理を言っている。

思考力トレーニング 国語㉕ 194ページ

例

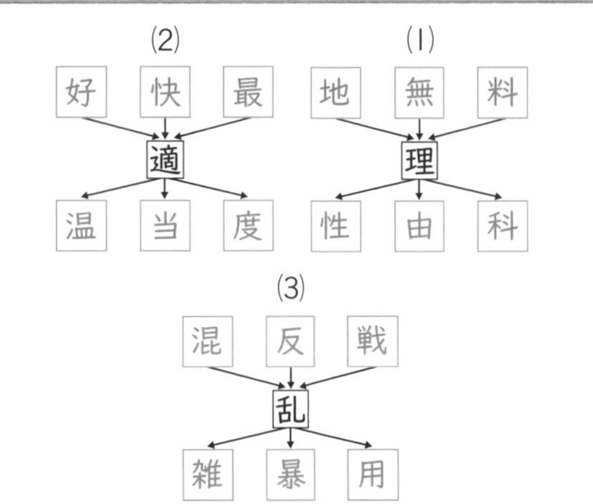

26 チャレンジテスト 3 195ページ

1 (1)**イ** (2)**どうして（〜）いう思い**
(3)**くたくたになっている**（様子。）
(4)例**二人を手伝いたいという思い。**

注意 修と親の気持ちのずれに着目する。

思考力トレーニング 国語㉖ 196ページ

(1)**四・五** (2)**千** (3)**八百** (4)**千** (5)**一・八**
すべて合計した数…2818

27 詩・短歌・俳句を読む ① 197ページ

1 **世界**
考え方 「ぼく」が鉄棒をするときに「一回転」するのは何か，と考える。

2 (1)**白** (2)**空・海** (3)**エ**
(4)例**空と海の青に染まらず，孤独であること。**
考え方 旅に生きた牧水の心境がよく出ている歌。白鳥を自分にたとえているという解釈もある。「哀しからずや」が感動の言葉。孤独の説と孤高の説がある。

3 (1)**ウ** (2)**エ** (3)**オ** (4)**ア**

注意 (1)風景をとらえる。(2)光が照らし出す風景。
(3)冬の風景。(4)気持ちをとらえる。

4 (1)**春** (2)**秋** (3)**冬** (4)**夏**
考え方 (1)「菜の花」，(3)「大根引き」が季語。

思考力トレーニング 国語㉗ 198ページ

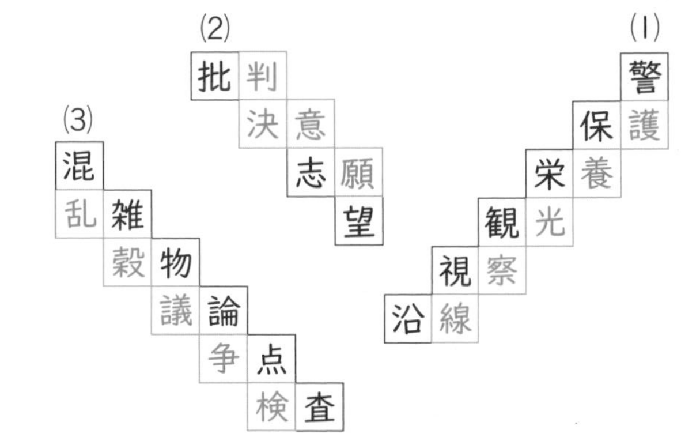

28 詩・短歌・俳句を読む ② 199ページ

1 (1)**8** (2)**第一連：4　第二連：8　第三連：11**
(3)**ウ** (4)**エ**
(5)B**希望と夢**　C**ちいさな見知らない村に**
考え方 (1)「倒置法」とは，ふつうの順序とは逆の順序で文を置く方法。8行めは，「言葉すくなく／ながめていた」がふつうの順序である。

(3)題に「六月の或る日曜日に」とあることから初夏だとわかる。

思考力トレーニング　国語 28　200ページ

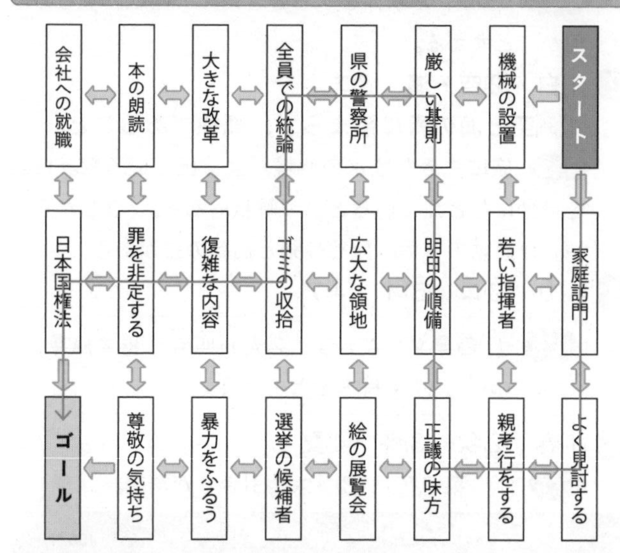

29 チャレンジテスト 4　201ページ

1 (1)①ウ　②ア　(2)エ

(3)例 **冬が来たことを喜び，冬の厳しさの中で自分をきたえようとする気持ち。**

2 (1)イ　(2)ア　(3)イ　(4)イ　(5)ウ

考え方 作者は，都(東京)で雨を見ながら，そのころ馬鈴薯の花が咲いている故郷のことを思っている。

思考力トレーニング　国語 29　202ページ

(1)例 あ（く）う（ん）→悪運
か（く）げ（ん）→格言
こ（く）み（ん）→国民
に（く）が（ん）→肉眼

(2)例 こ（う）う（ん）→幸運
ぞ（う）げ（ん）→増減
ど（う）せ（ん）→銅線
ふ（う）せ（ん）→風船

30 仕上げテスト ①　203ページ

1 (1)ア　(2)イ

2 (1)**唱える**　(2)**預ける**　(3)**浴びる**　(4)**逆らう**

注意 送りがなのつけ方に注意。

3 (1)**感心した・うんざりした（または，うんざり）**
(2)**程のよさ**　(3)イ　(4)エ

考え方 (3)大阪と東京の話から，京都の話に続いているので，続いて起こることがらを表す言葉を選ぶ。
(4)「漠然と」開かれているのをよしとしていることに注目する。

思考力トレーニング　国語 30　204ページ

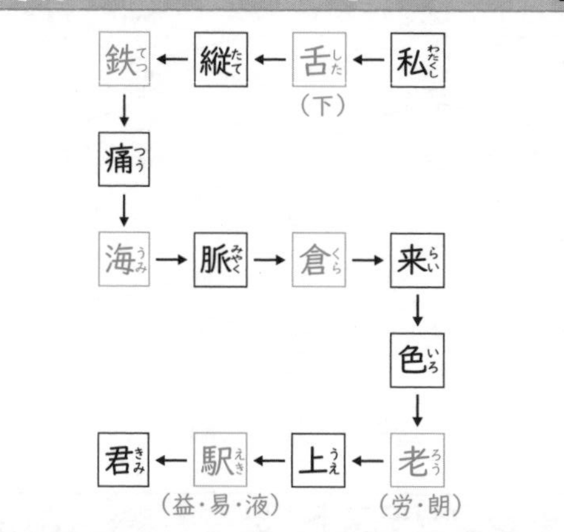

31 仕上げテスト ②　205ページ

1 (1)エ　(2)ウ

考え方 (1)「仰々しい」と書く。わざとらしく，おおげさであるという意味。

2 エ

注意 二つのことが同時におこなわれることを表す「ながら」。

3 (1)イ　(2)ウ　(3)ア

考え方 主要な文学作品と作者は確認しておくこと。

4 (1)**百聞は一見にしかず**　(2)ア・オ

考え方 (2)「一見」は，自分が物事の内容を認識する行為をふくんでいる。「百聞」は，伝聞の意味をもっている。

思考力トレーニング　国語 31　206ページ

ア

考え方 少年Bが人気のゲームを持っているとすると，そのゲームを持っていない一人の少年（A）が持っている少年（B）の家に行きたがっていることになり，高橋さんの話は正しい。また，少年Bが人気のゲームを持っていないとすると，ゲームを持っていない一人の少年（B）が，そのゲームを持っている少年（C）の家に行きたがっていることになり，やはり正しくなる。したがって，高橋さんの話は合っていることになる。

32 仕上げテスト ③　207ページ

1 (1)**ホームシック**　(2)**寂しさ**

(3)例 **私たちに打ち明けられない悲しみを，池の水に溶かし出そうとしている。**

考え方 (1)ホームシックの寂しい気持ちを表している。
(2)「そんなポチ子を部屋の窓から眺めていると，なぜか寂しくてたまらなくなる」の部分に注目する。あとに「暗くなった途端，もっと別の意味を帯びてくる」とあり，「闇」がもたらすのは「寂しさ」であるとわかる。
(3)ポチ子の行動に，主人公の気持ちがそのままうつし出されている。

思考力トレーニング　国語 32　208ページ

(1)めいろう　(2)かねん　(3)ずのう　(4)あさばん
(5)たくはい　(6)くろまく　(7)せいとう　(8)れんめい

☆六年のまとめ